生の現象学とは何か

ミシェル・アンリと木村敏のクロスオーバー

Qu'est-ce que la phénoménologie de la vie ?

KAWASE Masaya　川瀬雅也

法政大学出版局

生の現象学とは何か——ミシェル・アンリと木村敏のクロスオーバー◉目次

生の現象学とは何か——ミシェル・アンリと木村敏のクロスオーバー

はじめに

本書のテーマ

本書を手にとった読者のなかには、タイトルを見て、「生の現象学って何?」と首をかしげる人も多いかもしれない。実際、「生の現象学」という呼び名は必ずしも一般によく知れわたったものではないだろう。「生の哲学」ならばよく聞く呼び名で、すこし哲学に詳しい人なら、ニーチェ、ディルタイ、ジンメル、ベルクソンなどといった名前が頭に浮かぶだろうが、「生の現象学」の場合、そうはいかないように思われる。

しかし、だからこそ、本書は、この「生の現象学」がどういう学問なのか、それが何を解明しようとしているのか、いわゆる「現象学」とどこが違うのか、それは私たちに何を教えてくれるのか……、といったことを明らかにするために企てられた。

本書は、「生の現象学って何?」と首をかしげる人にこそ、ぜひ手にとってもらえたらと思う。そのために、できるだけ分かりやすく構成し、具体的に記述するように配慮してもいる。もちろん、このことは、「ああ、生の現象学ね」と大きくうなずく人にとっても、改めて自分の理解を整理するのに大いに役立つことだろう。

ところで、「生の現象学」とは具体的には何を指しているのだろうか。本書では、この呼び名で、ミシェル・アンリと木村敏のあいだに共通にみられる思想を指し示している(1)(この二人についてはのちほど簡単に紹介する)。だが、これは、ミシェル・アンリと木村敏が互いに示し合わせて自分たちの思想を「生の現象学」と呼んだ、ということではない。また、ミシェル・アンリははっきりと自分の哲学を「生の現象学（phénoménologie de la vie）」と呼んでいるにしても、木村敏はみずからの思想を「臨床哲学」と呼んでいるのだから、この点でも両者が一致しているわけではない。

しかし、木村敏も、とりわけ一九九〇年代以降、「生命」をキーワードに思想を展開しており、実際、彼の論文に「生の現象学」(2)というタイトルのものがある。その意味では、木村もやはり「生の現象学」というテーマを追っていたと言える。そして何よりも、これから本書を読み進んでもらえば分かるように、両者の思想のあいだには奇妙な「同型性」が見られる。本書は、この「同型性」を指して「生の現象学」と呼んでいる。実際、それは「生の現象学」と呼ぶにふさわしい特徴を示しているのである。

では、両者の思想のあいだに見られる同型性としての「生の現象学」とは何か。これが本書のテーマである。

キリスト教の代わりに木村敏？

本書はもともとミシェル・アンリ哲学の概説書として構想された。アンリ哲学の意義と位置づけをなるべくクリアに、分かりやすく日本の読者に紹介したいと考えていた。ただ、その際の難点は、アンリの思想がキリスト教や聖書の解釈と深く結びついているということであった。

ミシェル・アンリの思想を全体的に眺めてみれば、――たしかに最後の三つの著書（『我は真理なり』、『受肉』、『キリストの言葉』）は直接的にキリスト教や聖書を論じてはいても――必ずしもキリスト教一色というわけではないのだが、日本においては、やはりこの「キリスト教的傾向」というのは目立つし、ヨーロッパをはじめ、諸外国でアンリが読まれている理由のひとつもこの点にあることは否めない。そうしたことから、キリスト教的な精神風土の希薄な日本の読者にとっては、アンリの思想というのは、どこか馴染めないもののように映ってしまう面があるように思う。

しかし、アンリ哲学からキリスト教に関する考察を取り除くなら、何か本質的なものを失ったことになるかというと、(この点は解釈の分かれるところかもしれないが、少なくとも筆者には) そうは思えない。これは、筆者がアンリを読む時のスタンスとも関係しているかもしれない。筆者は、アンリ哲学の成り立ちや射程を彼自身の立場・意図・動機などから正確に読み解くことよりも (もちろん、これも非常に大切な学問的態度なのだが)、むしろ、アンリ哲学の基本的発想をいかに他の領域や問題に適用できるかに関心をもっており、そうした場合、優先されるのは「アンリが何をどう論じたか」よりも、「結局アンリは何を言いたかったのか」ということになる。

アンリは、キリスト教や聖書を解釈することで、あることを言わんとしたのだが、アンリの目的がこのあることとの主張にあり、キリスト教がそこへいたるための手段にすぎないのなら、そして、キリスト教を介さずとも、別の道を通って、そのあることに到達することができるのなら、アンリ哲学を紹介するのに、必ずしもキリスト教解釈を経なければならないということにはならないだろう。

こうしたことから、本書では、(少し大胆すぎるかもしれないが、思い切って、) アンリ哲学の紹介からキリスト教に関する考察を完全に取り除いてしまった。そして、それに代わる別の道として木村敏の現象学的精神病理学を用いることにしたのである。

タイトルの由来

だが、なぜ別の道が木村敏なのか。それは、先に述べたように、木村敏の思想のうちに、アンリの生の現象学との「同型性」が見られ、木村敏が、精神病理学的な臨床例にもとづきつつ展開している現象学的思想が、アンリの抽象的な現象学理論を分かりやすく説明するのに有効にはたらくと考えたからである。本書は、こうしたことから、木村敏の現象学的精神病理学を補助線として、ミシェル・アンリの生の現象学の輪郭線を描く著作として構想されたのである。

だが、いかんせん木村敏にしても知の巨人である。こうした構想を練るうちに、木村を通してアンリを解説するのか、あるいは、アンリを通して木村を解説するのか、分からなくなってきた。いや、結局のところ、その両面があるというのが本当のところだろう。

結果としてできあがった構想は、全体的には、木村の思想を補助線としてアンリの思想の輪郭線を描くというものだが、部分的には、逆に、アンリを補助線として木村の思想を描き出すものとなった。一言で言えば、アンリの思想と木村の思想を相補的に絡み合わせながら、両者に共通する意図、両者の同型性をあぶり出すという形になった。つまり、もはや単なる「ミシェル・アンリの概説書」ではなく、アンリと木村をクロスオーバー（交差、越境）させながら、「生の現象学とは何か」を探究する著作になったのである。

本書のタイトルを『生の現象学とは何か――ミシェル・アンリと木村敏のクロスオーバー』としたのは、以上のような本書の構想を反映させてのことである。

本書の構成について

ここで、本書の構成についても解説しておこう。本書は、アンリと木村の思想の同型性を「生の現象学」と名づけ、その骨格を描き出すことで、両者の思想の特徴を分かりやすく説明することをめざしている。そのために、本書は、生の現象学のうちに二つの基本軸をみさだめ、この基本軸に沿う形で二人の思想を整理するという構成をとった。

本書は三つの部に分かれる。第Ⅰ部では、なぜ従来の現象学ではなくて、生の現象学を構想する必要があるのかということについて説明する。これはいわば本書全体のイントロダクションという位置づけになる。

第Ⅱ部および第Ⅲ部は、右に述べた生の現象学の二つの基本軸にしたがって分けられている。第Ⅱ部では、おもに生の現象学が考える世界の経験のあり方、そして、自己の存在について解説する。これが一つ目の基本軸で、これをここでは「水平軸」と名づける。

第Ⅲ部は、世界と自己という水平的な関わりではなく、自己の深さの次元、つまり、自己とその根拠としての絶対的生との関係に焦点を当てる。これが二つ目の軸としての「垂直軸」にあたる。

生の現象学の意図を理解するには、このように、その基本軸を水平軸と垂直軸に整理して考えるのがシンプルで分かりやすいと思う。そして、とりわけ本書では、水平軸の考察もさることながら、垂直軸という視点にこそ生の現象学を従来の現象学から際立てるポイントが存することを示したい。この点を諸々の具体例の考察を交えて分かりやすく示すことが本書の課題となるだろう。

本書の主人公の紹介

さて、まえおきはこのくらいにして、さっそく生の現象学の解明にとりかかろうと思うが、その前に、本書でおもに論じることになる二人の哲学者、ミシェル・アンリと木村敏について、それぞれ簡単に紹介しておこう。

ミシェル・アンリ（Michel Henry, 1922–2002）：フランスの哲学者、現象学者。現象学はもとより、古代ギリシア以来の西洋哲学の本質が「超越」の思想にあることを暴き、その「超越」の根拠たる「内在」、あるいは「生」の次元を一貫して探究した。「実質的現象学」、あるいは「生の現象学」という立場のもと、哲学一般、現象学、社会哲学等を検証し、芸術、文化、科学技術、政治、精神分析、そして、キリスト教について深く考察している。

主著は『現出の本質』、『マルクス』（いずれも法政大学出版局）。

木村敏（1931-）：日本の精神科医、哲学者。ビンスヴァンガー、ヴァイツゼッカー、ハイデガー、西田幾多郎などの影響を受けつつ、精神医学の臨床的経験にもとづく独自の現象学的精神病理学を樹立。「自分が自分であるとはどういうことか」を根本テーマにし、従来の主客図式の見直しを迫る「あいだ」の思想、精神病の人間学的分析にもとづく時間論、そして、個々の生きもの（ビオス）の根拠としての〈生命〉（ゾーエー）の思想などを展開している。一九九〇年代までの著作の多くは『木村敏著作集』（弘文堂）にまとめられている。

第Ⅰ部　現象学から生の現象学へ

第一章　現象学誕生の背景——学問の危機

プロト現象学

「はじめに」で述べたように、本書は生の現象学の輪郭線を描き出そうとするのだが、そのためにはやはり、生の現象学を従来の現象学と対比させるのがもっとも効果的な方法だろう。もちろん、ミシェル・アンリが「生の現象学」と言うとき、彼の視野には、いわゆる現象学だけでなく、古代ギリシア以来の西洋哲学の全体が収められているのだが、しかし、あまり話を大きくしすぎると、かえって事の本質を見失ってしまいそうなので、ここでは、生の現象学の特徴を従来の現象学との対比において浮かび上がらせたい。

ところで、いま「従来の現象学」と言ったが、これはいったい何を指しているのだろうか。実は、この点について、ここで明確にその範囲を限定することはできない。ひとくちに現象学と言っても、——ヘーゲルのそれを除いたとしても——実に多彩だし、一人の現象学者のなかにも様々な側面が見られる。「従来の現象学」のイメージがある程度固まっているとしても、それを「誰それと誰それのこうした思想」と限定できるものではない。

ミシェル・アンリは、「従来の現象学」というような意味で「歴史的現象学（phénoménologie historique）」[1]という言葉を使うが、これについても同じで、アンリはそれを「誰それの思想」と限定して用いているわけではない。ここでは、この「従来の現象学」の範囲についてはぼかしたまま、それをとりあえず「プロト現象学」（「もともとの現象学」程度の意味）とでも呼んでおこうと思う。ここでいうプロト現象学は、その範囲を明確に限定することはできないにしても、本書の以下の記述を通して、ぼんやりとその輪郭が浮かび上がってくることだろう。

さて、それではさっそく第一章の内容に入っていこう。ただ、第一章と第二章は一連のテーマを扱っているので、この二つの章を通じて、いま名づけたプロト現象学（ここでは実質的にはフッサール現象学に限定されるが）の誕生の背景、誕生の経緯、および、その根本的な構造について確認していくことにする。

「学問の基礎づけ」という関心

いまプロト現象学と呼んだ学問は、そもそもドイツの哲学者フッサール（Edmund Husserl, 1859-1938）によって創始された。フッサールは、そのアカデミックなキャリアを数学者としてスタートさせたが、〈数学の心理学的基礎づけ〉という問題に関心をもったことから、後に哲学へと転向することになる。

フッサールが数学から哲学へと転向していく経緯は少々ややこしいので、ここでは省略し[2]、初期フッサールの基本的関心についてだけ簡単に触れておこう。フッサールは当初から、数学のような普遍的客観性とそれを成り立たせている本質的な心的体験との相関関係の解明に関心を寄せていた。数学にかぎらず学問一般はいつでも・どこでも妥当する普遍的・客観的なものだが、だからといって、それは主観的なものと無関係に成立するわけではない。学問を、「考える」という心のはたらきと無縁なものと理解するのは無理だろう。では、学問の普遍的な客観性と心的体験の主観性とはいかなる関係をもつのか、これが初期フッサールの関心事だった。

つまり、哲学に転向した当初のフッサールの関心は〈数学の心理学的基礎づけ〉だったのだが、そうした関心のうちにはすでに学問の基礎づけ、学問の可能性への問いが含まれており、フッサールは、そうした関心から出発して、普遍的・客観的な学問を可能にする心的体験の本質的な超越論的構造の解明に突き進むのである。

学問の危機という問題意識

ところで、フッサール晩年の著書に『ヨーロッパ諸学の危機と超越論的現象学』(以下、『危機』と表記する)というものがある。これは一九三六年から三七年のフッサールの思想を集めたもので、フッサール後期思想の集大成と言われている。

この『危機』において、フッサールは、みずからが一九〇〇年から一九〇一年にかけて出版した『論理学研究』によって確立した「現象学」を、ヨーロッパの学問の歴史と現状のなかに位置づけ、その意義を確認している。また、それとともに、一九世紀後半から二〇世紀初頭にかけてのヨーロッパの状況のうちに「学問の危機」を見いだし、みずからの現象学こそそうした危機からの救済をもたらしうる方途だとするのである。このように、哲学的キャリアを「学問の基礎づけ」から出発させたフッサールは、その晩年にいたって「学問の危機」を訴えるようになるのである。(3)

以下では、この『危機』の論述をもとに、プロト現象学誕生の背景やその経緯を確認していくことにする。ただし、『危機』はあくまでフッサール晩年の著作であるから、「プロト現象学誕生の経緯」と言っても、ここで記述するのは、現象学を創始しつつあったフッサールの学的動機ではなく、晩年のフッサールが、みずからたどった足跡を振り返りながら、現象学の動機や意義を再確認(あるいは、再構築)している視点に沿ったものであることを断っておきたい。

学問とは何を意味するか

プロト現象学誕生の背景および経緯を確認するには、フッサールが言う「学問の危機」の意味を吟味しなければばならないのだが、さらにそれに先立って、そもそも学問とは何かということを考えることから始めたい。「また、そもそも好きの哲学者の悪癖がはじまった」とため息をつかずに、しばしおつきあい願いたい。

学問とは何だろうか？　フッサールはドイツ人だから「ヴィッセンシャフト（Wissenschaft）」という語を使うが、ここでは英語の「サイエンス（science）」をもとに考えてみたい。もちろん、ヴィッセンシャフトもサイエンスもともに「学問」の意味をもつ。

サイエンスの語源はラテン語のスキエンチア（scientia）である。スキエンチアは「知識」を意味している。ちなみに、ヴィッセンシャフトのヴィッセン（Wissen）も「知識」という意味であり、ヴィッセンシャフトは、ヴィッセンに集合名詞を示す後綴りのシャフト（-schaft）がついたものである。要するに、サイエンスもヴィッセンシャフトも似たような由来をもつ。

ただ、私たちが普通に知識、あるいは、知るという語を使うとき、そこには二つの意味があるように思われる。一つは「漠然と、曖昧に知っている、あるいは、根拠を明確に示せるわけではないが知っている」という意味で、もう一つは「しっかり根拠を示せるような仕方で、理論的に知っている」という意味である。[4] 一般に、前者のような知識を、ギリシア語を用いてドクサ（δόξα / doxa）と呼び、後者は、同じくギリシア語でエピステーメー（ἐπιστήμη / epistēmē）と呼ぶ。

スキエンチアは、この二つのうち、後者のエピステーメーをラテン語に訳したものなので、それは「原理や理屈をきちんと示せるような仕方で知っている」という意味になる。つまり、それは「物事の理屈、理論、理由、道理、原理などを理解している」という意味であって、要するに「理（ことわり）の理解」である。学問とはまさにこうした知識のあり方を指している。

物事の理と私たちの理解の対応関係

だが、こうした知識についての考え方にはある前提が隠されていないだろうか。つまり、一方に知識の対象としての事象があり、他方に私たちの知識があって、両者が対応しているという前提である。言い換えれば、物事の理と私たちの理解との対応関係という前提である。

だが、物事の理というのは物事の側、つまり、私たちの外にあり、私たちの理解は私たちの頭、あるいは心に、いずれにしろ、私たちの内にある。つまり、両者は〈内と外〉の関係にあるのであって、そう考えてみると、物事の理と私たちの理解が対応しているなどとは簡単には言えないのではなかろうか。少なくとも、両者の対応関係を言うのであれば、何らかの説明が必要になろう。

学問というのは、当然のことながら、正しい知識であることが要求される。つまり、学問は真なる知識であり、真理であることが求められる。真理とは、古来、事象と知識の一致として理解されてきた。右の言葉で言えば、物事の理と私たちの理解の一致である。すると、もしこの一致、つまり、両者の対応関係が保証できないならば、真理は成り立たず、そこで成立する知識・学問は正しさや真理という要請に応えられないことになる。それはもはや、本来の意味での学問とは言えないだろう。

では、この物事の理と私たちの理解との対応関係はいかに説明されるのだろうか。

学問の学問性を支えた理性主義

こうした問題に対して、西洋思想は伝統的に理性主義[5]（rationalism）と呼ばれる立場で答えてきた。理性主義は近代ヨーロッパ思想を支配した基本的立場だったと言っていいだろう。それは、一言で言えば、物事の理を一方的に私たちの理解の側に、つまり、理性の側に回収しようとするのである。

例えばデカルト（René Descartes, 1596–1650）をみてみよう。デカルトにとって世界は神によって合理的に創造されたものだった。だから、世界は合理性に支配されている。また、人間も、神の似姿として、同じ神の理性を分有している。世界も人間の精神も同じ（神の）理性を共有しているのだから、デカルトにとっては、人間の精神が世界の理を理解するのは当然だった。

カント（Immanuel Kant, 1724–1804）においては、デカルトにおける神の役割を人間精神が引き継ぐことになる。つまり、世界に合理性を与えているのは人間の知性（悟性）だとされた。カントにとって、世界とは、人間の知性によって合理的な仕方で現象しているものを意味しており、したがって、世界の理は当然、人間の知性的な理解と一致することになる。

ヘーゲル（Georg Wilhelm Friedrich Hegel, 1770–1831）になると、もはやデカルトやカントにおけるように、意識と世界、主観と客観は分離されず、精神は、そうした二項の対立・矛盾を内に抱えつつ弁証法的に発展するものとされ、この精神の運動がそのまま現実として解釈される。ヘーゲルは「理性的なものは現実的であり、現実的なものは理性的である」(6)と言う。やはり物事の理と私たちの理解はおのずと対応するとされるのである。

このように、近代ヨーロッパ哲学は一般に、世界の理を人間の理性に回収する理性主義の立場に立ってきた。そして、この立場にもとづいて、物事の理と私たちの理解との一致、両者の対応関係が当然視されてきたのである。近代において、学問が「真なる知識」の地位に君臨しえたのはこうした前提に立ってのことだった。理性主義こそが学問の学問性を支えていたのである。

フッサールの理性主義と学問の危機

さて、「学問とは何か」という問いから始めて、理性主義へと話を進めてきたが、ここでフッサールが指摘した学問の危機に立ち戻ろう。

理性主義ということで言えば、フッサール自身、近代の哲学者たちと同様、古代ギリシアにはじまるヨーロッパの伝統を基本的に受け継ぎ、人間理性をとりたてて重視して、徹底して理性主義の立場に立とうとした学者だった。(7) フッサールは、「理性とは、存在すると思われているもののすべて、すべての事物、価値、目的に究極的に意味を与えるものである」(8) と述べて、人間の理性によってこそ世界の真の意味が解明されるべきだとした。そして、そのように理性によって世界の意味が解明されていくプロセスこそ、学問の歴史にほかならないと考えていたのである。

だが、フッサールによれば、こうしたヨーロッパの伝統的理性主義は、決して盤石な地盤の上に立ってはいなかった。それは素朴にすぎ、また背理にさえ陥っていた。(9) フッサールは、理性主義者として、理性に対する絶大な信頼の上で学問していたが、彼は、そのヨーロッパの理性主義の伝統のうちに本来の理性からの逸脱を見いだし、(10) それが一九世紀後半以降、学問の危機を招くにいたったとするのである。(11)

では、この「逸脱」はどのようにして生じたのか。フッサールがこの逸脱の張本人として槍玉にあげるのがガリレイである。

理性主義逸脱の張本人、ガリレイ

ご存知のように、ガリレイ（Galileo Galilei, 1564–1642）はイタリアの自然学者、天文学者であり、自然現象を数学的に解明することに多大な貢献をしたことから「近代科学の父」と呼ばれている。ところが、フッサールは、このガリレイを、理性主義逸脱の張本人として断罪するのであり、また、この逸脱してしまった理性主義を、みずからが確立した現象学でもって軌道修正しようとするのである。だがまずは、フッサールがガリレイをいかに断罪しているのかを見ていくことにしよう。

近代科学の父ガリレイの功績といえばどのようなことを思い浮かべるだろうか。おそらく、多くの人が「振り子の等時性」の発見、「落体の法則」の発見、「慣性の法則」の発見などを思い浮かべるだろう[12]。「振り子の等時性」とは、振り子の長さ（支点から重りの中心までの長さ）が同じなら、振り幅や重りの重さにかかわりなく、振り子が一往復する時間（周期）が同じになるというもの。「落体の法則」とは、真空状態では、落体は、質量に関係なく同じ速度で落下し（例えば、月面ではトンカチと鳥の羽は同じ速度で落下する）、落下距離は落下時間の二乗に比例するというもの。そして、「慣性の法則」とは、外から力が加わらなければ、物体は、静止している場合は静止しつづけ、動いている場合は動きつづけるというものである。こうした例から分かるように、ガリレイは、実験的な手法を用いて、自然現象から数学的に計測可能な法則性を導き出すことに大きな貢献をした。つまり、自然を数学化したのである[13]。

もちろん、こうしたガリレイの功績は偉大なもので、近代以降の自然科学の飛躍的な発展はそれに大いに負っているのだが、同時に、そうしたガリレイの仕事のうちには別の側面もみられる。それは自然を数学化する反面、自然から数学化不可能な感性的諸性質を排除してしまったという側面である。ガリレイを断罪するフッサールが強調するのはまさにこの点である。

ガリレイによる自然の数学化

例えば、楽器などの弦の長さが音の高さと相関的な関係にあることは誰でも知っている。つまり、弦が長いほど音は低くなり、短いほど高くなる。この法則性に視点を絞って楽器を観察するなら、もはや音の感覚や弦の手触りは無視して構わない要素になろう。問題なのは、弦がどの長さのときにどの高さの音が発せられるかということであるから、音の快・不快や弦の手触りなどは考慮の外におかれる。つまり、法則性からとらえられた世界からは、感性的諸性質は考慮するにたりないものとして排除されるのである。

同じことがガリレイの諸法則についても言える。振り子の等時性、落体の法則、慣性の法則のいずれをとっても、そこで観察されている物体の感性的性質は考慮の外におかれる。振り子の色や落体の手触りなどは、これらの法則性とは無関係だとされる[14]。

つまり、法則性という相のもとでとらえられた自然からは、感性的諸性質は排除され、そこではすべてが数学的に表現されることになる。数学的に表現されたものは、感性ではなく、数学的思考で、つまり、理性で理解されるのだから、いわゆる「感覚のズレ」は生じない。例えば、同じ青色を見ても、人によって受ける印象はまちまちだが、2＋2は誰が見ても4である。こうして、数学化され、法則の相のもとにとらえられた自然こそ客観的な世界だとされるのである。

発見する天才であり、かつ隠蔽する天才

だが、こうした自然の数学化というのは、そもそも感性的にとらえられた自然を前提していないだろうか。私たちは、眼の前の木を見るのと同じように慣性の法則を見ることはできないのだから、慣性の法則を見いだすた

めには、まず自然現象を見たり、聞いたり、触ったりして、それを感じとっているのでなければならないはずである。

ところが、ここでガリレイによるすり替えが生じる。ガリレイにとっては、感じられた自然は、ひとによって異なって感じられるかぎり、主観的・相対的な自然、つまり、自然の見かけの姿でしかない。それに対して、数学的に理解された自然は、誰にでも同じように認識される自然であり、客観的・絶対的な自然である。この客観的・絶対的な数学的自然こそ自然の真理にほかならず、感性的な主観的・相対的自然は自然の虚像にすぎないとされるのである。

こうしてガリレイは自然を「理念の衣」[15]で覆ってしまう。数学化の出発点だったはずの感覚された自然は、いったん数学化が成し遂げられると、理念の衣で覆われて、その存在が隠されてしまう、あるいは、あたかも幽霊のように、錯覚でしかないものにおとしめられてしまう。ガリレイにとっては、自然とは何よりも数学的自然を意味し、自然は数学によって、つまり、人間理性によって完全に理解されうるものとされる。「宇宙は数学の言葉で書かれている」[16]というあまりにも有名な言葉は、ガリレイのこうした自然観を端的に言い表わしている。

さらに、もう一点付け加えておくなら、自然を数学的に理解可能なものと考えることは、自然の予見へも道を開くことになる。自然を理解するには、計算して法則を導きだしさえすればいいのなら、決して感覚することなどできない未来の自然の姿も理解可能になろう。自然法則は数式だけですっかり把握できるのだから、数学的記号さえうまく操れれば、過去や現在だけでなく、未来の自然の姿もとらえられることになる。数学の言葉で書かれた宇宙は数学（という理性のはたらき）でもって過去から未来までくまなく見通せるのである。

こうしてガリレイにおいては、現実の自然の姿、現実の世界の姿はすべて記号の操作の結果に還元される。[17]この還元によって奪い取られたのは感性的な諸性質である。つまり、数学化の背後に本来あったはずの感覚的なものが理念の衣で覆い隠され、なかったものに、あるいは、幻にされてしまったのである。

ガリレイは、自然を数学化することで、確かに、自然を支配する多くの法則を発見した。しかし、その反面、数学化された自然を真の自然とすることで、自然から感性的諸性質を消し去り、隠蔽してしまった。フッサールが言うように、ガリレイは「発見する天才」であると同時に「隠蔽する天才」[18]だったのである。

理性主義逸脱の帰結

フッサールによれば、ヨーロッパの伝統的な理性主義は、以上のようなガリレイの思想によって逸脱してしまった。逸脱は、ガリレイが自然のいっさいを数学的なものに還元したときに生じた。先には、物事の理と私たちの理解の一致・対応の根拠を問うて、近代哲学が前者を後者に還元することでその問いに答えたことを紹介したが、フッサールによれば、そうした理性主義の発想もガリレイによる自然の数学化に由来する。[19]つまり、自然の数学化という発想のうちに、すでに物事の理を私たちの理解に還元する思想が胚胎されていたのであり、それがデカルト、カント、ヘーゲルなどによって引き継がれていったのである。フッサールにとっては、ヨーロッパ近代の理性主義はガリレイによる逸脱の所産でしかない。[20]

だが、たとえ逸脱に発したとしても、いったん伝統的なものと認められてしまうと、それが常識になり、誰もその起源を問わなくなる。つまり、理性的・知的に理解可能なものを真理とする思想があらゆる知識・学問の前提になる。学問は、その結果、世界や事物がどう見え、どう感じられるかとは無関係に、もっぱら、数学的・記号的・理念的に操作可能・計測可能・予見可能なものを追究し、ひたすら操作・計測・予測の精度を高めることに邁進していくのである。[21]

ミュラー・リヤーの錯視

さて、以上のような理性主義の立場について少し具体的なイメージをもってもらうために、一つの事例を紹介しよう。これは、逸脱した理性主義が現在の私たちの常識のうちにも根深く残っていることを感じさせてくれる事例である。[22]

有名なミュラー・リヤーの錯視というものがある（図1参照）。これは同じ長さの二つの線分の両端に、一方には矢印の形を、他方には矢印を外に開いたような形を書き加えたものである。そして、しばしばこんな質問がなされる。「この二つ図形の真ん中の線分はどちらの方が長いでしょうか？」初めてこの図形を見た人はこんなふうに答えるだろう。「矢印が外に開いた図形の方が長いよ。」確かに、この人でなくても、誰が見ても「矢印が外に開いた図形」の線分が長く見える。すると、質問した人は、したり顔でニヤリとしながら、おもむろに定規をとり出して、実際に真ん中の線分を測ってみせる。結果はどちらも同じ長さ。そして、「残念でした。正解は〈どちらも同じ〉でした」となる。

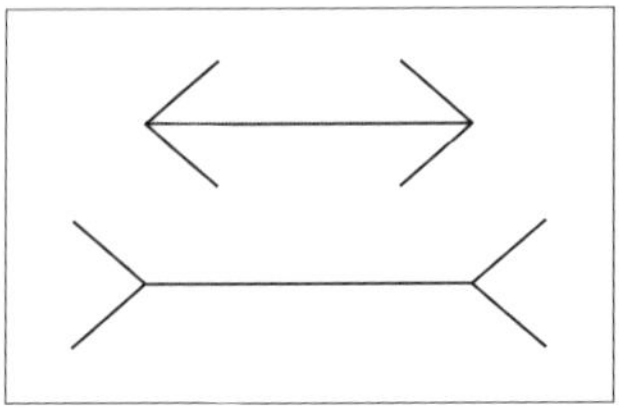

図1　ミュラー・リヤーの錯視

　もちろん、この「正解」に異議を唱える人はいないだろう。定規で長さを測ってみれば、「矢印が外に開いた図形の方が長い」という答えは間違いで、「長さは同じ」が正解だ。しかし、二つの線分を測った定規の値が同じだということは真実だとしても、同時に、どう見たって二つの線分の長さは違うように見えるということもまた真実ではなかろうか。ところが、たいていの場合、私たちは「長さが違って見える」という真実を「定規の値が同じ」という別の真実で覆い隠したり、かき消したりしてしまう。前者の真実を一方的に錯覚や虚偽だと決めつけ、定規の値こそ客観的真実だと判断する。「……のように見える、感じられる」という感覚的判断と客観的数値が異なる場合には、前者は虚偽であり、後者こそ真実だとされるのである。

このように、「見える、感じられる、思われる」という判断に対して、常に数値、計測、客観的データを優先させる態度は、逸脱した理性主義の精神を引き継いだものだとは言えないだろうか。こうした私たちの常識の背後には、数学化された自然こそ真の自然だとする近代の思想が脈々と息づいているように思われる。

知と生の分裂

さて、話を理性主義に戻そう。
数値化不可能な形而上学的原理（例えば、神などの超経験的な実体）を立てることを拒否し、観察可能・計測可能な事柄のみを事実とみなして、この事実に関する知のみを真の知と認める立場を一般に実証主義と呼ぶが、一九世紀になると、そうした実証主義が席捲することになる。
この実証主義は、観察可能・計測可能な事実のみを、つまり、数値化可能な客観的・科学的事実のみを積極的に真理として立てるという意味では、やはり逸脱した理性主義の精神を引き継いだものだと言える。それは、（一方では形而上学的原理を退けると同時に、他方では、）私たちが見たり、聞いたり、触ったりして感じ取っている事柄を、計測可能、数値化可能な事実へと還元し、そのように客観的・科学的な仕方で実証された事実の世界を真の世界とみなすのである。そして、いったん客観的な事実的世界が確立されると、もはや、その世界が人間の実際の生活の場であったことを忘却してしまうのである。[23]
こうした事態は「知と生の分裂」と呼ぶことができるだろう。[24] 常に精密さを追い求める実証科学は、人間が実際に経験し、感じている生活の場を覆い隠し、科学的・客観的に思考された世界のなかを動くのだから、論理的に矛盾がなく、整合的でありさえすれば、一つの学問として成り立つことになる。それは「（直接に経験・直観される）『現実性』を離れて、（思考される）『可能性』の天空に舞い上がって[25]いるのである。「可能性」の天空に舞い上がった実証科学は、人間の「現実的」な生活、人間の生から遊離して、純粋な観念の世界、単なる可能性の世界をさまよう[26]。フッサールにとって、それは「依って立つ地盤を見失ってしまった[27]」学問の姿にほかならなかった。そして、こうした実証科学が席捲する時代の状況とは、まさに「学問の危機」以外のなにものでもなかったのである[28]。

面積一平方メートルの正方形の一辺の長さは？

だが、人間の生という地盤を見失った学問の姿とはいったいどんな姿だろうか。難しい学問論はちょっと脇において、こんなふうに考えてみたらどうだろうか。

「面積が一平方メートルの正方形の一辺の長さは？」と問われたらどんなふうに考えるだろうか。これを考えるには、$X^2=1$という方程式を立てればいい。そして、この方程式を解くと、X=1、つまり、答えは一メートルとなる。だが、方程式のXに当てはまる数値は一だけではない。そう、マイナス一もありうる。すると、答えは「一辺の長さは一メートル、もしくはマイナス一メートル」となる。$X^2=1$という方程式にしたがって考えるなら、これが正解である。

しかし、「一辺の長さがマイナス一メートルの正方形」とはいったいどんな図形だろうか。そんな図形が現実にありうるだろうか。「面積が一平方メートルの正方形の一辺の長さは？」という問いを$X^2=1$という方程式に置き換えてしまえば、マイナス一メートルも正解となる。しかし、それは現実に私たちが経験できるような図形ではない[29]。そして、もし現実には経験不可能な図形ですら計算上誤りでなければ正解とされてしまうなら、そうした立場は「『可能性』の天空に舞い上がって」いると言えないだろうか。

これはひとつの喩えだが、もし学問が人間の現実の経験、現実の生を省みず、観念の世界、可能性の世界へと突き進み、そこでの整合性のみを合理性と理解するなら、それこそまさに「人間の生という地盤を見失った学問の姿」と言わざるをえないだろう。フッサールが一九世紀後半から二〇世紀初頭にかけてのヨーロッパに認めたのはこうした学問が席捲している状況であり、それを彼は「学問の危機」と呼んだのである。

学問・理性・人間性の危機と現象学

現象学誕生の背景をなす学問の危機とは以上のような状況を指している。それはガリレイによる自然の数学化によって逸脱させられた理性主義が、実証主義に引き継がれることで、一九世紀後半から二〇世紀初頭のヨーロッパに蔓延していた危機的状況であった。

しかし、フッサールによれば、こうした状況は単に個別の学問の危機を意味するだけではない。学問が人間の理性（reason）にその根拠（reason）をもつかぎり、学問の危機とはそのまま人間理性の危機でもある。また、古代ギリシア以来、ヨーロッパ文化は「理性的秩序への素朴な信頼に支えられて形成されてきた」[30]と言えるのであって、そのかぎりでフッサールは、学問の危機、理性の危機を「ヨーロッパ的人間性の危機」[31]とも表現している。

しかし、私たち日本人としては、こうしたフッサールの信念を少し違った角度からとらえてもいいのかもしれない。古来から、人間の人間たるゆえんは、しばしば動物に対する人間の位置から測られてきた。川原栄峰（1921-2007）が『哲学入門以前』のなかで言うように、動物は自然のなかに生きるとしても、自然に対してはいない。動物にとって、存在するものは全て餌か毒か、敵か味方かであって、常に自分との利害関係においてある。それに対して人間だけが、存在するものを、利害関係から離れて、それが存在するとおりに見ることができる。つまり、自然に対して立ち、それを客観的に見ることができるのである。[32]このように存在を客観的にとらえるはたらきを理性と呼ぶなら、理性とは、ヨーロッパ的人間性にかぎらず、動物に対する人間性一般の本質を規定するものだと言っていいだろう。そして、そのように考えれば、学問の危機、理性の危機とは、とりもなおさず人間性の危機にほかならないと言えよう。

フッサールによる現象学の創始には、こうした危機（学問の危機、理性の危機、人間性の危機）からの救済の意味が込められていた。フッサールは、地盤を見失った学問・理性・人間性にその確固とした地盤を恢復させる役目を現象学に託した。では、この危機的状況に救済をもたらす現象学とはいかなるものだろうか。それについては第二章でみていこう。

第二章　現象学の根本構造

生活世界への還元

前章でも触れたが、『危機』の記述は、フッサールが晩年にみずからたどった足跡を振り返って、現象学の意義・位置づけ・使命を再構築したものだから、それをそのまま「現象学創設の動機」と解釈することはできないが、その点はここでは脇においておこう。その上で、(便宜的に)『危機』の記述に沿って現象学誕生の経緯を確認すれば、その背景には、フッサールが一九世紀後半から二〇世紀初頭にかけてのヨーロッパに認めた学問の危機、理性の危機、人間性の危機という状況があったと言える。そして、いまや問題は、フッサールがこうした危機的状況を乗り越えるための「切り札」として提示した現象学がいったいいかなるものだったのかということである。

学問の危機の典型的な状況とは、実証科学が、人間の実際の経験や生活を地盤とし、そこから出発しているにもかかわらず、この現実の生活という地盤を、記号の操作によって構築された理念的世界で覆い隠し、置き換えてしまっていることである。フッサールは、この理念の衣で覆い隠された現実生活の場を「生活世界(Lebenswelt)」と呼ぶ。生活世界とは「そのなかにわれわれがつねにすでに生活している世界、そして一切の認識行為や一切の学問的規定の基盤をなす世界」(1)のことである。フッサールは、この現実生活の場を「現実に直観され、現実に経験され、また経験されうるこの世界」(2)、すなわち、感性的な諸性質をともなった世界として理解する。まさにガリレイが自然を数学化することで隠蔽し、排除したのが生活世界だったのである。そして、いまやフッサールは、ガリレイ以来、直観の世界、感性的世界を覆ってきた理念の衣をはぎとり、この感性的世界を探究の対象にする新たな学問、つまり、現象学を打ち立てることで、学問一般、人間理性、そして人間性そのものに、その拠って立つ地盤を恢復させようとするのである(3)。

生活世界と「意識に直接与えられたもの」

ところで、こうしたフッサールによる理念の衣に対する告発の意味は、次のような喩えを用いて考えてみると少し分かりやすくなるかもしれない。それは、フッサールと同年生まれのフランスの哲学者ベルクソン（Henri Bergson, 1859–1941）が『意識に直接与えられたものについての試論』のなかで語っている次のような喩えである。

机の上に白い紙を置き、それを四本のロウソクで照らしていると想定してみよう。ついで、照らしているロウソクを一本ずつ消していく。すると、その様子を見ている人は「紙は白いままだが、徐々に光が弱くなった」と言うだろう。だが、光源であるロウソクについては知らないものとし、さらに、以前に似たような状況を経験したこともないと仮定してみる。すると、そこで見えているのは、決して光の減少ではなく、ロウソクが消えるたびに紙の表面を彩る影の層であろう。もし、はじめに見ていた色を「白」と呼ぶなら、今見ているのはそれとは別のものなのだから、別の名前を付けなければならないはずである。それは白の別の色合いである(4)。

ベルクソンはここで何を言わんとしているのだろうか。ロウソクが光源であることを知っている場合には、人は「紙は白いままで、光が減少した」と言う。しかし、これはこの人が本当に見ていることを表現したものだろうか。ベルクソンが言うように、もし光源であるロウソクについての知識をもたず、似たような経験の記憶もないなら、紙の色が白から徐々に別の色合いに変わっていくように、つまり、灰色がかっていくように見えることだろう。[5] ところが、光源の知識をもつ人は、色は変化せず、光が減少したと言う。これは、自分が見ていることを光源についての知識で上塗りしてしまったということではなかろうか。実際に見えている色の変化を、「光量の変化によって見かけの色は変化する」という光量と色相の因果関係に関する知識で置き換えてしまったのである。ベルクソンは、このことを「意識が受け取る質的印象を、われわれの悟性がそれに与える量的解釈によって置換する」[6] と表現している。こうして人は、実際には見ていない知的判断の結果を見たと思い込むのである。[7]

フッサールが生活世界と呼ぶのも、やはり感覚されている世界、見られている世界であるが、フッサールは、それが実証科学などの学的理念に置き換えられてしまうことを危惧していた。これは、実際に見ている色の変化が、知的に理解された光量の変化で置き換えられるような事態としてイメージできるだろう。本来は、実証科学の、学問の、人間性の地盤であるはずの生活世界が、理念性によって覆い隠され、隠蔽され、取って代わられてしまうのである。ベルクソンが、右のような喩えを通して、知的判断による上塗りに先立って実際に見られているもの、意識に直接与えられているものへ回帰する必要性を訴えたように、フッサールもまた、理念の衣で覆われる以前の生活世界に立ち帰ろうとするのであり、その生活世界の経験の本質を学的に究明しようとするのである。そして、そうした生活世界の本質の解明にもとづいて、学問、人間理性、そして、人間性そのものを恢復しようとするのである。

生活世界の学としての現象学

以上のような意図をもって生活世界の本質の解明に向かうフッサールがまず行うのは、客観的・科学的知識に対する「判断停止（エポケー）」である。つまり、フッサールは、客観的科学の観点で世界を見ることを差し控え、そうした観点によって覆い隠されてしまっている生活世界の経験へ立ち帰ろうとするのである。先のベルクソンの喩えで言えば、光量と色相の因果関係という知識を捨てて、実際に見えていることがら、つまり、白の色合いの変化という感性的な経験に立ち帰ると言えよう。そして、フッサールは、この生活世界の経験の構造と本質を学的に解明しようとする、つまり、「生活世界の学」を打ち立てようとするのである。

では、この「生活世界の学」とはいかなる学問であるべきだろうか。いうまでもないが、この生活世界の学は、〈客観的科学が前提しているところの生活世界〉についての学なのだから、もはや科学的・論理的な学問ではありえない。生活世界の解明のために科学的手法に頼ることはできないのである。そこで、そうした客観的・科学的・論理的な学問とは異なるある新たな学問が要請されることになる。それがフッサールによって「現象学」と名づけられた学問にほかならない。

よって、現象学とは、とりあえずは、生活世界における私たちの直接的な経験を、科学的・論理的な仕方で説明するのでも、ましてや、それを理念の衣に包んで覆い隠すのでもなく、私たちがそれを生きるがままにとらえる方法だと言うことができよう。それは、客観的・論理的な態度に先立って与えられている世界をあるがままに生け捕りにしようとするのである。

世界の根本性格——地盤性

ベルクソンの喩えで示したように、現象学にとって、この生け捕りにされた生活世界とは、根本的には、感性的経験の世界、言い換えれば、ガリレイによって隠蔽された世界である。私たちが日々、感性的な仕方で経験している世界こそ現象学の学的考察の対象なのである。では、この感性的経験の世界において、私たちの具体的な経験はどのように遂行されているのだろうか。

この問題を考えるにあたり、まずは、あらゆる感性的経験が営まれる場としての「世界」の経験のあり方から見ていくことにしよう。生活世界における経験にとって、その根本的なプラットフォームとも言うべき世界はどのような仕方で与えられているのか。ここでは、この問題を、フッサールが『経験と判断』緒論の第七節、第八節で論じている「地盤性」と「類型性」という概念にそって確認していく。

まず地盤性からみていこう。右で「世界の経験のあり方」という言い方をしたが、普通、私たちは、諸々の物事については、それを「経験する」と言えたとしても、「世界を経験する」などとは言わないし、世界を経験しているなどという実感もないだろう。だが、逆に言えば、物事の経験のようには経験されないことが、まさに世界の経験の仕方だと言える。どういうことだろうか。

例えば、私が学問的態度である汽水湖の生態系を調べているとする。その際、私はまずもって湖が存在し、諸々の水生生物が生存していることを事実として前提しているはずである。ただ、この前提された湖の存在そのもの、水生生物の生存そのものは、学問的考察の対象になっているわけではない。その意味では、それは事実として確かめられたというよりも、学問的態度の背景として素朴に確信されていると言ったほうがいいだろう。

学問的態度にかぎらず、私が世界のなんらかの対象に注意を向ける時には、その注意を向けられたものが存在すること、さらには、それらの地盤としての世界が存在することは、常にすでに確信され、素朴に信じ込まれてしまっているはずである。そして、そうした素朴な存在信念を地盤にして、はじめて諸々の知や活動が営まれる。つまり、世界とはこの素朴な存在信念のもっとも根本的なもの、あらゆる経験の地盤をなすものだと言える。つまり、世界は、物事のようには経験されず、その経験の前提・背景をなすものとして素朴に信じ込まれたものとして経験されているのである。これが世界の地盤性の意味である。

世界の根本性格——類型性

次に類型性であるが、類型性の説明の前に、まずは「類型」の意味を確認しておこう。例えば、「パン」と聞いた時、私たちはどんなものを思い浮かべるだろうか。あんパン、クリームパン、メロンパン、食パンなど、数え上げたらきりがない。しかしそれでも、思い浮かべられるものはある枠内におさまっている。この枠のことを「類型」と呼ぶ。それは、私たちが物事を理解する時に暗黙のうちに前提してしまっている枠である。

「パンはパンでも食べられないパンな〜んだ?」というなぞなぞがあるが、これはこの類型を利用している。なぞなぞに答えようとすると、誰でもが知らぬまに類型のなかに答えを探す。思いつくのは「腐ったパン」「消費期限切れのパン」などだろう。だが、なぞなぞの答えはそうした暗黙の期待を裏切る。「フライパン」だと言うのだ。「フライパン」は、知らずに前提してしまっていた「パンの類型」の外にあるにもかかわらず、確かに、ある意味では「パン」である。私たちは、期待していた枠(類型)の外に答えがあることに驚くと同時に、自分が知らぬまに答えの範囲を限定してしまっていたことに気づいて驚く。この驚きがなぞなぞを成り立たせている。

こうしたなぞなぞの喩えから「類型」の意味をつかむことができるだろう。パンについて考えるには、常にパンの類型の枠内で考えなければならないように、私たちがどんな対象に関わるにしろ、その対象はつねにある類型のなかでとらえられている。例えば、一匹のシジミはシジミ一般という類型のなかで、シジミという貝の種類は貝一般という類型のなかで、貝という生物は生物一般という類型のなかで……、というぐあいである。そして、これをどんどん拡大していけば、最終的には世界という類型に到達するだろう。私たちが関わる対象がどんなものであろうとも、それは最終的には「世界のなかの対象」に帰着するからである。世界とはいわば究極の類型、根本類型だと言える。（ちなみに、究極の類型である世界には「その外」はありえないので、世界について右のようななぞなぞは作れない。）

ただ、なぞなぞの喩えからも分かるように、類型はいずれも顕在的には意識されない。それはつねに、気づかぬうちに前提されてしまっているのである。[8]

まとめよう。生活世界の経験の根本的なプラットフォームとしての「世界」とは、あらゆる経験の地盤として、私たちが素朴に「ある」と確信しているものである。それは、私たちの経験のもっとも大きな枠組みをなす根本類型であって、あらゆる経験において暗黙のうちに前提され、学問的態度を含めたあらゆる態度を根本的に条件づけているのである。[9]

地と図の関係

さて、次に確認したいのは、こうした世界を地盤として、その上で営まれる具体的経験の根本構造である。これが解明されることで、生活世界における経験がその本質において暴露されることになる。この生活世界の経験の根本構造、それが「地平構造」[10]である。

先に見たように、類型とは、私たちが気づかずに前提してしまっているものとして、通常は、注意の対象にはならない。もちろん、個々の類型（シジミという類型、貝という類型等）なら、より大きな類型の枠のなかに置かれることで注目される対象になりうるが、究極の類型としての世界はけっして注意の対象にはならない。それはどんな時にも暗黙のうちに前提されてしまっており、そうした世界の暗黙の前提を舞台として、その上で個々の対象への注意がはたらくのである。逆に言えば、個々の対象は、常に漠然と広がる世界という地平の上でのみ現れてくるのである。

図2　「地と図」のモデル

図3　ルビンの杯

こうした地平と個々の対象の関係は、心理学における「地（ground）」と「図（figure）」の関係と似た点をもつ。地と図は、デンマークの心理学者ルビン（Edgar John Rubin, 1886–1951）によって詳細に解明された概念で、彼はそれを視覚の特性を示すものとして説明した。

例えば、白い紙に黒い三角形を描いた場合（図2参照）、三角形の周辺部分は背景のように、つまり、遠くにあり、かつ、三角形の背後にまで広がっているように見えてくるし、反対に、三角形の方は、前景に浮かび上がるように、また、輪郭をもった物のように見えてくる。この背景をなす周辺部分を地と呼び、前景をなす三角形を図と呼ぶ。

こうした地と図の関係が教えてくれるのは、ある形態が図として構成されてくるためには必ず地の構成をともなうということである。私がある形態に注意を向けられるためには、つねにすでに地が形成されていなければならず、この形態は、地として構成された領野を前提として、はじめて図として現れうるのである。

同じことはフッサールの地平構造についても言える。私が個々の対象に注意を向けることができるためには、その前提として、しかも、それ以上遡りえない究極の前提として、世界地平が与えられているのでなければならない。地平は、注意の対象のように顕在的に現れているのではないが、その背後で、素朴な信念として漠然とではあるが確実に与えられているのである。

ただし、地と図の関係を地平構造のモデルとするには注意も必要である。「ルビンの杯」（図3参照）として有名な図から分かるように、地と図の関係は、場合によっては反転しうるものとされている。つまり、背景・前景とされた二つの領域において、図になりやすい条件が拮抗している場合には、地と図の役割が反転しうる（つま

図4 「可能性の地平」のモデル

り、図3で言えば、「杯」が図になれば、「向かい合った人の顔」は地になるし、また、その反対の関係にもなりうる）。しかし、地平構造においてはこうした反転はありえない。世界は、根本類型として、つねに諸対象の個別的経験を支える地盤をなすのであって、決して、個別的・顕在的な経験の対象へと反転することはない。

可能性の地平

白地に黒い三角形というモデルを使って説明できるのはとりあえずここまでだが、実は、フッサールの地平構造にはさらに深い意味が含まれている。そして、それを理解するには、このモデルを拡張して考えてみる必要がある。

今度は、白い紙に黒い三角形を描くのではなく、大きな白い紙に様々な黒い図形をたくさん描く場合を考えてみよう（図4参照）。まず、私は真ん中あたりにある図形Aに注目する。つまり、図形Aを図として浮かび上がらせるのである。すると、白い紙全体だけでなく、周りにある他の諸々の黒い図形も地として与えられることになる。つまり、明確な形態としては輪郭づけられず、他の図形と一体になって漠然とした背景のうちに沈んでいく。次に、私は注意のまなざしを図形Bに移す。すると、それまで地のうちに沈んでいた図形Bが新たな図として浮かび上がり、さっきまで図であった図形Aは地に沈む。さらに注意を移すと、今度はまた別の図形Cが地から浮かび上がり、図として現れる。このように、地のうちに沈んでいる諸々の図形は注意の向け変えによって次々に新たな図として浮かび上がりうるのである。

フッサールにおける地平構造のより深い意味はここにある。フッサールにとって、地平とは「可能性の地平」を意味する。いまモデルにあげた地と図の関係（拡張以前も、拡張以後も）はフッサールにおける「外部地平」に該当するが、この外部地平は、フッサールにとっては、注意の向け変えによっていつでも顕在的になりうる諸対象の地平を意味している。

例えば、私がいま眼の前の机に注意を向けているならば、この部屋全体や隣の部屋、さらに、これらの部屋を含む建物全体はいまは外部地平のうちに沈んでいる。しかし、それらのものも、注意の向け変えによって、次々と注意された対象に変わりうる。つまり、フッサールにおいて外部地平とは、注意の向け変えによって顕在的になりうる可能性をもった領域を意味するのである。[11]

フッサールが地平構造として、地平としての世界の構造として理解しているのはこのようなことである。世界地平とは、個々の対象が顕在的な仕方で現れてくることを根源的に条件づけている地盤であり、なおかつ、そのうちに、注意の向け変えに応じて顕在化しうる無数の領域を含みもった可能性の地平なのである。

だが、注意しなければならないが、世界地平が可能性の地平だからといって、顕在化可能なすべての領域を寄せ集めたものが世界だというのではない。世界とはそのように何かの総和に還元されるようなものではない。むしろそれは、そうした総和すらがその上で初めて可能になる根源的な地盤である。

地平と地平意識の相関関係

さて、客観的・科学的知識をエポケーして、生活世界の生け捕りを企てた現象学は、このように、私たちが生きているがままの生活世界の本質を地平構造として明らかにした。しかし、フッサールが危機からの救済のために現象学に託した使命はこれで果たされたわけではない。フッサールはさらに、地平構造という生活世界の経験構造がいかにして可能になるのか、その可能性の根拠を解明しようとするのである[12]。

そのためにフッサールが行うのが第二のエポケー、つまり、素朴に生活世界を生きる態度（自然的態度）のエポケーである。フッサールは、生活世界における経験の構造がいかにして可能なのか、言い換えれば、地平構造がいかにして可能なのかを確かめるために、素朴に生活世界を生きる態度をいったん差し控え、地平構造の根拠の探究に向かうのである。では、地平構造の根源的条件はどこに見いだされているのだろうか。

先に見た心理学における地と図の関係は、対象の客観的性格ではなく、視覚の特性とされていた。それが意味しているのは、白地に黒い三角形という構図がそれ自体で地と図という客観的意味をもち、それを私たちが受け取っているのではないし、かといって、私たちがこの構図に地と図という意味を一方的に押しつけているのでもないということである。むしろ、この構図が「地と図」という関係において現れてくることと、私の意識がそれをそのように知覚することとは切り離すことのできない一つの出来事だと言えよう。つまり、両者の相関関係こそが、それ以上たどることのできない最後の審級なのである。

同じことはフッサールにおける地平構造についても言える。フッサールは地平構造を生活世界が意識に与えられるあり方として理解する。つまり、生活世界が客観的に地平構造を備えているのでも、意識が一方的に世界に地平構造を付与しているのでもなく、世界が地平構造をもつことと意識が世界を生きることとが同一の事態をなすと解釈するのである。つまり、そこに絶対的・普遍的な相関関係を認めるのである[13]。

では、地平構造と相関関係にある意識の様態とはどのようなものだろうか。間違ってはならないが、ここで問題にしたいのは、あくまで地平と相関関係にある地平意識である。地平を地盤として顕在的に現れる諸対象とそれをめざす知覚の関係についても詳細な分析が要求されるが、[14]ここでは、そうした諸対象の現出の可能性をなす世界地平に相関的な意識のあり方を問題にしたい。

空間の条件としての時間

私たちの意識には、それこそ無限に多様な対象が与えられるが、しかし、それらが意識に与えられる仕方にはある一定のパターンがあるように思われる。個々の対象は、つねに「ここ」や「そこ」において、あるいは、「いま」や「かつて」や「やがて」という仕方で与えられてくる。逆に言えば、「ここ」でも「そこ」でもなく、また、「いま」でも「かつて」でも「やがて」でもなく与えられる対象などありえない。つまり、個々の対象は常に空間・時間のなかで与えられるのである。

しかし、ニュートン的な絶対空間・絶対時間を考えるのでなく、有限な人間の認知の条件としての空間・時間を考えるならば、空間は時間を前提していると言える。例えば、机に座って仕事に没頭しているなら、そこで私に明瞭に与えられている空間は限られたものだが、それでも私には、自分がいる部屋の広がりや隣の部屋、さらには、建物の外まで広がる空間が与えられている。だが、そうした空間の広がりは、私が顔を上げたり、隣の部屋へ移動したり、建物から外へ出たりできるということを前提している。そして、そのように私が注意を向け変えたり、移動したりするには時間が必要である。つまり、私にとっての空間の広がりは時間的な経過を前提している。

もちろん、机の上の書類を見ているだけの時にも空間は広がっている。そして、それを経験するのに時間は必要ないように思える。確かに、建物の外から隣の部屋、そして、この部屋へと空間が狭まるにつれて、必要とされる時間は少なくなり、ついに、眼の前の書類の広がりだけになれば、時間差も最小になると言える。しかし、それは最小の時間差である同時になっただけで、時間という前提そのものの外に出たわけではないだろう。そう考えると、空間の経験には常に時間が前提されていると言える。（なお、眼の前の書類を見るのにも時間が前提されることについては、のちに違った観点からも説明する。）

したがって、個々の対象が私の意識に与えられるための究極の条件は時間であることになる。「いま」「かつて」「やがて」という時間的な差異こそが、諸対象が意識に現れてくるための条件であり、その形式をなしている。

世界地平は時間地平

ところで、ここで気づいてほしいことがある。それは、いま諸対象が与えられる条件としての時間について説明するために用いた喩えが、先に外部地平を説明するために用いた喩えと同じだということである。もちろん、理解しやすさを考慮して、あえて同じ喩えを使ったわけだが、むしろここでは、同じ喩えを使って説明できてしまうことに着目してほしい。

外部地平とは「可能性の地平」だと述べた。それは、机に座っている私にとって、注意の向け変えによって次々に顕在化しうるこの部屋全体、隣の部屋、建物全体などを含んだ地平である。したがって、この外部地平はある意味では空間的な広がりだと言えよう。しかし、いま説明したように、こうした空間的広がりは時間的広がりを前提している。つまり、外部地平は時間地平を前提する。そして、この外部地平の最大のもの——つまり、その外にさらなら地平を想定できない外部地平——が世界地平にほかならなかった。すると、世界地平とは要するに時間地平だということになるだろう。これはどういうことだろうか。

時間とは意識のこと？

この問題を考えるために、あらためて時間とは何かを検討してみよう。

いま、時間が外部地平の形式であることを確認した。理解を容易にするために、これを極端に単純化して考えてみよう。私がココにいる。ココから一〇メートル先に対象物Aがあり、二〇メートル先に対象物Bがある。二つの対象物は空間的な外部地平のうちに沈んでいるが、それでも顕在化可能なものとしてある。それぞれの対象は、私が一〇メートル先、二〇メートル先へ移動すれば顕在化されうる。そして、この移動は当然、時間の経過を前提する。

今度は時間軸で考えてみよう。私はイマの時点にいる。イマから一時間経つと一五時になり、二時間経つと一六時になる。この一五時と一六時は今は時間的な外部地平のうちに沈んでいるが、それでも顕在化可能なものとしてある。それぞれの時刻は、一時間後、二時間後に顕在化されうる。

こう考えると、空間的・時間的な外部地平のうちに沈んでいる対象（対象物A、B）や時刻（一五時、一六時）が顕在化してくるための条件をなすのが時間の経過だということが分かる。つまり、時間は対象や時刻が現れるための条件をなすのである。

ところで、対象や時刻が顕在化し、現象するのは常に意識においてではなかろうか。対象や時刻が現れることとそれらが意識されることは同義と考えていいだろう。意識とは、対象や時刻が現れる場をなしている。そして、それ以外に対象や時刻が現れる術はない。すると、対象や時刻の現れの条件としての時間というのは、じつは意識のこと、あるいは少なくとも意識の様態のことではないかという疑問が生じてくる。はたしてどうなのだろうか。

把持―原印象―予持

実は、まさにそう考えたのがフッサールだった。しかもフッサールは、時間が意識の様態であるどころか、意識とは時間であると考えた。

意識とは「何ものかについての意識[15]」である。これはフッサールによる有名な意識（の志向性）の定義だが、ここでは言葉の厳密な解釈よりも、〈そこで「何ものか」が現れてくる場〉が意識だということを確認しよう。では、この「何ものか」、つまり、対象はいかに現れてくるのか。

事態を分かりやすくするために、まずは、もっぱら時間的な仕方で現れてくる対象を選んでみよう。フッサールが『内的時間意識の現象学』のなかで引くメロディーを例に取ってみる。例えば、「♪サ・ク・ラ」というメロディー（時間的な対象）が、まさにメロディーとして私の意識に現れてくるためには、クの音を聞いている時に、サの音をまだ保持していて、さらに、ラの音をあらかじめ予期しているのでなければならない。そうでなければ、メロディーが連続したものとして意識されることはないだろう。もちろん、はじめて聞いたメロディーの場合なら、ラの音を予期することはできないが、それでも何らかの音（無音も含めて）が次にやって来ることは、ある一定の類型のなかで予期されているだろう。

同じことは、メロディー以外にも、「走っている車」のような空間的に移動する対象についても言えるし、また、ふつうは時間とは無関係だと思われている諸対象についても当てはまる。例えば、いま眼の前に書類があるとするなら、その書類が現に「ある」ものとして把握されるのは、私がその書類を、そこに眼を向ける以前にも存在していたし、また、眼を離した後にも存在しつづけるものとして把握しているからだと言えよう。

同じ考察を先の極端に単純化された例に当てはめることもできる。一〇メートル先にある対象物Aは、私がココにいる今は、地平のうちに沈みつつ予期されて、「あるだろう」ものとして現れているが、私がそこへ移動すると、現に眼の前に「ある」ものとして現れ、さらに、私が二〇メートル先へ移動した時には、再度地平のうちに沈んで、今度は「あった」という仕方で保持される。一五時という時刻についても同様である。対象のあり方にかかわらず、あらゆる対象がこのような仕方で現出する。

フッサールは、このように、現にある現れをとらえつつ、過ぎ去った現れを保持していて、次に来るであろう現れを予期している意識のあり方を、それぞれ原印象、把持、予持と名づけた。フッサールにとって、意識が「何ものかについての意識」でありうるのは、つまり、意識が対象の現出の場でありうるのは、意識が〈把持–原印象–予持〉という構造をその本質としているから、一言で言えば、意識が時間だからであると言えよう。意識は時間性としてあらゆる現出の条件をなすのである。

プロト現象学の根本構造

さて、こう考えてくると、世界地平が時間地平だということの真意が見えてくるだろう。時間とは、結局、意識の本質だとされた。つまり、〈把持–原印象–予持〉という本質構造をもつ意識は時間地平の展開そのものにほかならない。そして、この時間地平の展開とは、そこにおいて諸々の対象が顕在化しうる「可能性の地平」の展開なのだから、それは結局、世界地平の展開だということになる。

先に、〈世界の地平構造〉と〈意識が世界を生きること〉の間に絶対的・普遍的な相関関係があると言ったが、その意味はここにある。地平としての世界の現れ（これは諸対象の現れとは本質的に異なる）は、意識の時間性と根源的な相関関係のうちにある。地と図の構造と視覚のはたらきとの関係そのものがそれ以上遡りえない審級であったのと同様に、〈世界の存在〉と〈時間性としての意識の存在〉との相関関係そのものが、いっさいの対象の現れの根源的な、つまり、それ以上遡りえない条件をなすのである。

客観的・科学的知識をエポケーして生活世界に立ち帰り、さらに、この生活世界を素朴に生きる態度をエポケーして、生活世界の経験を可能にする本質構造を解明しようとしたフッサールは、ついに、世界地平と時間性としての意識との絶対的・普遍的な相関関係に行き着いた。フッサールにとって、この時間性とは、あらゆる主観的なはたらきの本質構造だとされるのであって、その意味では、この地平と時間の相関関係は、世界と主観性、世界地平と超越論的主観性との相関関係とも言われる。経験の地盤としての世界は、この超越論的主観性の時間性によって構成され、支えられているのであって、そうした相関関係の上ではじめていっさいの対象の現れが可能になるのである。

さらに、前章で確認したフッサールによる現象学創設の（再構築された）動機に照らしてみれば、フッサールにとっては、このようにして見いだされた世界地平と超越論的主観性との相関関係こそ、それ以上遡りえない第一原理であり、この第一原理から出発して、学問、理性、人間性にその地盤を恢復させること、それこそフッサールが現象学に託した使命だったのである。

フッサール現象学の豊かな、そして、深遠な分析の営みはここから始まる。しかし、私たちがフッサール現象学の誕生の経緯、およびその根本構造について考察したのは、あくまでそれを生の現象学と対比するためだった。つまり、ここでの目的は、（生の現象学と対比される）プロト現象学の典型としてのフッサール現象学の根本構造を明確にすることだった。よって、私たちはプロト現象学の根本構造が取り出せたことで満足し、次のステップに進みたいと思う。次章からは、いよいよ生の現象学の考察に入っていくことになる。

第三章　生の現象学の必要性——離人症とアクチュアリティ（木村敏）

離人症

唐突と思われるかもしれないが、ここで「離人症（depersonalization）」と呼ばれる精神病理学的な症状について紹介したい。詳しい説明はあとまわしにして、とりあえず、離人症患者の実際の証言に耳を傾けてみよう。左は、本書の主人公の一人である木村敏が実際に診察した離人症患者（初診時二三歳の女性）の証言である。

> 自分というものがまるで感じられない。自分というものがなくなってしまった。
> なにをしても、自分がしているという感じがしない。
> 音楽を聞いても、いろいろな音が耳の中へ入りこんでくるだけだし、絵を見ても、色や形が目の中へ入りこんでくるだけ。なんの内容もないし、なんの意味も感じない。
> なにを見ても、それがちゃんとそこにあるのだということがわからない。色や形が目に入ってくるだけで、実際にある、という感じがちっともしない。[1]

一般に、離人症には、「離人感」と「現実感消失」という二つの主要な特徴が指摘されている。アメリカ精神医学会が作成しているＤＳＭ－５（『精神疾患の診断・統計マニュアル』第五版）では、この二つの特徴は次のように説明されている。

（1）離人感：自らの考え、感情、感覚、身体、または行為について、非現実、離脱、または外部の傍観者であると感じる体験（例：知覚の変化、時間感覚のゆがみ、非現実的なまたは存在しない自分、情動的および／または身体的な麻痺）。

（2）現実感消失：周囲に対して、非現実または離脱の体験（例：人または物が非現実的で、夢のような、霧がかかった、生命をもたない、または視覚的にゆがんでいる、と体験される）[2]。

ごく簡単に説明すれば、離人感とは、自分が自分でないように、また、自分の考え・感覚・感情などが自分のものでないように感じることだし、現実感消失とは、自分の周囲のもののありありとした現実感が失われることである。先に挙げた証言は、これらの特徴を端的に示していると言える。

木村敏は、早くからこの離人症に着目し、それを精神病理学的にだけでなく、人間学的・現象学的に考察している。彼によれば、離人症は、それだけで単独の症状として生じることもあれば、他の精神疾患の症状の一つとして現れることもあり、さらには、病的な症状としてばかりでなく、健康者においても生じることがある[3]。また、木村は、離人症の中核をなす特徴として次の三つを挙げている。右のＤＳＭ－５とは区分けの仕方に違いがあるが、内容的にはほぼ重なると考えていいだろう。

（1）自我とか自己とかいわれるものの変容感ないし空虚感、あるいは消失感。自己の体験や行動に関する自己所属感ないし能動性意識の喪失。感情の疎遠感ないし消失感。

（2）自己の身体を含めた対象知覚界の変容感ないし疎隔感。対象の実在感の稀薄化ないし喪失。非現実感。

美意識、意味意識の消失。

（3）時間体験と空間体験の異常。充実感と連続感の喪失。(4)

この離人症の症状は、生の現象学の特徴を際立てるという本書の意図にとって非常に重要な意味をもつので、右に引いたものも含めて、もう少し離人症患者の証言を集めておこう。証言は木村、およびゲープザッテル（Viktor Emil von Gebsattel, 1883–1976）の記録から引用し、それを右の木村による分類にしたがって整理しておく。

離人症患者の証言――中核特徴（1）に対応するもの

患者A：「自分というものがまるで感じられない。自分というものがなくなってしまった。〔……〕なにをしても、自分がしているという感じがしない。感情というものが一切なくなってしまった。嬉しくも悲しくもない。」「ものや景色を見ていると、自分がそれを見ているのではなくて、ものや景色のほうが私の目の中へ飛び込んできて、私を奪ってしまう。」「私の自分というものも時間と一緒で、瞬間ごとに違った自分が、なんの規則もなくてんでばらばらに出ては消えてしまうだけで、今の自分と前の自分とのあいだになんのつながりもない。(5)」

患者B：「この間は病院から遠足に行きました。本当に久し振り、十年振りのことでしたがやはり別に感慨はありませんでした。別に少しも面白くも楽しくも嬉しくもなかったし、そうかといって反対につまらなくも面白くなくも楽しくもないとも感じませんでした。相変らず何も感じませんでした。何処へ行ってもただ単に視野に映るものが違うということだけに過ぎません。本当にただ単に視聴覚に訴え、肉体的に感じることだけで、精神的な感じの方は相変らずで何も感じることができません。要するにノー・フィーリングには変りありません。(6)」

患者C：「私は私自身ではありません、私の存在から切り離されてしまっています。身体だけここにあって腐っています。〔……〕考えることも感じることもできません。何も感じないままに、何もわからないままにただここにいるだけです。」「あるということ、それが私から根こそぎ奪われていて、それでこんなに気も狂わんばかりになっています。〔……〕私の生きてる世界、それは空虚そのものです。私はここにいて、それなのにここにいないのです。なにもかもなくなってしまったけれど、でも、なにをなくしたかの知識だけはなくなっていないのです。それが残っているものだから、なにもかもがこんなにつらいのです。[7]」

離人症患者の証言——中核特徴（2）に対応するもの

患者Ａ：「私の身体もまるで自分のものでないみたい。だれかの身体をつけて歩いているみたい。」「以前は音楽を聞いたり絵を見たりするのが大好きだったのに、いまはそういうものが美しいということがまるでわからない。音楽を聞いても、いろいろな音が耳の中へ入りこんでくるだけだし、絵を見ても、色や形が目の中へ入りこんでくるだけ。なんの内容もないし、なんの意味も感じない。」「鉄のものを見ても重そうな感じがしないし、紙切れを見ても軽そうだと思わない。とにかく、なにを見ても、それがちゃんとそこにあるのだということがわからない。色や形が目に入ってくるだけで、実際にある、という感じがちっともしない。[8]」

患者Ｂ：「わたし春夏秋冬といった季節感のことはさっぱりわかりませんが、暑い寒いという温度の高低はわかります。温度の高低はわかりますが、暑い寒いといった感じはどうもピンと来ません。〔……〕ただ今までの既成概念から菊が咲くと秋で、秋になると紅葉が色づき紅葉狩りをするなどといったことはわかりますが、感じといったものは皆目ありません。何だか外界の対象が影のようにぼんやりして、感じがぼやけてピンと来ません。[9]」

患者Ｃ：「ベッドで横になっているのに、ベッドの中にいない感じなんです——ベッドの中で（ときどき）宙に浮いているような感じになります。ベッドもそうですが、世界全体が本当にはないのです。」「雪が降っても、雪が降っていることがわかりません。そんな風には見えないのです。」「目の前に何が起きているのかがわかりません。みんなの顔の凹凸がなくなったように見えます——心の目がだめになっているからです——妙な顔に見えます。薄っぺらなホットケーキみたいに見えます。」「犬が吠えるのが聞こえます。でもそれは私とは無縁の世界です。」「鐘が鳴っています。でもその響きはまだピンとこないのです。」「私は生きていません。私のからだが生きているという感じがしません。からだの働きが感じられないのです。[10]」

離人症患者の証言――中核特徴（3）に対応するもの

患者Ａ：「テレビや映画を見ていると、ほんとに妙なことになる。こまぎれの場面場面はちゃんと見えているのに、全体の筋がまるでわからない。場面から場面へぴょんぴょん飛んでしまって、つながりというものが全然ない。」「時計を見ればいま何時かということはちゃんとわかるのに、時間の流れが感じられない。時間がばらばらになってしまって、ちっとも先へ進んでいかない。てんでばらばらでつながりのない無数の今が、今、今、今、今、と無茶苦茶に出てくるだけで、なんの規則もまとまりもない。」「空間の見えかたもとてもおかしい。奥行きとか、遠さ、近さなどがなくなって、なにもかもひとつの平面に並んでいるみたい。高い木を見てもちっとも高いと思わない。[11]」

患者Ｃ：「そこの棚にコップが置いてありますね。それが奇妙に宙に浮いてみえて、下に落ちないのが不思議なくらいです、棚はただの線にしか見えません。ベッドもそうです。ベッドに目をやると――幅も奥行もなくて――足元と枕元とがくっついて見えます。[12]」

患者Ｄ：「この病気になってから、まったく車に乗れなくなりました。他の車との間隔がつかめないのです。目測で何メートルぐらいというのはわかるけれど、距離が実感としてつかめない。ガレージに入れるときでも、車幅とガレージの幅とを比べて、これなら入れられるという感じがつかめないのです。[13]」

健康者の離人症的状況

また、先にも述べたように、木村によれば、離人症は健康者の体験としても生じうる。そこで、それに該当すると思われる証言も紹介しておこう。

東日本大震災で被災した学校の教師たちに聞き取り調査を行った田端健人は、教師たちの次のような証言を記録している。まずは、震災の翌日早朝、巨大津波が引いた後の校区を見回ったある教師の証言である。

子どもたちの家がどうかなっていうので、朝早く、ちょっとおりて見てみたんですけど、このときは、現実感があまりなかったんで、そんなにつらいとか、悲しいというのは、正直思いませんでした。「ほんとうにこれは、……ほんとなの？」……みたいな感じで（苦笑）。／……ぞくぞくこう、警察とか自衛隊も、ぞくぞく市街地のほうに、三日目、四日目くらいに来て、遺体の捜索とかもして、それがこう、G小学校を通って、行ったりするのを見たというのもあったんですけど、それもほんとに現実感がなくて、なんか、ぼう然としながら見てましたね。つらいとか、そんなに思えなかったですね、そのときは。今思うと、胸がぎゅうっとつままれる思いしますけど。(14)

また、別の教師の証言として次のようなものも紹介されている。これは津波被害が大きかった地区にある自宅の様子を見に戻った際の様子を語ったものである。

なんか、すごい変な感覚……で、あの、実は、何体もご遺体を見たんです。はい。自宅に行くときも、こう……だんだんだん、人じゃなくて、なんか、なんか、〔……〕なんか感情が無くなるっていうか、……なんか、なんか、よくわからない、感覚になったりしました。[15]

いずれも、巨大地震と巨大津波で壊滅した街の姿や多くの遺体を目の当たりにしたときの精神状態について語ったものである。眼の前の現実を現実としてありありと実感できずに、また、悲しみや苦しみだけでなく、いっさいの生き生きした感情を失ってしまって、ただただ戸惑うしかない様子がうかがえる。教師たちが、離人症の特徴である「現実感消失」や「感情消失感」に陥っていることは明らかだろう。[16]

現実感消失は知覚の障害ではない

さて、以上のような証言から、離人症がおおよそどのような症状か理解していただけたのではないかと思う。[17]しかし、そもそも問題なのは、なぜここで離人症について取り上げなければならないのか、である。先には、離人症が生の現象学の特徴を際立てるために重要な意味をもつと述べたが、さらに、この点について詳しく説明していく必要があるだろう。

先に紹介した、木村による離人症の三つの中核特徴のうち、（1）については第九章で再びとりあげることにして、ここでは、特に（2）と（3）に着目してみたい。つまり、周囲の対象の現実感の消失や希薄化、そして、時間・空間の充実感・連続感の喪失、といった特徴である。

これら二種類の特徴には共通している点がある。それは、離人症者が、周囲の対象や時間・空間の現実性をありありと実感することができなくなっているにしても、その対象の客観的存在や時間・空間の客観的規定については健康者と同じように認知できているということである。つまり、（健康者の離人症の症例からも分かるように）離人症者は、決して知覚や感覚に何らかの障害をもっているから現実感を失っているというのではない。

例えば、彼らは、健康な人とまったく同じように、眼の前の机の大きさ・形・材質・色などを正確に知覚し、判断できるし、[18] 時計を見ればちゃんと時刻が分かり、隣の車との距離を目測で測ることもできる。しかし、それにもかかわらず、机が「ちゃんとそこにある」感じがしないし、「時間の流れが感じられない」し、「距離が実感としてつかめない」のである。

では、こうした離人症の性格から、私たちはどのような観点を引き出すことができるだろうか。

フッサール現象学のほころび

周囲の対象を見たり・聞いたりすることだけでなく、時刻や距離をとらえることも、広い意味で「知覚する」と呼ぶならば、離人症においては、一般に、知覚は正常に機能しているにもかかわらず、世界の現実性をとらえられなくなっていると言えるだろう。つまり、世界の諸対象や時刻・距離などは正確に知覚されているのに、それらの実感が抜け落ちてしまっているのである。

ところで、知覚がどのような本質をもつかは、すでに前章でフッサールの議論にもとづいて確認した。フッサールは、客観的・科学的知識をエポケーして、感性的・知覚的な経験の世界、つまり、生活世界に立ち帰り、その本質を地平構造のうちに見いだしていた。つまり、フッサールにとって、知覚的経験とは、世界地平を地盤とした諸対象の経験とされていたのである。眼の前の机は、世界を地平として知覚的に現れてくるし、一五時という時刻も、二メートルという距離も、やはり世界地平を地盤にして知覚されるのである。

さらに、もう一つ思い起こしておきたいことがある。それは、フッサールにおいて、この知覚的経験が、学問の危機、理性の危機、人間性の危機からの救済の手段として主題化されていたことである。観念の世界をさまよい、可能性の天空に舞い上がった実証科学が、学問、理性、人間性からその地盤を奪い去ってしまったことに危機感をもったフッサールは、これら学問、理性、人間性にその拠って立つ地盤を恢復させるために、知覚的経験に立ち帰ることの重要性を訴えたのである。

さて、こうしたことを踏まえて、再び、離人症の問題に立ち戻ると何が言えるだろうか。離人症とは、知覚が正常に機能しているにもかかわらず、世界が現実性を失ってしまう症状だった。離人症者にとって、世界は、すっかり現実性を失い、ちゃんとあるように思えず、広がり・奥行き・高さなども失い、豊かな表情も失って、美しくも醜くも、暑くも寒くもなく、自分にとってすっかり疎遠なものとして現れてくるのである。だが、それにもかかわらず、彼らは世界を正確に知覚しているのだ。

フッサールは、知覚こそあらゆる経験の基盤であると考えていた。だからこそ、知覚的経験という基盤にもとづいて学問、理性、人間性を恢復させようとした。だが、離人症が示しているのは、フッサールが経験の基盤とした知覚が正常であるにもかかわらず、まさに、その経験が根底から病的な状態に陥ってしまっているという状況である。つまり、フッサールが経験の基盤とした知覚が、実際には経験の基盤たりえていないのである。これはいったいどういうことだろうか。

日常的経験の成立の条件

離人症とは、知覚的な経験が正常に機能しているにもかかわらず、世界がありありとした現実性を失い、表情を失ってしまうことであった。こうした症状が照らしだしてくれるのは、ただ単に知覚が正常に機能するだけでは、健康な人が日々あたりまえに享受している日常的経験は保たれえないということである。もちろん、知覚が正常に機能しなければ、経験はやはり病的な状態に陥らざるをえないだろうから、知覚機能の正常さが健全な経験の成立にとっての必要条件であることは言うまでもない。しかし、離人症という症状は、こうした知覚機能の正常さが決して健全な経験が成立するための十分条件ではないことを教えてくれる。健全な経験が成立するためには、正常な知覚の成立以外に、何か別の条件が必要なのである。

では、この別の条件とは何だろうか。実は、この「別の条件」こそ生の現象学が探究するものにほかならない。フッサールは経験の基盤を知覚のうちに求めたが、そうしたフッサール現象学を典型とするプロト現象学は、知覚的経験を人間の生の地盤として位置づけている。それに対して、生の現象学は、知覚とは別の原理のうちに生の地盤を見いだそうとする。つまり、離人症という症状の本質的条件をなすもののうちに生の地盤を見いだそうとするのである。

では、離人症の本質的条件をなすものとはいったい何か。以下、少しずつこの問いを深めていくことにしよう。

リアリティとアクチュアリティ

ここで、木村が離人症に関する考察から引き出しているある用語を本書にも導入したい。それは、リアリティとアクチュアリティという二つの語である。

英和辞典でこの二語を調べてみると、いずれにも「現実、現実性」などの訳語があてられている。あえて両者を区別しようとすれば、リアリティ（reality）が「真の、本当の」などを意味するrealの名詞形、アクチュアリティ（actuality）が「現実の、実際の」などを意味するactualの名詞形だから、そうしたニュアンスの違いを含めて解釈することもできるだろうが、日常的な用法においては、この二語の間に特に大きな意味の違いが意識されているようには思われない。しかし、木村はこの二つの語それぞれに固有の意味を担わせ、対立的にさえ用いているのである。

木村におけるこれらの語の区別は、もともとは、彼がものとことという二つの概念の間に立てた区別にもとづいている。そこで、このリアリティとアクチュアリティがそれぞれどのような「現実」を指し示すのかを理解するために、まずは、ものとことの意味、および、両者の違いを確認することからはじめよう。

ものとは

木村は、『時間と自己』という著書のなかで、ものとことの違いについて詳しく論じている。まずはものの意味から確認していくことにしよう。

木村がものと呼ぶのは、基本的に、眼の前に距離をおいて現れてくるもののことである。例えば、今、私の眼の前にあるパソコン、あるいは、右手の側にあるコーヒーカップなどがものの例である。

しかし、木村がものと呼ぶのはそれだけではない。これらパソコンやコーヒーカップは、いわば「外部的な眼」で見られたものだが、木村は「内部的な眼」で見られたものものと呼んでいる。例えば、時間や速さなどがそれである。時間や速さはそれ自体としてはものではないかもしれないが、私がそれについて考えると、つまり、それを内部的な眼でとらえるとものに変わる。

要するに、木村は、外部的にしろ、内部的にしろ、「見られているもの」をものと呼ぶ。外部的・内部的な「見る」はたらきの対象になっているものがものである。だが、「見る」はたらきは距離を前提している。見ることが可能であるためには、見られているものとの間に距離がなければならない[19]。よって、木村におけるものとは、「眼の前に距離をおいて現れてくるもの」ということになる。

ただし、気をつけなければならないが、この場合の「距離」とは実際に巻き尺で測れる距離のことではない。パソコンまでの距離、コーヒーカップまでの距離は測れるが、内部的な眼の対象である時間や速さまでの距離を測ることはできない。だから、「眼の前に距離をおいて現れてくるもの」というのは、より正確に言えば、外部的または内部的な眼の「対象／客観（object）」[20]になっているもの、ということである。木村は「ものはすべて客観であり、客観はすべてものである」[21]と言っている。

ことは

では、ことは何だろうか。木村は「もしわれわれが世界を客観的に見ることをやめるなら、あるいはすくなくとも、客観的に見ることをやめた場合のことを想像してみさえするなら」[22]、ものとは異なることが現れてくると言っている。つまり、ことは客観（対象）として現れてくるのではない。

木村がこととして理解しているのは、「眼の前にパソコンがあること」、「右手の側にコーヒーカップがあること」、「時間について考えていること」などである。こうしたことには色も形も大きさもないし、そもそもそれがどこに位置するのかもよく分からない。

パソコンやコーヒーカップなら色も形も大きさももつし、また、眼の前六〇センチとか、右手前四〇センチなどといった位置ももつ。確かに時間は色も形も大きさももたないし、どこに位置するとも言えないが、それが内部的な眼の対象になった場合には、色はもたないとしても、何らかの形象としてイメージされることだろう。それはたとえば直線のようなものとしてイメージされるかもしれない。そして、やはり内部的な眼に対して眼の前におかれることになる。

それに対して、「眼の前にパソコンがあること」、「時間について考えていること」は色・形・大きさがないから、客観的に固定しようがない。また、これらのことは、パソコンや時間イメージの側で生じているようでもあれば、私の側で生じていることのようでもある。もちろん、眼の前にパソコンや時間イメージがあるから、これらのことが生じうるのだが、しかし同時に、パソコンや時間イメージを（外部的、内部的に）見ている私がいなければことは生じえない。このように、ことは定めようのない不安定な性格をもつ。

ことをものから分けるポイント

ところで、いま、「私がいなければことは生じえない」と言ったが、実はこの点がことをものから分ける一つの大きなポイントとなる。

ものは外部的、内部的な眼に対して前に置かれた客観であるから、基本的に、誰にとっても眼の前にあるものとして、ということはつまり、誰もいなくてもそれ自体でそこにあるものとして理解されている。パソコンやコーヒーカップは言うまでもないが、時間も、それが客観的なものとしてイメージされているかぎり、同じ性格を共有しているはずである。つまり、ものはそれを体験する人とは無関係に、それ自体で存在するとされる。(23)

だが、「眼の前にパソコンがあること」、「時間について考えていること」は、そのような体験をしている人を抜きに考えることはできない。つまり、ことは体験者の主観を抜きにしては成立しないのである。その意味では、ものが客観的であるのに対して、ことは主観的であると言える。しかし、ことは単に主観的なのではない。なぜなら、ことはものの体験として、ものから切り離しえないからである。ことはむしろ「客観と主観とのあいだにある(24)」と言える。

ものとことの共生関係

だが、ことはあまりに不安定であるために、私たちの意識はそれを好まない。(25) 私たちの意識は、色も形も大きさもなく、位置も定まらないことを相手にしていると安心できず、不安定なことを安定したものに変換しようとする。つまり、自分がそこに体験者として居合わせることで成立していることを、誰も居合わせなくても成立しうる客観的なものに変換しようとするのである。

しかし、だからといって、私たちの経験からことが完全に排除されてしまうことはない。ものは常にこととの共生関係のうちにある。純粋なことなどありえないように、純粋なものもありえない。[26] いかに客観的なものといえども、それは常に私の主観的な体験のうちで、私の居合わせにおいて与えられてくるのである。

木村が、こうした「ものとことの共生関係」の説明のために引き合いに出すのが、有名な芭蕉の句である。

古池や蛙飛び込む水の音

この句は、形の上ではものについての描写以上の何も含んでいない。古い池に蛙が飛びこんだ水の音、それだけである。[27] しかし、芭蕉がこの句に詠み込んだのは、また、私たちがこの句から読みとるのは、決して単なる「ものについての情報」ではない。芭蕉は、自分がこうした情景に居合わせたことを詠み、私たちは、芭蕉が詠んだ情景に居合わせたときに感じるだろうことを読みとる。つまり、芭蕉も私たちも、ものを通してことの世界に生きるのである。

同じことは、他の芸術作品にも言えるし、あらゆるものについても言える。例えば、他人の顔はひとつのものだが、私たちはそこに現れた表情からその人のこころということを読みとる。[28] 表情をもつのは顔だけではない。身の周りのあらゆるものが表情をもつ。[29] 眼の前のパソコンは最近調子が悪くなんだか情けない表情をしている。地元の窯元で気に入って買ったコーヒーカップは素朴ながら威厳に満ちた表情を漂わせている。また、直線としてイメージされた時間でさえ、無機的で冷たい表情をしているかもしれない。外部的、内部的な眼の対象／客観であるものは、つねに主観の体験のうちで、つまり、主観と客観のあいだにあることとの共生関係のうちで現れてくる。日常的経験において、私たちは常に「ものとことの共生関係」を生きるのである。

アクチュアリティの喪失としての離人症

先に紹介したリアリティとアクチュアリティの区別は、こうしたものとことの区別を引き継いだものである。リアリティがものに、そして、アクチュアリティがことに該当する。ものもこともいずれも「現実」を指し示すが、すでに見たように、その根本性質からして対立するものだった。同じ対立がリアリティとアクチュアリティのあいだにも引き継がれている。リアリティは外部的・内部的な眼の対象／客観を意味し、アクチュアリティは主観と客観のあいだとしての体験を意味している。(30)

さらに、ものとことが共生関係にあるように、リアリティとアクチュアリティも共生関係にある。健康者の日常的な経験はリアリティとアクチュアリティの共生状態だと言っていいだろう。身の周りの事物や事柄はすべて（豊かな、あるいは、貧しい）表情をもって現れてきているのである。

しかし、経験する世界からこうした表情が失われてしまうのが離人症の特徴のひとつであった。人の顔は見えているが、表情が消えている。音楽の音は聞こえているが、美しいと感じない。鉄のものを重そうと感じず、紙切れを軽そうと感じない。高い木がちっとも高そうではない。温度の高低は分かるが、暑い寒いという感じがない。雪が降ってもそんな感じがしない。鐘の音を聞いてもピンと来ない。

離人症者において知覚は正常に機能していた。確かに、離人症者も、人の顔、音楽、鉄や紙切れ、樹木、温度計、雪、鐘の音などを対象として正確に認識している。離人症者は、彼らが認識している物事が、自分にだけでなく、他の人たちにとっても同じように、客観的に存在していることを理解している。つまり、離人症者にとって現実はリアリティとしてしっかりととらえられているのである。だが、彼らにとっては、このリアリティが表情を欠き、アクチュアリティを失ってしまっているのである。

離人症とは共生関係の破綻である

物事の表情、つまりアクチュアリティは、本来、主観がその物事に居合わせることで、主観と客観のあいだに生じてくるものだった。物が眼の前にありありとした現実味をもって現れてくるのも、音楽が美しく感じられるのも、雪が降るのにしみじみとするのも、私がそうした場面に居合わせているからである。主観の体験を離れて表情が現れてくることはない。

だが、離人症者は、諸々の事物や事柄に相対し、現実にその場に居合わせているにもかかわらず、それらの表情を感じとれず、そのアクチュアリティを生きることができない。つまり、彼らは、客観的事実としてはその場に居合わせていながらも、ことの世界、アクチュアリティの世界から疎外されてしまっているのである。

DSM－5は、現実感消失について、「まるで自らが霧や夢、泡の中にいるように感じられ、または自分と周囲の世界の間にベールやガラスの壁があるかのように感じる」[31]と記している。また、東日本大震災で被災した教師は、自分の体験について、「『ほんとうにこれは、……ほんとなの？』……みたいな感じ」とか、「ぼう然としながら見てました」などと証言している。こうした記述や証言は、離人症者、あるいは、離人症的状態に陥った人が、世界を眼の前にしつつも、真の意味で世界に居合わせることができずにいること、つまり、世界から疎外されてしまっていることを表現していると言えよう。世界に居合わせることがことの現れ、アクチュアリティの現れの要因であるなら、真の意味で世界に居合わせることのできない離人症者は、世界のアクチュアリティを欠いてしまっていると言えるだろう。

もはや、リアリティとアクチュアリティが何を意味するかは明らかだろう。先に述べたように、リアリティは外部的・内部的な眼の対象／客観としての現実、つまり、知覚の対象としての現実を意味し、アクチュアリティは、客観的に固定できない主観的体験としての現実、つまり、主観と客観のあいだにある表情としての現実だと言えよう。そして、いま確認したように、離人症においては、リアリティは正確にとらえられているのに、アクチュアリティが抜け落ちてしまっている。つまり、健康者においては常に維持されている〈リアリティとアクチュアリティの共生関係〉が破綻してしまっているのである。芭蕉の句を一例として確認したように、健康者の経験は、どのようなものであろうと、常にリアリティを通したアクチュアリティの体験なのだが、離人症者においては、このアクチュアリティが抜け落ち、経験がリアリティにのみ還元されてしまっているのである。

プロト現象学はアクチュアリティには関わらない

さて、リアリティとアクチュアリティの意味、および、これらの概念と離人症症状の関係が明らかにできたところで、再び、プロト現象学の基本姿勢に立ち戻ってみよう。先に確認したように、フッサール現象学を典型とするプロト現象学にとって、人間の生の地盤は知覚的経験のうちに見いだされていた。それは、言葉を換えれば、プロト現象学が、人間の生がもとづく現実をリアリティとして理解していたことを意味している。もちろん、プロト現象学がアクチュアリティをいっさい考慮していないということではない。プロト現象学も、世界や諸対象がもつ表情などのアクチュアリティに眼を向けている。[32] しかし、それはリアリティがアクチュアリティと共生関係にあるからであって、基本的に、プロト現象学には、リアリティではなく、アクチュアリティを生の基底として理解する態度は見られないと言える。

象徴的な例をひとつ挙げよう。先にも紹介したように、フッサールは、『内的時間意識の現象学』でメロディーの経験を、つまり、私たちが音楽を聞く時の経験を詳細に分析している。しかし、そこでフッサールが問題にするのは、いかにして私たちが音の持続を意識できるかということでしかない。フッサールは、音楽を聞く経験を詳細に分析しつつ、音楽の美しさ、心地よい響き、音楽がもたらす感動については一顧だにしないのである。[33]

しかし、離人症者の証言から分かるように、彼らは音の連続をとらえられないことではなくて、その音から表情が失われてしまっていることに、つまり、メロディーから美しさや心地よさが抜け落ちてしまっていることに苦しんでいるのである。フッサール現象学では離人症の要因は解明できない。いやむしろ、フッサール現象学が解明しようとした経験こそ離人症的経験、つまり、アクチュアリティが欠如した経験ではなかったか、と思うのである。

生の現象学の必要性

先には、私たちの意識が不安定なことを好まず、それを安定した客観的なものに変換してしまうと述べた。つまり、私たちの意識はアクチュアリティを好まず、それをリアリティに変換して理解してしまうのである。だが、同じことがフッサール現象学にも、そして、プロト現象学にも言えないだろうか。

フッサール現象学は生き生きした感性的経験が、客観的・科学的知識で覆い隠され、忘却されてしまっていることを憂えて、理念の衣を剝ぎ取り、感性的・知覚的経験に立ち帰ることを提唱した。ところが、実は、この知覚的経験が、不安定なアクチュアリティを隠蔽し、忘却させる「リアリティの衣」だった、ということはないだろうか。プロト現象学の体系とは、意識がうまく扱えないアクチュアリティを、意識作用に適合したリアリティに変換した結果としてできあがったものだとは言えないだろうか。それはアクチュアリティを生きる「生」を隠蔽する装置だったということはないだろうか。

ここでは、これらの問いに性急に答えることは控えて、問いを開かれたままにしておこう。[34] そして、次のことだけを指摘しておこう。それは、プロト現象学が探究の目標にしているのがリアリティであって、決してアクチュアリティではないこと、そして、このアクチュアリティをその本質において探究しようとするのが生の現象学であること、である。

アクチュアリティの欠落が離人症的な経験の条件をなしているかぎり、少なくとも、このアクチュアリティは、経験が健康であるために欠かせない要素であると言えるだろう。だが、それにもかかわらず、プロト現象学によってはこのアクチュアリティの本質は解明されない。これが、新たに生の現象学が必要とされる理由である。生の現象学は、アクチュアリティをリアリティに変換することなく、それを生きるがままに、そして、その本質においてとらえようとする。生の現象学は、離人症が教示してくれた、私たちの日常的経験の本質要素をなすアクチュアリティを、現実的経験の基盤として理解し、その本質と構造を徹底的に解明しようとするのである。

だが、アクチュアリティが、経験の基底にあって、リアリティが表情豊かで生き生きと生きられることを可能にしている以上、このアクチュアリティの本質を探究するのに、リアリティ解明のための道具立てを使用することはできない。条件づけるものを、条件づけられたものに適合された概念で解明することはできないだろう。そこで、生の現象学は、プロト現象学とは別の方法、別の概念を用いて、新たな探究の道を切り拓くことになる。つまり、ここから生の現象学の独自な探究の道行きが始まるのである。

いよいよ次章からは、この生の現象学の独自な道行きを追跡していくことにしよう。だが、「急いては事を仕損じる」。じっくりと一歩一歩進んでいくことにしたい。

第Ⅱ部　生の現象学の水平軸

第四章　ロゴスとしての知覚

生の現象学の水平軸と垂直軸

ここまでで、本書は、まず、プロト現象学の誕生の経緯とその根本構造を確認し、次に、離人症の考察にもとづいて、プロト現象学が経験の真の基底たるアクチュアリティを解明できないことを暴露して、そこから、このアクチュアリティの本質の解明のために生の現象学が要請されることを論じてきた。こうして私たちは、「生の現象学とは何か」という問いに答えるためのいわば下準備を終えて、探究のスタートラインに立ったことになる。ここからは、「はじめに」で述べたように、生の現象学の二つの基本軸に沿って考察を整理し、議論を展開していきたい。まずは、その基本軸のひとつめ、水平軸である。

言うまでもないが、水平軸というのは、垂直軸との関係のなかではじめて意味をもつ。それは、端的に言えば、自己と世界の関係を意味するのだが、これが水平軸であるのは、この軸が自己とそれ自身の絶対的根拠を結ぶ垂直軸と直角に交わるからである。この二つの軸の結節点は自己にある。自己を中心にして、水平方向には世界との関係があり、垂直方向には絶対的根拠との関係がある、とイメージすれば分かりやすいだろう。

そこで、以下の考察は次のように展開する。まず、第II部「生の現象学の水平軸」では、おもに、生の現象学における世界の現出の本質的意味について考察し、最後に、二つの軸の結節点としての自己について論じる。自己は結節点だから、厳密には、水平軸にも垂直軸にも属するが、ここでは、水平軸の側の最後に位置づけて、垂直軸への橋渡しとする。次いで、第Ⅲ部「生の現象学の垂直軸」では、自己の起源をなし、延いては、自己を介して世界をも基礎づけている絶対的根拠を、生の現象学がいかに理解しているかを論じる。「はじめに」でも述べたように、この垂直軸こそ、生の現象学をプロト現象学から隔てる最大のポイントになると考えている。

今後の道行きについての説明はこの程度にしておき、さっそく、水平軸の考察に入っていこう。しかし、前章の最後にも、「急いては事を仕損じる」と述べた。まずは、生の現象学の基本的性格を際立たせるために、ここまでも論じてきた知覚の意味について、再度より深く掘り下げておきたい。

知覚をめぐる理性主義と経験主義

ここで問題にしたいのは、プロト現象学が経験の基盤を知覚のうちに見いだすことが、いったい何を意味し、そこから何が帰結するかということである。何度も繰り返すように、プロト現象学は、客観的・科学的知識を排して、知覚的・直観的経験に立ち帰ることを提唱するが、この立ち帰った先の知覚的経験とは、その本質において、いかなるものなのだろうか。ここまでは、それが地平構造にもとづいたリアリティの把握だということを見てきたが、ここでは、それと関連しつつも、また別の側面から知覚の本質を明らかにしたい。

考察の出発点として再び近代の理性主義にまで遡ろう。フッサールによるガリレイ批判に見たように、ガリレイは自然を数学化し、自然のうちに客観的・絶対的な法則を見いだして、それを真の自然として理解した。そして、自然の感性的・直観的経験は主観的・相対的な自然の虚像にすぎないとした。こうしたガリレイの思想を出発点とする近代の理性主義にとっては、一般に、感性的・知覚的な経験は誤謬に晒されやすいものとして認識の最下位におかれることになる。

しかし他方で、近代哲学においても、感性的・知覚的な経験を重視する立場はあった。経験主義（empiricism）

がその典型である。バークリ（George Berkeley, 1685–1753）の有名な言葉「存在するとは知覚されることである[1]」に象徴されるように、経験主義は、（決して知覚されることのない）数学化された自然、自然の法則性を真の存在とみなすどころか、知覚されたものこそが真の存在だと主張したのである。

さらに、バークリの思想を引き継いだヒューム（David Hume, 1711–1776）は、自然法則としての因果性それ自体は、知覚することなどできないのだから、真に存在するとは言えず、単なる人々の思い込み、思考の習慣にすぎないとした[2]。例えば、コンロの火にかけたやかんの水がしばらくあとにお湯になっているという場合、コンロの熱は知覚できるし、水の温度上昇も知覚できる。しかし、〈コンロの熱が水の温度上昇を引き起こしたこと〉は知覚できるようなものではない。「知覚できないものは存在しない」ならば、因果性など存在しないことになる。

こうした経験主義の考え方は、理性主義を自明なものとみなし、その上にあぐらをかいていた精神にとっては大きな衝撃であり、哲学史を震撼させる出来事であったと言えよう[3]。

しかし、かといって、経験主義の主張をそのまま受け入れて、因果性をはじめとした法則一般を客観的には存在しないもの、単なる思考の習慣だと認めてしまうわけにもいかない。そこで、この経験主義の衝撃からいかに理性主義を救い出すかが問題になるのである。

カントにおける知覚的経験の地位

哲学史的な定説からすると、こうした問題を真正面から引き受けて登場したのがカントだった。カントは、一方では、経験主義者が言うように、「すべての認識が経験とともに始まる」ことを認めつつも、だからといって「すべての認識が経験から生まれるわけではない[4]」とした。つまり、カントは、認識を可能にするものとして、一方では、経験されうる感性的な要素（アポステリオリな要素）が必要だとしつつ、他方では、経験しえない法則や論理などの知性的な要素（アプリオリな要素）も必要であって、それなしには認識は成り立たないとしたのである。

では、カントにおいて知覚的経験はどのように扱われていたのだろうか。それを確認するために、カントの認識論をごく単純化して、その枠組みだけを確認しておこう。

先にも言ったように、カントは「すべての認識が経験とともに始まる」ことを認める。つまり、まずは感性的・知覚的な所与がなければ認識は始まらないとするのである。だが、この感性的・知覚的所与は何の前提もなしに現れるのではない。これらの所与はどれもみな、そして、つねに「今、ここで」とか、「さっき、あそこで」などといった時間的・場所的規定とともに与えられるのであって、そうした規定なしに与えられることはない。

したがって、感性的・知覚的所与は時間と空間を前提するが、この時間・空間は、感性的所与のように見たり、聞いたり、触ったりはできない。つまり、それらを経験することは不可能である。カントは、これら時間や空間を人間の心にアプリオリに備わる直観の形式、つまり、感覚・知覚を可能にする条件だとした。

さて、それでは、時間・空間を条件として成立した感覚・知覚から、いかにして認識が成り立つのだろうか。例えば、一方でコンロの熱を知覚し、他方で水の温度上昇を知覚して、そこから〈コンロの熱が水の温度上昇を引き起こしたこと〉という因果的な認識をうる場合を考えてみよう。コンロの熱も水の温度上昇も時間・空間を条件として知覚されるが、カントによれば、これらの経験的要素だけでは因果性の認識は成り立たない。そこに、時間・空間にプラスして、もう一つのアプリオリな要素が加わらなければならない。それが思考の形式としてのカテゴリーである。カントにおいては、これも、時間・空間と同様、人間の心にアプリオリに備わるとされる。

因果性などは、一般的には、私たちの心とは無関係に自然のうちにおのずと備わっているように思われるだろう。しかし、第一章でも簡単に説明したように、カントは、世界にその理（ことわり）を与えるのは人間の知性（悟性）だと考える。いわゆる自然法則も、その正体は人間の心にアプリオリに備わったカテゴリーだとするのである。

認識は、時間・空間を条件として与えられた感性的・知覚的対象を判断することによって成立する。判断とは、知性がこの対象にカテゴリーを適用することである。よって、私たちの知性が、コンロの熱と水の温度上昇という知覚的対象に因果性というカテゴリーを適用することで、因果的な認識が成立することになる。これがカントにおける認識成立のごくごく大ざっぱな枠組みである。(5)

ここでは因果性のみを取り上げたが、結局、カントにおいては、因果性にかぎらず、認識を客観的・普遍的・合理的なものにしている要素、言い換えれば、科学的・絶対的なものにしている要素はすべて知性に由来するとされる。そして、感性的・知覚的な経験は、時間・空間のうちにあるという以外は全く未規定で、ただ知性によって客観的・合理的規定を与えられるのを待つばかりの単なる素材とされるのである。

フッサールにおける知覚的経験の地位

では、現象学においては、この知覚的経験はどのようなものとして理解されているのだろうか。

何度も確認しているように、フッサールは、ガリレイ以来、学問が感性的・知覚的経験を理念の衣で覆い、忘却してしまった点に学問・理性・人間性の危機を見いだしていた。したがって、フッサールにとって、感性的・知覚的経験は、決して軽視されてはならないものであるどころか、むしろ、それこそが学問・理性・人間性にその拠って立つ基盤を与えるものであった。

しかし、いくら感性的・知覚的経験を重視するといっても、経験主義のように、例えばヒュームのように考えることはできない。客観的・普遍的なものを否定することは、彼の理性主義と矛盾するだけでなく、結果的に学問の否定をまねくことになる。その意味で、フッサールは、ヒュームを批判するカントに同意するだろうが、しかし、カントのように、客観性や普遍性を知性にのみ委ねることもできない。それはフッサールにとっては、「逸脱した理性主義」の轍を踏むことにほかならない。

そこで、フッサールは、感性的・知覚的経験のうちにすでに客観的・普遍的認識の起源が宿ると考える。つまり、私たちが感性的・知覚的に世界を経験するということは、ただ単に、世界から何らかの物理的な刺激を被っているというだけのことではなく、すでに、世界を客観的・普遍的な仕方で秩序づけはじめていることだとするのである。要するに、フッサールは、感性的・知覚的経験を重視しつつ、同時に、客観的・普遍的認識を認めるのだが、この客観的・普遍的認識の条件は、カントのように、感性とは異質な知性のうちにのみ見いだされるのではなく、すでに感性のうちではたらきだしているとするのである。

感性のうちではたらくカテゴリー

こうしたフッサールの思想は『経験と判断』第一篇のうちに端的に見いだすことができる。二つほど具体例を挙げてみよう。

第二章で、知覚的経験の本質としての地平構造について説明したとき、可能性の地平という話をした。外部地平とは、注意の向け変えによっていつでも顕在的になりうる諸対象の地平を意味している。例えば、私が机の上の書類に注意を向けていたとしても、その注意は、書類の隣にある赤鉛筆、それらの下にあるデスクマット……、などと移り変わっていく。だが、その時、私は、ただ単に注意の対象を次々と変えていくだけでなく、ある一つの主題を保持しつつ注意を向け変えることができる。つまり、書類を主題として保ちつつ、注意が移っていくことによって、「赤鉛筆の隣にある書類」、「デスクマットの上にある書類」、「デスクマットより小さい書類」などという把握が生まれる。フッサールは、ここに「実体間の関係」というカテゴリーの起源があるとする。実際、この「関係」というカテゴリーも直接に知覚されるものではない。書類、赤鉛筆、デスクマットのそれぞれは知覚可能だが、「隣にある」「上にある」「より小さい」は知覚できない。だが、フッサールは、この知覚できないカテゴリーの起源が、すでに知覚的経験のうちに準備されているとするのである。[6]

もう一つは内部地平に関する例である。第二章では、内部地平については（注においてしか）触れなかったので、少し説明しておこう。例えば、私がある家を全体としてぼんやり眺めている時、その家の細部（例えば、玄関、窓、屋根など）は曖昧にしか意識されていないが、注意を細部へ向け変えることで次々と顕在化しうる。つまり、家の細部は、注意を家全体からその内部へと移していくことによって顕在化しうる地平なのであって、フッサールはこれを内部地平と呼ぶ。

この内部地平において、私が全体から細部へと注意を向け変える場合には、必然的に一つの主題が保持されることになる。家全体から、外壁の緑色、そして、おしゃれな出窓へと注意が移る場合、この把握においては、つねに「緑色の家」、「おしゃれな出窓の家」というように、家という主題が保持されて、内部地平のうちで顕在化されるものはこの主題を規定する特性として把握されることになる。つまり、それは、「緑色の」や「おしゃれな出窓の」など、家を性格づける特性として、主題となっている家に結びつくのである。フッサールは、この主題と特性の関係のうちに「実体と規定」というカテゴリーの起源を認める。家も緑色も知覚されるが、〈両者の間に実体と規定という関係があること〉は知覚できない。しかし、この関係がすでに知覚の内部地平的構造のうちに準備されているとするのである。[7]

このように、フッサールは、知覚的経験の構造のうちにすでに客観的・普遍的認識の起源が、すなわち、論理形式の起源が宿っているとする。もちろん、知覚的経験のうちにある論理形式の起源が、ただちに学問的な高次のカテゴリーと同じものだというわけではない。しかし、高次のカテゴリーがその起源を知覚的経験のうちにもつならば、もはや知覚的経験を単なる物理的刺激の受容として理解することはできないし、また、客観的・普遍的認識を知性にだけ認めることもできない。カントにおいて、もっぱら客観的・合理的規定を与えられるのを待つばかりの単なる素材とみなされた知覚的経験は、フッサールにおいては、すでにそのうちに論理的・合理的規定の萌芽を含んだものとして解釈しなおされたのである。

感性的世界のロゴス

フッサールと同じ発想はメルロ＝ポンティ（Maurice Merleau-Ponty, 1908–1961）のうちにも確認できる。分かりやすい例をひとつ紹介しよう。これはメルロ＝ポンティがサルトル（Jean-Paul Sartre, 1905–1980）への批判を念頭において引き合いに出す例だが、それをここでの文脈に合うように少し解釈を変えて紹介する。

まずは、左の図を見てもらおう。

この図をどのように見るだろうか。ふつうは「二ミリの間隔を置いて対をなしている六組の点」(8) として見るだろう。だが、よくよく考えてみると、そのような意味はこの図のなかのどこにも描かれていない。この図そのものはただの一二個の点の刻印にすぎず、二ミリの間隔を置いた二つの点を対とするような秩序がこの図そのもののうちに客観的に存在しているわけではない。言い換えれば、確かに一二個の点は見えるが、対という関係・秩序は決して見えないのである。

では、この対という関係・秩序、あるいは意味はどこから来たのだろうか。カントならば、それは思考が感覚されたものを把握する仕方なのだから、知性のうちにアプリオリにあるカテゴリーに由来すると言うだろう。しかし、言うまでもなく、メルロ＝ポンティはそのようには考えない。むしろ、メルロ＝ポンティは、この関係・秩序・意味は、思考に先立って、知覚においてすでに受動的な仕方で構成されているとする。

実際、私たちが、この点の刻印のうちにどのような関係や意味を把握するかはアプリオリに決まっているわけではない。私たちはそれを自由に意味づけることができる。例えば、「（対になっている二点の組み合わせを変えて）二つの点が一〇ミリの間隔を置いて対をなしている」と意味づけることも可能だろう。その意味では、この関係や意味を思考の枠組みのアプリオリな適用とみなすことはできない。しかし、かといって、こうした意味づけがまったく自由になされうるかと言えば、そうとは言えない。むしろ、私たちは、右のような図を見るやいなや、それを「二ミリの間隔を置いて対をなしている六組の点」としてすでに把握してしまっているのであり、このつねにすでになされてしまっている意味の把握にもとづいて、（例えば、それに修正を加えるという仕方で）はじめて自由な意味づけが可能になるのである。(9)

フッサール同様、メルロ＝ポンティにとっても、知覚的経験は単なる物理的刺激の受容ではない。右のような図を眼の前にして、私たちは、ただ単に一二個の点を知覚するだけでなく、その関係・秩序・意味をもすでに知覚してしまっている。一二個の点は、私がそれに意味を与えるのに先立って、それ自体で「土着の意味」(10)をもち、一定の秩序を身にまとって現れてくる。メルロ＝ポンティは、感覚的対象がもつこうした土着の意味のことを、フッサールが用いた言葉を使って、「感性的世界のロゴス」(11)と呼ぶ。ロゴスは多義的な言葉だが、ここでは「論理、秩序、意味」などの意味で理解したらいいだろう。(12)つまり、この言葉は、〈感覚的・知覚的に経験される世界にすでに論理・秩序・意味が宿っていること〉を意味している。もちろん、この感性的世界のロゴスは、知的に判断される高次の論理形式と同じものではないが、その起源、その原初形態として、この高次の論理形式と決して異質なものではないのである。

プロト現象学における知覚的経験の意味

以上から、現象学において、つまり、プロト現象学において、知覚的経験がいかなるものとして理解されているかが分かるだろう。プロト現象学は、ヒュームやカント同様、感覚的・知覚的経験を重視するとともに、それを人間の認識の出発点とするのだが、しかし、ヒュームもカントも、感覚的・知覚的経験を刺激の受容としてしか見ていなかったのに対して、それを関係・秩序・意味の把握として、言い換えれば、原初的な論理（ロゴス）の現れとして理解するのである。

それは確かに、知的・学問的な高次のロゴスではないだろう。しかし、いくら原初的であっても、ロゴスはロゴスであって、狭い意味での感性的・直観的な経験の範囲をはみ出していることに違いはない。知覚的経験の意味は、近代哲学における諸々の解釈を経て、現象学にたどりつくにいたって、「原初的なロゴスの把握／現れ」として解釈されるようになったのである。(13)

論理の経験としての知覚

さて、ここで再び、フッサールにおける「学問の危機」というテーマに立ち戻ってみよう。再度確認しておくと、フッサールは、客観的・科学的知識が感性的・知覚的経験を理念の衣で覆い、それを隠蔽してしまうことに学問・理性・人間性の危機を見いだし、この理念の衣を剝ぎ取って、感性的・知覚的経験に立ち帰ることを提唱したのだった。ここでの理念の衣とは、学問の客観性・普遍性を保証する契機ということだから、諸々の自然法則や論理形式などを意味すると考えられよう。一言で言えば、論理＝ロゴスである。つまり、プロト現象学は、論理を排して知覚に立ち帰ろうとしたのである。

もう一つ再確認しておこう。前章で見たように、この知覚が捉える現実は〈リアリティとしての現実〉として理解された。リアリティとは、外部的・内部的な眼の前に客観/対象として現れてくるものであり、そうした客観/対象の現れは地平構造のうちにその本質をもつとされた。

だが、先のフッサールの説明によれば、この地平構造とは、「実体間の関係」や「実体と規定」といったカテゴリーが根源的に根づく場であった。つまり、それは原初的な論理の把握の条件をなすものだとされたのである。リアリティの知覚は本質的に地平構造をもち、この地平構造においてリアリティは原初的な論理をはらむものとして与えられる。こうしたことから、プロト現象学は、ヒュームやカントに抗して、知覚を原初的な論理の経験として理解したのである。

だが、ここには矛盾がないだろうか。プロト現象学は、論理を排して知覚に立ち帰ろうとしたのだが、しかし、その立ち帰った先の知覚は原初的な論理の経験として理解されているのである。確かに、原初的な論理は高次の論理とは異なる。だが、これもすでに述べたように、原初的であってもロゴスはロゴスである。実際、メルロ＝ポンティがわざわざ「感性的世界のロゴス」という言葉をフッサールから引いていることからも分かるように、〈感性的なもののうちにロゴスを認める〉という観点は他の哲学に対して現象学を特徴づけるポイントだったのである。

リアリティの衣

では、この矛盾のように見える事態はいったい何を意味しているのだろうか。これは、プロト現象学の不徹底さを意味しているとは言えないだろうか。プロト現象学は論理を排して知覚に立ち帰ると言う。しかし、結局、これが意味しているのは、高次の論理から原初的な論理へ遡るということにすぎないのではなかろうか。知覚が論理の経験であるかぎり、論理から知覚に立ち帰ったとしても、それは決して論理を脱することにはならない。プロト現象学は、論理から知覚へ立ち帰ることで、結局は、論理というエレベーターの最上階から地上階まで降りたにすぎないのである。

論理と知覚の同属性は次のような事実にも象徴的に見てとれる。学問性・客観性・確実性などと密接な関係にある概念として、theory（セオリー、理論）や evidence（エヴィデンス、明証）があるが、theory のギリシア語語源であるテオリア（theōria）は「見ること」を意味し、evidence は「見る」という意味のラテン語動詞ヴィデーレ（videre）から派生している。つまり、広い意味で論理に関わる理論や明証という概念は、知覚のはたらきとしての「見ること」から派生しているのである。もちろん、これは語源の問題だから、それがそのまま人間の論理的認識の起源をも意味するとは言えないが、少なくとも、古来から、知覚のうちには論理に繋がる何か、論理を準備する何かが読みとられてきたということだけは言えるだろう。知覚はもともと論理と親和的なのであって、論理から知覚へ立ち帰ったとしても、それは決して、論理の外に出たことにはならないのである。

こうしたプロト現象学による還元の不徹底さを端的に示してくれているのが離人症という症状なのだろう。プロト現象学は、論理を排して知覚に立ち帰ることによって、人間の経験をその地盤から検証しようとしたのだが、離人症は、知覚に立ち帰っただけでは経験の真の地盤に達しえないことを教えてくれる。離人症者においては、知覚は正常に機能するにもかかわらず、その経験はすっかり現実感を失ったものになってしまっているのである。これは、経験の真の基盤が知覚的経験のうちに、リアリティの経験のうちにあるのではないということを意味していよう。経験の真の基盤は、むしろ、アクチュアリティの経験のうちにある。離人症者が失ってしまったアクチュアリティこそ、私たちの経験を真に生きた経験に、健康な経験にしてくれているのだろう。だが、プロト現象学における還元はこのアクチュアリティにまでは達していないのである。

実際、先に見たように、プロト現象学は、論理を還元したと言いつつ、知覚という原初的な論理に降りてきただけである。つまり、理念の衣は剝ぎ取ったかもしれないが、その下から現れた知覚は「原初的理念の衣」なのであって、プロト現象学は、この原初的理念の衣でもってアクチュアリティを覆い隠してしまっている、言い換えれば、「リアリティの衣」でアクチュアリティを隠蔽してしまっているのである。

アクチュアリティと生の現象学

木村が言うように、私たちの意識は不安定なアクチュアリティを好まず、それを安定したリアリティに変換して理解してしまう。プロト現象学は、まさに、それと知らないうちに、アクチュアリティをリアリティに変換してしまっているのではなかろうか。知覚は、地平構造のうちで、安定的に意味・関係・秩序を把握できる。プロト現象学は、こうした知覚を経験の基盤とすることで、論理や秩序には収まらない不安定なアクチュアリティを(原初的な仕方で)論理化してしまったのではなかろうか。プロト現象学は、ガリレイによる自然の数学化を、次元を変えて反復しているのではなかろうか。もしそうなら、私たちは、フッサールがガリレイに投げた言葉を、プロト現象学にそのまま投げ返さなければならないだろう。つまり、プロト現象学は、確かに理念の下に知覚的経験があることを発見したが、この知覚的経験によって、さらにその下にあるアクチュアリティの経験を隠蔽してしまった、と。つまり、プロト現象学は「発見する天才」であると同時に「隠蔽する天才」だ、と。

前章の最後でも触れたように、こうしたリアリティによるアクチュアリティの隠蔽という事態のうちに、生の現象学が要請される理由がある。生の現象学は、論理では決して把握することのできないアクチュアリティをあるがままにつかみとろうとする。アクチュアリティという言葉は木村敏のものだから、ミシェル・アンリがこの言葉を用いているわけではないが、アンリの生の現象学が探究していたのは、まさに、このアクチュアリティとしての現実だと考えることができる。アンリは、プロト現象学が隠蔽してしまった現実としてのアクチュアリティを明るみにだそうとしたのである。

だが、このアクチュアリティを探究しようとするならば、もはやプロト現象学が用いてきた方法は使えない。なぜなら、プロト現象学の方法は、リアリティを発見する方法だが、それは同時に、アクチュアリティを隠蔽する方法でしかないからである。プロト現象学にとって、リアリティにアクセスする道は知覚であったが、すでにして世界の論理化である知覚は、アクチュアリティへのアクセスにはなりえない。そこで、ミシェル・アンリが着目するのが感情（sentiment）である。

アクチュアリティと感情

実際、アクチュアリティが感情に結びついていることは、離人症患者や、離人症的な状態に陥った人の証言から再確認することができる。前章で紹介した証言のなかから再度いくつかをピックアップしてみよう。まずは離人症患者の証言。

感情というものが一切なくなってしまった。嬉しくも悲しくもない。

この間は病院から遠足に行きました。本当に久し振り、十年振りのことでしたがやはり別に感慨はありませんでした。〔……〕相変らず何も感じませんでした。〔……〕要するにノー・フィーリングには変りありません。考えることも感じることもできません。何も感じないままに、何もわからないままにただここにいるだけです。

以前は音楽を聞いたり絵を見たりするのが大好きだったのに、いまはそういうものが美しいということがまるでわからない。

鉄のものを見ても重そうな感じがしないし、紙切れを見ても軽そうだと思わない。とにかく、なにを見ても、それがちゃんとそこにあるのだということがわからない。色や形が目に入ってくるだけで、実際にある、という感じがちっともしない。

雪が降っても、雪が降っていることがわかりません。そんな風には見えないのです。

鐘が鳴っています。でもその響きはまだピンとこないのです。

次は、東日本大震災で被災して、離人症的な状態に陥った教師たちの証言。

子どもたちの家がどうかなっていうので、朝早く、ちょっとおりて見てみたんですけど、このときは、現実感があまりなかったんで、そんなにつらいとか、悲しいというのは、正直思いませんでした。「ほんとうにこれは、……ほんとなの?」……みたいな感じで（苦笑）。

なんか、すごい変な感覚……で、あの、実は、何体もご遺体を見たんです。はい。自宅に行くときも、こう……だんだんだんだん、人じゃなくて、なんか、なんか、［……］なんか感情が無くなるっていうか、……なんか、なんか、よくわからない、感覚になったりしました。

このように、離人症患者や離人症的な状態に陥った人においては、周りの物事が実際にあるという実感が失われると同時に、嬉しい・悲しい・つらい・面白い・つまらない・美しい・重そう・軽そうなどという感情が失われるのであって、このことから、アクチュアリティが少なからず感情に関わっているだろうことが予想される。また、この現実感にしても、患者は、事物が他人にとってあるのと同じように自分の前にあることを理解し、そのように知覚しているのに、それがそこにある感じをもてないのだから、それもやはり一種の私的な感情だと言うことができよう。

リアリティが知覚によって捉えられた現実であるのに対して、アクチュアリティは感情によって捉えられた現実である。離人症とは、私たちの経験からアクチュアリティが欠落した状態だが、それは同時に、私たちの経験から感情が欠落した状態、あるいは、感情がうまく機能しない状態だと言えよう。そして、それは逆に言えば、感情こそが私たちの健康な経験を根底で支えているという発想にも結びつく。実際、離人症者は、世界を知覚しているにもかかわらず、世界の感情的な息吹きを、世界の表情を捉えることができないために、経験からいっさいの現実味が欠落しているのである。

繰り返しになるが、アクチュアリティという言葉は木村のものだから、アンリがそれを用いることはないが、しかし、アンリは、知覚ではなく、感情こそ世界経験の基盤にあり、感情的な経験こそ世界経験の本質をなすと考えているのであって、その意味で、アンリが見ていた問題は、離人症の症状が私たちに問いかけてくる問題と重なるものだと言えよう。

その問題とは、この感情的な経験、すなわち現実感がいかにして、そして、いかなるものとして現れてくるかということである。ここまで、プロト現象学の考察を通して、リアリティがいかにして、また、いかなるものとして現出するかについて確認してきたので、次には、生の現象学にそって、アクチュアリティの場合を考えてみたい。まさに、アクチュアリティの現出の条件、および、その様態の探究にこそ生の現象学の水平軸の要が存しているのだから。

だが、その前に、まずは、アンリにとって知覚と感情がそれぞれどのようなものとして理解されているかを確認しておかなければならない。次章でこの問題を検証し、その後、第六章から第八章にかけて、ミシェル・アンリおよび木村敏の思想の検討を通して、アクチュアリティの可能性、および、アクチュアリティとしての世界の現出様態について検討したい。

第五章　知覚の本質・感情の本質（アンリ）

知覚の条件

まずは、アンリにおいて知覚がどのようなものとして理解されているかを見ていこう。アンリは、主著である『現出の本質』の第九節で、デカルトの「第三省察」に向けられたガッサンディ（Pierre Gassendi, 1592–1655）の反論（第五反論）の一部を紹介している。アンリの引用は少し長いので、ここではそのなかから次の一節だけを引用しておこう。

そうすると、眼は自分を自己の内には見ないのに、それにもかかわらず鏡の内には自分を見るのはなぜであると、あなたはお考えでしょうか。それはおそらく、眼と鏡のあいだにある空間が在って、眼がそのようにして鏡にはたらきかけ鏡に向かって自分の形象を送り込み、そのあと鏡が反対に眼にはたらき返し眼に向かって眼自身の形象を送り返すからなのです。(1)

ちょっと分かりにくい一節だが、この直前の箇所でガッサンディは次のように言っている。認識というのは、認識の対象が認識能力に与えられることで成り立つのだが、認識能力は決して自分自身の外にあることはできないのだから、この能力そのものがそれ自身の対象になることはない。つまり、例えば、見る能力としての眼は自分自身の外にあることはできないのだから、眼はそれ自身の見る能力を見ることはできない[2]。
このように述べて、ここに引用した一節につながる。右のことからして、眼は自分自身を見ることはできない。では、なぜ鏡のなかなら自分自身を見ることができるのか。ガッサンディはこのように自問して、それに次のように答える。それは眼と鏡のあいだに空間があるからだ、と。

眼と鏡のあいだに空間があるとは、両者が離れていること、両者のあいだに「距離」があることを意味する。アンリがガッサンディのこの一文を引用しているのはほかでもない、ガッサンディが「見ること」の条件を距離のうちに認めているからである。アンリはここで「見ること」の本質、つまり、知覚の本質を距離のうちに見いだすのである。

同じことは木村も述べていた。木村はものについて語った箇所で次のように言っている。

外部的な眼で見るにしても内部的な眼で見るにしても、見るというはたらきが可能であるためには、もののあいだに距離がなければならない。見られるものとは或る距離をおかれて眼の前にあるもののことである。それが「対象」あるいは「客観」ということばの意味である。ものはすべて客観であり、客観はすべてものである[3]。

すでに第三章で述べたことだが、ここでの「距離」は、外部的な眼に対してだけでなく、内部的な眼に対しても言われているのだから、決して巻き尺で測れるような距離ではない。むしろ、それは〈対象／客観として眼の前にあること〉を意味する。アンリが「距離」ということで言わんとしているのも同じである。

では、「対象／客観である」とはどういうことだろうか。これもすでに第二章、第三章で確認した。物事が対象／客観として現れてくるのはつねに地平構造にもとづいてであった。心理学的な図と地の関係において、地が図の現れの条件をなしているように、対象／客観の現れは世界地平を条件としている。つまり、世界地平が開かれていることが、対象／客観が現れてくること、つまり、「見ること」を根源的に可能にしているのである。だが、こう考えるとちょっと困ったことになる。なぜなら、先には「見ること」の条件は距離だと述べたのに、いまは世界地平が「見ること」を可能にすると結論づけられたからである。いったい、「見ること」の条件は距離なのか、世界なのか。距離と世界の関係はどのようになっているのだろうか。

距離の本質

まず、「距離」から見ていこう。「見ること」の条件としての距離とは何か。アンリはその本質を「隔てること」として理解する。何かが知覚されるためには、その何かが眼の前に距離をおいて（隔てられて）保持されていなければならないし、何かが距離をおいて（隔てられて）保持されるためには、「隔てること」がはたらいているのでなければならない。この「隔てること」は具体的な何かを隔てることとは異なる。例えば、コーヒーカップを眼の前にかざすこととは異なる。むしろ、それはコーヒーカップとの距離をも可能にするような「隔てること」である。

なにやら禅問答のようになってしまうので、次のような比喩で考えてみよう。あなたがいっさい明かりのない真っ暗な部屋のなかにいるとしよう。当然、あなたは何も見えない。その状態で、手にもった懐中電灯で部屋のなかを照らすとする。すると、部屋のなかに懐中電灯の光の円ができる。そして、その円のなかに部屋の中央にあった椅子が浮かび上がる。つまり、椅子が見えるようになる。

椅子はなぜ見えるようになったのだろうか。それは椅子が懐中電灯の光に照らし出されたからだろうが、これまでの説明にもとづけば、照らし出された椅子とあなたとのあいだに距離があるから、ということになる。ではさらに、この椅子とあなたとのあいだの距離はどうして可能になったのだろうか。それは懐中電灯がそこに光を投じたからである。実際、真っ暗な状態では距離すら感じとることができないだろう。そこに光が投じられることで距離そのものが可能になる。そして、光によって可能になったこの距離そのものを条件として、椅子が現れるのである。

すると、懐中電灯の光とは距離そのもの、距離一般の条件であることになる。だが、この距離そのものは椅子との距離という具体的な（巻き尺で測れる）距離ではない。実際、この部屋に、椅子以外にも花瓶や書棚があれば、それらも同じ条件で見えるようになるのだから、この距離そのものは個々の調度との距離には還元されない。それは、個々の調度が〈隔てて置かれることそのもの〉である。

だが、この〈隔てて置かれることそのもの〉は、懐中電灯で光を投じることによって可能になった。ということは、「光を投じること」とは「隔てて置くこと」そのもの、「隔てること」そのものにほかならない。さらに言えば、隔てることそのものと距離そのものとは切り離しえない。〈懐中電灯の光を投じること〉と〈距離そのものの現れ〉が同じ一つの事態をなしているように、隔てることそのものは距離そのものと一体をなし、根源的な相関関係をなすのである。

ガッサンディは眼が鏡のなかに自分自身を見るための条件を語っていたのだが、アンリは、それを知覚の本質、あるいは、現象の本質というより深い意味で受け取る。見えること、現れることの条件は距離だが、この距離は、隔てること、隔たりを開設することと根源的な相関関係にあり、開設された距離を基盤にして個々の対象／客観が現れてくるのである。

距離と世界の関係

アンリにおいてさらに興味深いのは、アンリがこの隔てることと距離そのものとの相関関係を、第二章で、フッサールにおいて確認した超越論的主観性と世界地平の相関関係に該当するものと理解していることである。先の比喩を当てはめて言えば、懐中電灯の光が超越論的主観性、この光によってもたらされた距離そのものが世界地平だということになる。

「距離」について右のように考えてくれば、距離そのものが世界地平だということはある程度うなずいてもらえるのではなかろうか。暗闇のなかに光を投じることで、根源的な距離そのものが開設されて、それによって個々の事物が眼の前に隔たって現れることが可能になる。だとすると、こうした根源的な距離の開設は、そのうちではじめて個々の対象が現出しうる世界地平に該当することになるだろう。

これで距離と世界の関係については一応の答えを得た。アンリが「距離」ということで考えているのは、対象／客観の現れの根源的条件としての世界地平にほかならないと言える。

時間を照らす懐中電灯

では、もう一つの対応関係、つまり、懐中電灯の光が超越論的主観性だということはどうだろうか。こちらはちょっと納得しにくいかもしれない。とりわけ、第二章で、超越論的主観性の本質が時間にほかならないことを確認したからには、なぜ懐中電灯の光が時間だということになるのか、途方にくれてしまうだろう。

そこで、先の比喩を少し変形してみよう。若干ＳＦ的な感じになるが、手にしている懐中電灯は空間を照らすものではなく、時間を照らすものだと考えてみる。つまり、あなたはいっさい時間のない世界にいるのだが、この懐中電灯を照らすことで、過去や現在や未来そのものが現れると考えてみるのだ。

第二章の議論を経た私たちにとっては、この比喩の変形はさほど奇妙なものではないだろう。私たちはすでに空間が時間を前提していることを見た。最初の懐中電灯の比喩は、比喩としてはあまりにも空間的なイメージが強すぎた。そこで、この比喩を時間的なものに変形してみようというわけだ。

時間の懐中電灯を照らすことで、〈過去・現在・未来〉一般、つまり時間一般が開かれる。時間一般とは、そのなかで個々の時刻や物事が現れてくる場である。第二章で見たように、時間とはあらゆる対象／客観の現れの条件をなすものだった。だからこそ、世界地平は時間地平にほかならないとされたのである。

ならば、この〈世界地平としての距離そのもの〉を開設するはたらきというのは、つまるところ時間的な距離そのものを開設するはたらきだということにならないか。つまり、空間を照らす懐中電灯は、その本質においては時間を照らす懐中電灯だったということである。先に見た〈距離そのものを開設するはたらき〉、すなわち「隔てること」の正体は時間性だということになる。なぜなら、時間性とはまさに、現在という中心から過去や未来を「隔てること」だからである。時間性は、過去や未来を隔てつつも、それらを保持している。隔てつつ距離を保持することで世界が維持されるのである。

懐中電灯の光が時間であるとはこうした意味に理解できよう。暗闇を照らし、距離そのものとしての世界地平を展開する懐中電灯の正体は、実は、時間的な隔たりそのものを開設する時間の懐中電灯、すなわち、時間性そのものだったのである。

アンリにおける知覚の本質

ここまで、ガッサンディの一節を足がかりに、アンリにおいて知覚の本質がいかに理解されているかをみてきた。ガッサンディは「見ること」の条件を距離のうちにみたが、アンリはこうしたガッサンディの理解をより深く探究する。アンリにとって、この距離とは超越論的主観性の外に開かれた距離そのものにほかならない。この距離そのものが個々の対象／客観との具体的距離を可能にし、それによって対象／客観が現れうるのだから、この距離そのものとは世界地平にほかならないことになる。逆に言えば、あらゆる対象／客観の現出の条件である世界の正体は距離そのもの、隔たり一般だということになろう。そして、さらに付け加えれば、第二章で確認したように、この隔たり一般は基本的に時間的な隔たりにもとづく。

また、ここから、隔たり一般としての世界地平と相関関係にある超越論的主観性とは、隔たり一般を開設するはたらきそのもの、つまり、「隔てること」そのものであることになる。そして、この「隔てること」そのものが時間的に「隔てること」にもとづくこともすでにみた。

要するに、超越論的主観性が、時間性として、時間的な隔たり（距離）を生み出すことが、主観性の外に時間的・空間的な隔たり（距離）の地平としての世界を開設し、それが対象／客観の現出の条件をなすのである。また、超越論的主観性は隔たり（距離）を生み出すだけでなく、生み出されて隔てられた時間を過去や未来として維持するから、開設された世界も、主観性の外に、眼の前に維持されうるのである。

とりあえず以上が、アンリが知覚の本質として理解していることだと言える。

ベルクソンにおける情感

次には、アンリにおいて感情がどのようなものとして理解されているかを見ていこう。

だが、その前に、ベルクソンの議論にしばし耳を傾けてみたい。それは、アンリによる感情の規定を理解するのにも役立つはずである。

ベルクソンは『物質と記憶』のある箇所で、情感(affection)を知覚との比較において定義している。[4] ベルクソンによれば、知覚とは、知覚される対象と私の身体のあいだに距離があることを示している。こうした理解は、一見すると、先に見たアンリや木村の場合と同じように見えるが、ベルクソンにおいて、この「距離」はある独特な意味で解釈されていて、両者と同じというわけではない。しかし、ここでは、あえてそうした解釈の違いには踏み込まず、ベルクソンの議論を感情の本質を考えるための比喩として取り上げることにしたい。[5]

ベルクソンにとって、知覚とは、知覚される対象と私の身体のあいだに距離があることを示している。だが、この距離が徐々に縮まっていくと考えてみよう。距離を隔てて知覚されていた対象が徐々に私の身体に近づいてくるのである。そして、ついに距離がゼロになる。つまり、知覚される対象が私の身体に一致する。ベルクソンは、このときに知覚が情感に変わるとする。[6] どういうことだろうか。

例えば、私が、鉛筆をもった右手を前に伸ばして、眼の前でその鉛筆を見ているとしよう。鉛筆は距離をおいて私に知覚されている。次に、この鉛筆を徐々に体に近づけていく。そして、例えば左肩のあたりに鉛筆の先端を当てる。鉛筆はいままで、もっぱら視覚の対象だったが、ここで左肩によって触覚的にも知覚されることになる。鉛筆の先端は左肩に接触しているが、左肩はまだ鉛筆の先端を知覚している。鉛筆のとがりぐあいを感じとっている。

だが、さらに右手に力を加えて鉛筆の先端を左肩に強く押し当ててみる。すると、私は左肩に痛みを感じる。この痛みはもはや鉛筆の知覚ではない。痛みは左肩に感じられる。いままで鉛筆の先端を知覚していた左肩はとつぜん左肩自身を感じとることになる。つまり、身体の外に知覚されていた鉛筆との距離がゼロになって、身体が身体自身を、左肩が左肩自身を感じるようになるのである。この時、知覚が情感に変わる。

先にも述べたように、こうしたベルクソンの議論を、ベルクソン自身の思想的文脈とは独立に、感情の本質を言い当てたものとして理解してみよう。そして、まずはそれを木村の議論と重ね合わせてみよう。

ことと感情

木村は先に引用した文章に続いて次のように言っている。

景色を見てその美しさに夢中になっている瞬間には、景色もその美しさも客観になっていないということがある。景色や美しさとのあいだになんらの距離もおかれていないから、われわれはその景色と一体になっているというようなことがいわれる。主観と客観とが分かれていないのである。そのような瞬間には、われわれの外部にも内部にもものはない。われわれはものを忘れた世界にただよっている。(7)

こうした木村の言葉と先のベルクソンの議論との間には不思議な一致がある。「景色の美しさに夢中になる」とは、例えば「感動」や「感激」などと呼ばれる情感的な状態を言い表わしていよう。つまり、それは感情のひとつである。そして、木村は、この感情を「景色や美しさとのあいだになんらの距離もおかれていない」こと、私たちが「その景色と一体になっている」ことと理解している。これは、ベルクソンで言えば、知覚される対象と私の身体のあいだの距離がゼロになることだと言えるだろう。

また、同じ事態をベルクソンは「身体が身体自身を感じること」とも言い表わしていたが、景色の美しさに感動する人は、もはや景色を距離をおいて眼の前に見るのではなく、景色と一体になって、景色の美しさのなかに自分自身を感じているのだと言える。実際、「感動」という感情は、決して眼の前にある景色を感じることではなく、自分自身を内的に感じることにほかならない。(8)

木村はこうした状態を指して「ものを忘れた世界」とも表現している。それは、言い換えれば、「ことの世界」ということだろう。景色の美しさは、こととして、私の居合わせを含み、私は、美しさとの一体性のうちで、私自身を感じている。このとき感じられている私自身もやはりこととしての私であろう。決して対象／客観として現れてくる私ではない。ことの世界においては、景色の美しさと私自身とが一体になって、ともにこととして感じられているのである。

鉛筆の先端を肩に押し当てる例と景色の美しさに感動する例とは事態として無関係のように見える。しかし、いずれも、知覚の本質をなす距離の消失（主観と客観の一致）のうちに感情を見いだしている点、また、この感情を距離を介さないこととしての自己の感受と理解している点に共通性があると言えよう。

アンリにおける感情の本質

アンリにおいても感情は同様に理解されている。つまり、感情とは距離なしに自己が自己に感じとられることを意味している。

だが、アンリにおいて、「距離」はある本質的な意味において理解されていた。つまり、それは超越論的主観性が時間的な隔たりを開設すること、および、それによって世界地平という距離そのものが展開されることとされていたのである。

すると、アンリにおいて感情とは、隔てるはたらきとしての主観性が、みずから生み出した隔たり（距離）そのものとしての世界のうちにおいてでなく自己自身を感受していることを意味すると言えよう。もちろん、主観性は世界のなかで自己に出会うことも可能だが、そのように出会われた自己はものとしての自己にほかならない。こととしての自己は決して対象／客観ではありえないのだから、世界のなかで出会われることはないのである。

アンリは、このように、主観性が、ものとしての自己、隔てられた自己でなく、こととしての自己を隔たりないしに（世界のうちにおいてでなく）感受することを感情の本質として理解する。「隔たりなしに」ということは「直接的に」ということであって、感情とは、主観性が、自己の外に展開した世界のうちにではなく、つまり、自己の外に出ることなしに、直接的に自己自身を感受することだと言える。アンリは、そうした感情のあり方を、主観性の「自己感受 (épreuve de soi)」[9]、「自己触発 (auto-affection)」、「自己贈与 (auto-donation)」などと呼ぶ。呼び方は文脈によってさまざまだが、みなほぼ同じようなことを意味していると考えていいだろう。

第二章で見たように、プロト現象学は、超越論的主観性と世界地平との絶対的・普遍的な相関関係を明らかにして、主観性が展開する世界のうちでものとして、対象／客観として、個々の事物が知覚的に現れてくる可能性を明らかにした。それに対して、生の現象学はこの世界地平を展開するはたらきとしての超越論的主観性そのものが、ものとして、対象／客観としてでなく、ことして、それ自身に感受されて現れてくる構造を解明しようとする。そして、こうした主観性の自己感受の具体的なあり方を感情として理解するのである。

読書中の眼の痛み

アンリが言わんとすることを理解するために、次のような比喩で考えてみよう。

眼は知覚の可能性のひとつだと言える。眼で見ることで知覚的な世界、ものの世界の現れが可能になっているからである。しかし、ガッサンディも言うように、この眼は自分で自分を見ることはできない。眼はものの世界を現れさせるものであったとしても、それ自身はこのものの世界のなかに現れることはない。

もちろん、眼の前に鏡を置けば、眼は自分自身を見ることができる。しかし、それはものとして現れてくる眼であって、「見ること」としての眼ではない。ことは世界地平のうちには現れてこない。ことは世界地平のうちに置かれたとたん、ものに変換されてしまう。

では、「見ること」は決してみずからに現れることはないのだろうか。それは、自分が見ていることを知らずに、ただただ外の世界の諸対象を見るだけのはたらきなのだろうか。もしそうなら、「見ること」は自己を知らず、いっさいの自覚なしにもっぱら外の世界だけを見ていることになるだろう。誰が見るでもなく、ただ見るはたらきだけがあることになる。見るはたらきは自己を失い、したがって、そのはたらきの根拠を欠くことになる。

この問題を考えるときに示唆を与えてくれるのが、サルトルが『存在と無』で語っている「読書中の眼の痛み」という事例である。[10] この事例を右の〈もの・こと〉概念で言い換えて考えてみることにしよう。

私が読書に夢中になっているとき、私は自分の眼を意識することなどない。私にものとして現れてくるのは本や文字であって、眼ではない。眼は「(文字を) 見ること」という体験のうちに消失している。しかし、この時に私は眼が痛い。「見ること」はいまや「痛みを伴って見ること」として遂行される。痛みは自覚されるから、それは私に眼を意識させるが、あいかわらず読書に夢中になっている私には、痛む眼は決してものとしては現れてこない。それは〈痛み−見ること〉として、ものに変換されることなく、ことのまま現れてくる。つまり、痛みを介して「見ること」が感受されるのである。

では、眼に痛みを感じずに読書できている場合はどうだろうか。その場合、「見ること」は感じられないのだろうか。そうではない。どのような場合でも、「見ること」は感受されている。しかし、それは、たいていの場合、明瞭なものの現れにかき消されてしまっている。「読書中の眼の痛み」は、「見ること」がものの現れにかき消されず、はっきり感じとられる特権的なケースだと言える。だが、たとえはっきりとは感じられないにしても、「見ること」はつねに内的に感受されているのである。

「見ること」の感情

もちろん、サルトルにおいて、こうした事例の背後には彼の哲学体系が控えているわけで、この事例の真意を理解するには、この哲学体系に照らして考える必要があることは言うまでもない[11]。しかし、とりあえず、そうした哲学体系は脇において、この事例をそれだけで素朴に考えてみるなら、そこで考察されている事態は思いのほかアンリの考えていることに近いと言える。アンリも、「見ること」は、外部に世界の諸対象を見つつ、同時に、自分が見ていることを内的に感じとっていると考えた。「見ること」は、この内的な自己感受によって、世界の諸対象を見つつも、それを見ている自己を知るのである。アンリによれば、ここに「見ること」の自己が成立する。そして、アンリは、この自己を成立させる内的な感受こそ感情にほかならないとするのである[12]。

もちろん、ここでの「見ること」は比喩にすぎない。アンリは決して「見ること」だけを問題にしているのではない。しかし、この比喩のなかの「見ること」を「主観性」という言葉に置き換えるなら、それでほぼアンリが言わんとすることを表現できるだろう。アンリは、主観性が外的な世界のうちにおいてでなく、内的に、直接に自己を知ることを感情として理解し、この感情こそが主観性の自己を成立させると考えたのである[13]。

感情は権利上、知覚に先立つ

ただし、次の点は注意しなければならない。確かにアンリは、感情こそが主観性の自己を、したがって、主観性そのものを存在させ、この主観性が外部に世界を展開することで、その世界のなかで知覚がはたらくと考えている。しかし、こうした感情と知覚の関係は決して時間的な前後関係を意味していない。世界を見ることのない「見ること」がまず感情的に感受されて存在していて、それがあとから世界を見る、などということがありえないように、世界地平との相関関係の外で、まず感情において主観性がそれ自体として存在しており、そうした独立した主観性があとから世界地平と相関関係を結ぶのではない。フッサールが見いだしたように、超越論的主観性と世界地平の絶対的・普遍的な相関関係はそれ以上遡りえない第一原理なのあって、この相関関係に先立って感情があるわけではない。

したがって、あえて言えば、感情と知覚は同時だということになるが、より厳密に言えば、感情と知覚の関係に関しては、そもそも「先・後・同時」は問題ではないとも言える。「見ること」がはたらき、主観性がはたらいているということは、つねに世界が開かれているとともに、はたらきそのものがそれ自身を感情的に感受しているということである。知覚と感情は共生関係にある。これは木村が「ものとことの共生関係」と言ったことの裏返しであろう。ものが知覚の対象であり、ことが感情的な現象ならば、ものとことがつねに共生しているように、知覚と感情もつねに共生していると言える。

だが、知覚と感情のあいだに時間的な前後関係を見ることができないにしても、それでも、そこに権利上の先後関係があることは認めなければならないだろう。離人症の症状が教えてくれたように、たとえ「見ること」が世界の諸対象を客観的に（ものとして）知覚しているとしても、それだけで健康な経験が成立するわけではなかった。ことの現れを欠いた経験においては、世界からいっさいの現実感が消失してしまったのである。ということは、健康な経験をもちうるためには知覚は感情に支えられていなければならないということだろう。知覚を豊かで生き生きした世界の知覚にしているのは感情である。[14] 感情によって、主観性はことととしての自己を感受し、そうした自己感受との相関関係において、豊かで生き生きした世界の知覚が与えられると言えよう。

「壁は暖かい」はまちがいである

このように考えることで、次のような少し奇妙なアンリの言葉も理解可能になるだろう。アンリは、『見えないものを見る』のなかで、デカルトの「第四省察」を引き合いに出しつつ、次のように言っている。

陽のあたっている壁に手をやれば、「壁は暖かい」と私は思う。しかしこれはまちがっている。暖かいということは、暖かさを感受することを、その暖かさとしておのれ自身を感受することを意味する。おのれ自身を感受することだけが、生だけが、暖かさを感受し「暖かいということ」を認識し得るのである。(15)

ここでアンリが言わんとしているのは、「壁の暖かさ」というものがその本質を「暖かさを感受すること」ということのうちにもつ、ということである。言い換えれば、「壁の暖かさ」はものとことの共生関係であり、しかも、この共生関係を支えているのが「暖かいこと」と同一視された「感受すること」だ、ということである。

アンリは「壁は暖かい」はまちがいだと言うが、常識からすれば決してまちがいではない。この言葉がまちがいになるのは、「壁の暖かさ」がものとしてのみ、世界のなかの対象/客観としてのみ理解される場合である。「暖かさ」というのは、つねにそれを感受する私の居合わせを前提する。その意味で、それはことである。そして、アンリにとっては、ことの現れは自己感受とひとつになっている。つまり、「暖かいということ」は「暖かさを感受すること」とひとつでしかない。また、暖かさの感受はつねに自己の感受なのだから、この暖かさの感受を通じて自己も確立される。(16)

アンリによれば、暖かさについて言えることは痛みや色についても言える。(17) したがって、これは一般化されうる。感性的性質はつねにものとことの共生関係のうちにある。(18) つまり、それは知覚の対象であると同時に感情の現れでもある。だが、この二つの側面のうち、本質的なのは自己感受としての感情的現れである。だから、アンリは知覚的現れを「まちがい」と断じたのだろう。感性的性質の「真理」は感情のうちにある。感情が知覚的な現れを支えている。

情感性と生

ところで、ここまで、知覚に対置させて「感情」という言葉を使ってきたが、ひとくちに感情といってもそのあり様はさまざまだろう。感情には、喜び、悲しみ、うれしさ、つらさ、苦しみ、快、不快、陰鬱さ、晴れやかさ、などなど無数のあり様が存在し、しかも、なかには性格的に正反対のものさえある。

だが、アンリは、こうした「感情」と呼ばれるいっさいの様態はある共通した存在構造をもつと考える。それがここまで見てきた自己感受（自己触発・自己贈与）である。だが、この自己感受（自己触発・自己贈与）という言葉は、ここまでも見てきたように、主観性が内的に自己自身を受容している様態に対しても使われるような、より広い意味の射程をもっている。そこでアンリは、右のような感情に固有の本質構造を特に「情感性（affectivité）」と呼ぶ。

あまりいろいろな専門用語が出てくるとややこしくなるが、無数の感情に共通した本質構造が情感性であり、この情感性とは主観性そのものの自己受容性を意味する自己感受（自己触発・自己贈与）のあり方の一つだと考えてもらえばいいだろう。

だから、情感性とは感情の本質なのだが、同時それは知覚の本質でもあるとされる。先にも見たように、感情にもとづかない知覚は離人症的な知覚であり、そのかぎりで、健康な知覚の本質は情感性のうちにあると考えなければならない。「壁の暖かさ」の知覚はつねに感情との共生関係のうちにあるのであって、その意味では、アンリにおける情感性とは、知覚と感情の共生関係そのものの本質構造をなすと考えた方がいいのだろう[19]。

さらに専門用語を付け加えることになって申し訳ないが、もうひとつだけアンリに特徴的な用語について解説しておこう。いま見たように、情感性とは自己が自己自身を内的に受容すること――アンリはより積極的に、自己が自己自身を受容せざるをえないこと、とも言う――だが、アンリは、こうした自己受容、つまり、自己感受

〈自己触発・自己贈与〉を「生（vie）」とも呼んでいる。これは、先の引用のなかで、アンリが「おのれ自身を感受すること」を「生」と言い換えていたことからも分かるだろう。もちろん、これは「生の現象学」の「生」である。[20]

だが、この生を名詞として、ものとして理解するのは正確ではないだろう。やはりこれはこととして、「生きること」として理解すべきである。だが「生きること」とは何だろうか。これこそ究極の難問だろうが、少なくともそれは、ただ単に外的世界と関わるだけでなく、つねに自分自身を感受することを含んでいるはずである。私たちは、生きているかぎり、つねに何らかの感情に、気分に浸ってしまっている。もちろん、「生きること」から世界との関わりを排除できるわけではない。しかし、「生きること」の本質は「内的に自己を感受すること」なのであり、世界の現れがもつ豊かさもこの自己感受にもとづいていると言える。情感性をもつことは生きていることの証であり、自己感受は生の本質をなすのである。

サルトルの体感的情感性

ところで、サルトルは先の「読書中の眼の痛み」という例から「体感的情感性（affectivité cœnesthésique）」[21]という概念を導き出しているが、この概念もやはり、アンリの〈情感性としての生〉について理解しようとする際に示唆を与えてくれると思われる。先に参照した箇所に引き続いてサルトルは次のようなことを言っている。[22]ここでもやはり〈もの・こと〉概念を使って言い換えてみよう。

サルトルによれば、読書中の眼について言えることは身体全体についても言える。私が読書に夢中になっているとき、私の意識に主題的に現れてきているのは本や文字だが、この本や文字を取り巻く地平としての世界全体も非主題的にではあるが現れてきている。読書に集中しながらも、私は、周りの雑音を聞いているし、また、椅子の座り心地を感じている。つまり、私は本を取り巻く世界全体に私の身体全体で居合わせ、それを漠然と体験しているのである。

ならば、先に、読書において、「(本を)見ること」がことのまま感受されていることを確認したように、「(世界全体を)体験すること」もまたことのまま感受されていると言うことができよう。世界地平と非主題的に交流している身体全体は、そのはたらきのまま、ことのまま私に感受されているはずである。つまり、私は、何をしていてもつねに、私の身体全体、私の存在そのものを漠然と感受しているはずである。サルトルは、こうした「私が存在すること」そのものの自己感受を体感的情感性と呼んでいる。サルトルは、地平構造としての世界との知覚的な関わりの裏に、つねに世界と関わる自己自身の情感的な感受が存在すると考えていたのであろう。

こうしたサルトルの体感的情感性という概念は、やはり先の「読書中の眼の痛み」という事例の場合と同様、サルトルの哲学体系を括弧に入れて、それだけを取り出して解釈すれば、〈情感性としての生〉というアンリの発想に近いと言える。[23][24] アンリは、「生きること」そのものを「自己を内的に感受すること」として、つまり、情感性として理解しており、しかもそれが知覚的経験の基盤をなすとしていたのである。確かに、サルトルがここで問題にしているのは、身体全体の情感的な感受ではあるが、そもそも人間にとって「生きること」と「身体をもつ/であること」とは切り離しえず、世界と知覚的に関わりつつ、その知覚する身体を全体として内的に感受することは、自己の生そのものを内的に感受することとひとつのことだと言えよう。このように、「生の現象学」の「生」の概念は、アンリにおいては、自己の存在そのものの内的な感受という意味で理解されているのである。[25]

さて、以上の考察で、アンリが感情の本質をいかに理解していたかをつかんでもらえただろう。次章からは、予告した通り、生の現象学における世界のあり方について検討していこう。本章で確認してきたように、知覚および知覚的経験の本質は情感的な生のうちにある。ならば、私たちがもっぱら知覚的に関わっていると思い込んでいる世界の現れもまた、その深層、その基盤は情感性のうちに、生のうちにあることになろう。そうした観点から世界経験を検討し直してみると、世界はどのようなものとして明らかになるのか。次章から三つの章に分けて、生の現象学が理解する世界のあり方について検討してみよう。

第六章　感情的な世界としての「生の世界」（アンリ）

アクチュアリティとしての世界の現れ

本章からは、生の現象学において世界の現れがいかなるものとして理解されているのかを確認していこう。これまでも見てきたように、基本的に、世界の現れはものとこと、すなわち、リアリティとアクチュアリティの共生関係のうちにある。だが、木村が言うように、アクチュアリティはたいていの場合、リアリティによって隠されてしまう。離人症の症状が示しているように、アクチュアリティこそ世界経験の基盤をなしているのに、それが隠されてしまうのである。

プロト現象学による世界の記述は、基本的に、リアリティ、そして、リアリティと共生関係にあるかぎりでのアクチュアリティの記述を中心にしていた。だが、生の現象学は、アクチュアリティが世界経験の基盤にあることを見抜き、もっぱら世界のアクチュアリティを解明しようとする。では、アクチュアリティとしての世界の現れとはいかなるものか。

本書では、アクチュアリティとしての世界の現れとして、大きくふたつの側面を見ていこうと思う。ひとつは感情的な世界の現れであり、もうひとつは手ごたえ・抵抗感としての世界の現れである。前者をこの章で、後者を第七章、第八章で見ていくことにする。

情感的調性をともなわずに現れる対象はない

話の出発点として、前章で見た「壁の暖かさ」の例を再び取り上げてみよう。(アンリ的にでなく)常識的に考えれば、壁の暖かさというのは、一方で、温度計で客観的に計測できる壁の温度、つまり、リアリティであり、他方では、手で壁に触るときの実感、つまり、アクチュアリティである。よく「計測値は同じでも感じ方は人によって違う」などと言うが、おおざっぱに言えば、計測値として現れてくるのがリアリティ、感じ方として現れてくるのがアクチュアリティだと言ってもいいだろう。

同じことはあらゆる世界の事象について言える。いかなる事象も実感を伴わずに現れてくることはない。そして、この実感の正体はある種の情感的な印象、つまり、事象の印象であると同時に自己自身の印象でもあるような、そうした印象にほかならない。

例えば、芸術作品を考えてみよう。モネの『睡蓮』を見るとき、私たちは単にそこに描き出された対象(睡蓮の葉や花や水面など)を見るだけでなく、その対象から何らかの情感的な印象を感受するだろう。いや、そもそもそれがなければ芸術観賞とは言えないだろう。

普段使っているコーヒーカップだって、決して芸術作品や工芸品と呼べるようなものでなくても、つねに何らかの情感的な印象を伴って現れてきている。例えば、その直線的な形状が「なんだかよそよそしい」、暗く深いブルーが「落ち着いた印象」、鮮やかな色彩が「うきうきした感じ」などといった具合である。

これは、目に見える形をもたない音楽や音の場合にはより顕著だろう。例えば、シューベルトの弦楽四重奏曲『死と乙女』を聞くとき、私たちは、リアリティとしての弦楽器の音を聞きつつ、つねに同時に情感的に心を揺さぶられているはずである。また、まったく日常的な音だって情感的な印象を伴わずに聞かれることはない。台所でネギを刻む音、隣室から聞こえてくる笑い声、スマートフォンのアラーム音などはそれぞれ、「懐かしい」、

「いきいきした」、「せかせかした」といった印象を伴うことだろう。

アンリは、このように知覚的な現れにつねに伴う情感的な印象を「情感的調性（tonalité affective）」[1]と呼ぶ。tonalité（トナリテ）というフランス語は「声色、音色、音質、色調」、また、音楽の用語として「調性、調」などを意味し、したがって、基本的に音の調べや色のトーンを表現する言葉だが、アンリはそれを、音や色だけでなく、あらゆる対象から感受されてくる情感的な印象に適用するのである。

先にも述べたように、世界の諸対象はすべからくリアリティとしての知覚的現象とアクチュアリティとしての情感的調性との共生関係として現れてくるのだが、離人症の症状が教えてくれるように、世界の現れの基盤をなしているのは情感的調性にほかならず、アンリは、この情感的調性としての世界の現れを情感性としての生との関わりで解明しようとするのである。

アンリとカンディンスキー

ところで、少し意外に感じられるかもしれないが、アンリは、右のような彼の哲学的意図と同じ意図をカンディンスキー（Wassily Kandinsky, 1866–1944）の抽象画のうちに見いだしている。カンディンスキーはおもにドイツで活躍したロシア人画家で、抽象画の創始者の一人とされる。アンリは、カンディンスキーの仕事を、世界の現れの本質を情感的調性のうちに見いだすとともに、この情感的調性を生に還元し、生にもとづく世界を絵画によって表現した、と評価するのである。

しかし、ここで問題にしたいのは、こうしたカンディンスキーによる抽象画の企てそのもの、あるいは、アンリによるカンディンスキー解釈そのものではない。あくまで問題は、アンリが世界の感情的な現れをどのようなものとして理解していたかであり、それを考えるための手がかりとして、カンディンスキーの抽象画に関するアンリの解釈を援用するのである。
その際、まず注目したいのが、カンディンスキーにおける抽象画の「抽象」の意味である。もちろん、この問題については、カンディンスキー自身がその著書のなかで論じているし[2]、アンリも、カンディンスキーを論じつつ、この問題を扱っている[3]。しかし、ここまで本書では、プロト現象学との対比のなかで生の現象学の特性を際立たせてきた。そこでここでも、フッサールの議論との対比を通して、アンリが理解するこの「抽象」の意味を説明するように試みてみよう。

現出と現出者

第二章で確認したように、フッサール現象学の根本意図は、客観的・科学的知識を排して（エポケー）、私たちの感性的・知覚的な直接経験に立ち帰ることだった。では、この直接経験とはどのようなものだろうか。以下、この問題を非常に分かりやすく解説してくれている谷徹の『これが現象学だ』を参考に、フッサールにおける直接経験の本質構造を整理しておきたい[4]。

いま、私の眼の前およそ二メートルのところに机があると仮定しよう。この机は私にどのように見えているだろうか。机の正面より少し左側に立つ私には、この机は平行四辺形に見えるはずである（図5参照）（私が机の正面に立っていれば、机は台形に見えるだろう）。しかし、だからといって、私がその机を平行四辺形の形をした机だと思っているかというと、そうではない。私は、特に意識しなくても、その机を長方形として見ているはずである。つまり、私は、感覚的には平行四辺形の形を見ながらも、長方形の机があると思っているのである。谷に

図5　平行四辺形に見える机

よれば、フッサールはこれを「平行四辺形を『感覚』しているが、それを突破して、長方形を『知覚』している(5)」と説明する。また、同じことは、「平行四辺形を『体験』してるが、それを突破して、長方形を『経験』している(6)」とも言われる。

机に当てはまることは、世界のあらゆる見える対象に当てはまる。そして、フッサールは、こうした対象の二つの側面を一般化して、「現出（Erscheinen）」と「現出者（Erscheinendes）」と呼ぶ。机で言えば、平行四辺形が「現出」、長方形が「現出者」である。だから、直接経験とは、「『現出』の感覚・体験を突破して、その向こうに『現出者』を知覚・経験している(7)」こと、ということになる。

谷の解説を少し離れることになるが、この〈現出・現出者〉関係を次のように敷衍して考えることもできるだろう。

いま、「平行四辺形の感覚・体験を突破して、長方形を知覚・経験する」と言ったが、机が長方形として感覚される場合だってありうるのだから、その点を考慮すると、〈現出・現出者〉関係は、机の現れ方（平行四辺形、台形、長方形など）と、それを突破して捉えられた対象としての机の関係としても解釈できよう。つまり、〈現出・現出者〉関係は〈現れ・対象〉関係へとスライドさせて理解できる。

また、通常の知覚においては、対象としての机が何の実用的な意味もともなわず、それ自体でとらえられることなどない。私が机を見るのは、仕事のための道具として、寸法を測るため……など、つねに何らかの実用性にもとづいてである。すると、現出者と現出の関係は、実用性・有用性の観点で捉えられた対象とそうした観点を排除した純粋な現れとの関係としても解釈できる。つまり、〈現出・現出者〉関係は〈純粋な現れ・実用的対象〉関係へとスライドさせて理解できる。

現出と現出者の諸関係

さて、再び谷の解説に戻って、〈現出・現出者〉関係についてもう少し掘り下げておこう。

まず、この関係においては、現出なしに現出者が現れてくることはない。平行四辺形を媒介せずに長方形が現れることはないし、(純粋な)現れを媒介せずに(実用的な意味を担った)対象が現れることもない。現出者がそれ自体で直接的に現れてくることはないのである。

また、いま「媒介」という言葉を使ったが、谷によれば、これは先に「突破」と言われたのと同じことである。[8]「現出は現出者へと突破される」と言うのと「現出者は現出によって媒介される」と言うのは事態としては同じである。そして、現出と現出者はこの突破＝媒介という関係においてつねに結びついている。これをフッサールは「普遍的な〈相関関係のアプリオリ〉[9]」と呼ぶ。現出と現出者はアプリオリに突破＝媒介という相関関係にある。

さらにフッサールは、この突破＝媒介のはたらきを「志向性」とも呼んでいる。[10] 志向性は現出を突破して現出者へ向かう。つまり、意識の志向性が主題的にめざすのは現出者であり、現出は、志向性の現出者への突破において、まさに突破されてしまって、決して主題化されない。それは、現出者の主題的な現れを媒介しているだけである。先の例で言えば、平行四辺形や台形といった見え方、さらに、諸々の(純粋な)現れは、主題的にめざされている長方形や(実用的な意味を担った)対象の現れを媒介するだけの「非主題的な成分」なのである。[11]

さらにもうひとつ意識の非主題的な成分がある。それは現出を媒介にして現出者へと突破している意識(の志向性)のはたらき(例えば「見ること」)そのものである。私が机を見ている場合、私の意識の主題になっているのは机であり、机を「見ていること」は主題的になっていない。しかし、だからといって、私は、机を見つつ、自分が「机を見ていること」を意識していないわけではない。「机を見ていること」は非主題的に意識されている。

そして、意識が自分自身に反省（内的知覚）のまなざしを向けたときに、それは主題的な成分に変わるのである。[12]

〈現出と現出者の共生関係〉の破壊

さてそれでは、こうしたフッサールにおける〈現出・現出者〉関係を念頭におきつつ、アンリが、カンディンスキーの抽象画の「抽象」の意味をどのように理解しているかを確認していこう。

先に見たように、フッサールにおいて、現出者は必ず現出によって媒介されると考えられていた。（通常の知覚においては）現出者は必ず現出を伴うし、現出者なしに現出だけが現れることもない。両者は普遍的な相関関係においてどんなときでも一体をなすとされるのである。

ところが、アンリもカンディンスキーも、この現出と現出者の相関関係をあえて破壊する。そして、この相関関係から現出だけを取り出すのであり、まずはこの点に抽象画の「抽象」の意味を見いだすのである。[13]

そもそも「抽象」とは「もともと孤立して存在するように出来ていないものを、孤立させて考えること[14]」を意味する。フッサールが言うように、現出と現出者はともに孤立して存在しえない。だからこそ、それらを切り離すことが「抽象」なのであり、アンリとカンディンスキーは、この抽象化によって、それまで見えなかったものを見えるようにしようとするのである。

では、アンリ&カンディンスキーは具体的には何から何を切り離すのか。カンディンスキーは、その著書のなかで「対象」から「色」や「形」を切り離すのだ、と言っている。[15] 例えば、煙突（という対象）から細長い長方形（という形）を切り離す、海（という対象）から群青色（という色）を切り離す、山の稜線（という対象）から曲線（という線）を切り離す、など。さらには、通常は決して切り離しえない形と色も切り離される。つまり、十円玉（という対象）から円（という形）と銅色（という色）のそれぞれが孤立させられるのである。

先にも述べたように、この対象からの現れ方の切り離しは、現出者からの現出の切り離しという観点から理解できよう。そして、現出と現出者の関係が共生関係として理解されるかぎり、それはこの共生関係の破壊を意味する。しかし、共生関係の破壊は決して共生関係の否定を意味しない。共生関係を破壊するのは、通常は意識の志向性によって突破されて、非主題的にしか現れてこない現出をあるがままに現れさせることを目的にしているのである。

アンリ&カンディンスキーは、このように対象（現出者）から切り離されることで、それ自体で現れてくる現出を「純粋な絵画的フォルム（formes picturales pures）」[16]と呼ぶ。右に見た、対象から解放された色、形、線などがそれである。抽象画とは、とりあえずは、〈現出と現出者の共生関係〉から現出だけを抽象することで絵画を構成しようとする企てだと言える。[17]では、この絵画的フォルムは、対象から解放され、それだけで描き出されることで、いったい何を表現するのだろうか。

形の感情

この問題を考えるために、アンリ&カンディンスキーが例として挙げているアルファベットの文字について考えてみよう。通常、アルファベットの文字は、他の文字と組み合わされて、ある意味をもった語を形成しており、そうした点に文字の意義・有用性がある。だから、私たちは、普段からアルファベットの文字を眼にしていながら、文字そのものに着目することはほとんどない。例えば、Helloという英語の単語を見れば、もちろんHの文字が眼に入ってはいるが、それはHelloという語やその意味へ向かって突破され、それ自体が意識の主題になることはない。

だが、例えば、このHという文字を、Helloという語やその意味から切り離して、それだけで見たらどうだろうか。つまり、もはやそれを文字としてでなく、形として見るのである。Ｈは三つの線からなっており、それらが組み合わさって、ある独特な形を作りだしている。そのように、語や意味、そして、文字という役割から解放されて、純粋な形として捉えられたＨを前にすると、私たちはある感情を感受することになる。同じ操作を他の文字にも施せば、その形の違いによって、そのつど「陽気な」、「悲しげな」、「しょげた」、「傲慢な」などの感情が呼び起こされることだろう。このように対象・意味・有用性から切り離されて、それ自体として現れてくる形（や色）をアンリは「絵画的フォルム」と呼ぶのである。[18]

カンディンスキーは同様の分析をダッシュやピリオドに対しても行っている。[19]彼は、それらの記号が文章内の適切な位置から外されたり、文章の外に置かれたりして、その有用性から切り離されると、それに固有の内面的な響き、つまり、情感的調性を強く感じさせるようになると言う。[20]カンディンスキーは、そのようにして有用性・実用的意味から切り離された線や点を抽象画の要素として用いるのである。

書の芸術性

もしかしたら、このような「形が感情を呼び起こす」などという主張にけげんな顔をする人がいるかもしれない。確かに、Ｈの形を見て陽気になったり、しょげたり、などといったことは普通には考えられない。しかし、われわれ日本人としては、書という芸術のことを考えてみれば、彼らの言っていることが意外とすんなり納得できてしまうような気もする。

例えば、活字や看板の文字はもっぱら読み手に何かを伝えるため、つまり、コミュニケーションのために用いられているが、書における文字は必ずしもそうではない。書の文字にコミュニケーションの意味がないわけではないかもしれないが、それは、活字や看板に比べれば、そうした有用性から相当に切り離されている。そして、この切り離しが書の美を構成していると言える。

書にも造詣の深かった詩人・彫刻家の高村光太郎（1883-1956）は次のように述べている。


書を見れば誰でもその書かれた文字の意味を知ろうとするが、それと同時に意味などはどうでもよい書のアラベスクの美に心をひかれる。しかもそのアラベスクがただの機械的、図様的のものでなくて、それを書いた人間の肉体、ひいてはその精神の力なり、性質なり、高さ低さ清さ卑しさまでが明らかにこちらに伝播してくるのである。[21]

高村は、書の文字の本質を、その言語的な意味のうちにではなく、人間の肉体や、精神の力と性質を伝播するその形態的な美のうちに見いだしていると言えよう。

もちろん、活字や看板に美がないかというと、そうではないだろう。しかし、その美は有用性や実用性に覆われてひどく弱々しいものになってしまっている。こうした美を弱める要素から文字を解放し、文字の形態がもつ固有の美を最大限に発揮しようとする意図が書のなかにはあるのではなかろうか。[22]

純粋な絵画的フォルムの感情

アンリが解釈する抽象画の「抽象」の意味を求めて、アルファベットの文字、ダッシュとピリオド、そして、書の文字の例を見てきたが、これらの例について確認したのと同じことが、純粋な絵画的フォルムに関しても言える。

例えば、抽象画において、細長い長方形、群青色、曲線（諸現出）が使われる時、それらは、煙突、海、山の稜線などといった対象（現出者）からも、また、それらの対象が担う意味や有用性からも解放されている。フッサールが言うように、私たちの通常の意識においては、現出は現出者の媒介でしかなく、つねに現出者に向かって突破されてしまっていて、それ自体が主題的に現れることはないのだが、アンリによれば、カンディンスキーの抽象画は、この意識の非主題的な成分に主題的な現れを取り戻させようとするのである。対象や有用性から切り離された形や色そのものを描くことで、普段は対象や有用性へと飛び越されて、それ自体として現れてくることのない形や色の固有の現れが主題化され、それによって、これらの現出がもつ情感的調性、内的響きが明瞭に現れてくるとされるのである。(23)

情感的調性は生の自己感受である

だが、それにしても、このように対象・意味・実用性から解放された諸現出、つまり、純粋な絵画的フォルムはどこからその情感的調性を得てくるのだろうか。情感的調性は何に由来するのだろうか。

ここで思い出してもらいたいのは、前章で見た（そして、本章の最初でも取り上げなおした）アンリの「壁の暖かさ」の例である。アンリは、太陽で暖められた壁に関して、いわば常識に反して、「壁が暖かいのではない」と言っていた。私たちは通常、自分が感じる暖かさを「太陽の暖かさ」「ストーブの暖かさ」など対象に結びつけて考える（知覚・経験する）が、アンリはここで「壁が暖かいのではない」と言うことで、暖かさを対象（壁）から切り離しているのである。つまり、アンリは、カンディンスキーの抽象画と同じ観点——現出を現出者から切り離すという観点——から世界を見ていると言えよう。

そして、その上でアンリは次のように続けていた。「暖かいということは、暖かさを感受することを、その暖かさとしておのれ自身を感受することを意味する。おのれ自身を感受することだけが、生だけが、暖かさを感受し『暖かいということ』を認識し得るのである。」つまり、アンリは、対象から切り離された暖かさの由来を「おのれ自身を感受すること」としての「生」のうちに、生の情感性のうちに見ているのである。

同じことが純粋な絵画的フォルムについても言えるだろう。対象・意味・実用性から切り離された絵画的フォルムが強く情感的調性を響かせるのは、この調性（トナリテ）の現れが調性の感受、つまり、調性としておのれ自身を感受する生の自己感受にほかならないからである。海から切り離された群青色が「なごやかさ」を響かせるとすれば、それは、群青色を見ることで、生が自己自身をなごやかに感受しているからなのである。

では、この生とは何か。生ということでアンリは何を言わんとしているのか。先に、谷にしたがって、フッサールにおいて意識の非主題的な成分が現出以外にもうひとつあることを学んだ。それは意識（の志向性）のはたらきそのものだとされた。現出を現出者へ向かって突破するはたらきとしての意識（の志向性）そのものは、この突破においては主題化されない。しかし、アンリが生と呼ぶのは、この非主題的な成分としての意識の生にほかならない。フッサールは、現出者へ向かって現出を突破して、現出者を主題的に捉える意識（の志向性）のはたらきを明らかにしたが、アンリは、そのように現出者（対象・意味・実用性）へと突破する手前で、意識の生は、主題的でない仕方、つまり、情感的な仕方で、現出を、その響き（調性）を感受しており、そうした現出の響き（調性）の感受として自己自身を感受していると考えたのである。したがって、アンリにおける生とは、意識が現出者へ突破する手前で、諸現出との直接的な出会いにおいて感受している意識自身の生だと言えよう。

抽象画の「抽象」の真の意味

こうした考察を経て、いまやカンディンスキーの抽象画の「抽象」の真の意味が解明された。先には、「抽象」とは諸現出を現出者から切り離すことだとされたが、それはいわば通俗的な抽象の意味である。アンリの考察は、この諸現出が響かせる情感的調性を明らかにするとともに、さらに、この情感的調性が生の情感性にもとづくことを明らかにした。つまり、生の情感性こそが絵画の情感的内容を構成していることを明らかにしたのである。現出は現出者から切り離されることで情感的内容をもちうるが、そもそもそうした切り離しが可能なのは、現出の情感的内容が生の情感性に支えられているからだと言えよう。アンリは「抽象」の真の意味をここに見いだす。つまり、生の情感性に裏打ちされていること、〈生の情感的表現であること〉こそ抽象画の「抽象」の意味だとするのである。(24)

また、ここからカンディンスキーの抽象画の意図も見えてくる。生の情感性を表現することが「抽象」の意味ならば、「抽象画」とはまさに生の情感性の表現そのものにほかならない。カンディンスキーの『点・線・面』は、この情感性と純粋な絵画的フォルムの対応関係（カンディンスキーはこれを「内的必然性」と呼ぶ）に関する緻密な研究の成果である。ある感情を表現するのに、どのようなフォルムの構成が必要かが理解できれば、生を絵画で表現できる、つまり、見えない生を見えるようにできる。これがカンディンスキーの抽象画の意図だったのである。

アクチュアリティの情感的体験

だが、ここで問題にしたいのはこうしたカンディンスキーの意図ではなかった。むしろ問題なのは、カンディンスキーの抽象画の意図を手がかりにして、アンリが感情的な世界の現れをいかに理解しているかを解明することだったのである。

そこで、再び〈現出・現出者〉関係に立ち戻って考えてみよう。意識の志向性は現出を突破して主題的に現出者をめざすとされた。他方、現出は、現出者への突破の媒介として非主題的にしか意識されないと言われていた。

こうした現出者と現出の関係は、木村におけるものとこと、リアリティとアクチュアリティの関係に近いと言えよう。実際、現出者は意識の主題的な対象／客観を意味し、現出は――その原語であるドイツ語Erscheinenが動詞erscheinen（現出する）を名詞化したものであることからも分かるように――「現出すること」を、つまり、はたらきを意味している。はたらきである現出を主題的に対象化することは可能だろうが、その時、はたらきははたらきであること、ことであることをやめて、現出者に、ものに変換されてしまう。はたらきとしての現出はたえず突破されたもの、媒介として現れる以外にない。

だが、アンリが考えていたのは、このはたらきとしての現出、アクチュアリティとしての現出が、リアリティとしての現出者へ突破されるのに先立って、アクチュアリティの感情として、情感的調性として感受されてくるということである。情感的調性は生の自己感受にほかならず、この自己感受、情感性において、アクチュアリティは、リアリティに変換されることなく、アクチュアリティのまま現れてくる。

離人症の症状から学んだように、リアリティの経験の基盤にはアクチュアリティの体験がある。もちろん、このアクチュアリティの体験は、健康な状態では、リアリティの経験との共生関係のうちにあるが、このリアリティの経験を生ける経験にしているのはアクチュアリティの体験だった。アンリは、こうしたアクチュアリティの体験、情感的体験を経験の基盤として理解するのであり、そうした経験の基盤において成立している世界を「生の世界（monde-de-la-vie）」[25]と呼ぶのである。

生の世界としての日常世界

カンディンスキーの抽象画はこうした生の世界を絵画において表現したものにほかならない。カンディンスキーは、通常、リアリティへと突破されてしまっているアクチュアリティを、リアリティとの結びつきから切り離すことで、それに固有の情感的調性を強く響かせ、この調性と生との必然的な対応関係（内的必然性）にもとづいて、生の世界——彼が「コスモス」[26]と呼ぶ生の世界——を描き出したのである。

だから、カンディンスキーの抽象画は生の世界をいわば純化して表現したものなのだが、私たちが日常的に経験している世界だって決して情感的調性と無縁であるわけではない。日常的な世界においては、たいていの場合、アクチュアリティはリアリティへと突破され、周囲の世界はもっぱら対象／客観・意味・実用性として現れ、それによって、アクチュアリティの情感的調性はすっかり弱められてしまっている。しかし、それでもアクチュアリティは、この対象／客観・意味・実用性の実感を与えるものとして、経験の基盤に根を張っているはずである。アンリは、こうしたリアリティの世界の下層で感受されている世界を生の世界と呼ぶのであり、次のカンディンスキーの言葉を、この生の世界（カンディンスキーの言葉では「コスモス」）を表現したものとして理解するのである。

ありとあらゆる〈生命なきもの〉が震えはじめる。ただに、詩に詠まれる星や月、森や花のみではなく、灰皿の底にあるたばこの吸殻、路上の水たまりにちらりと見える、じっと耐えているズボンの白いボタン、一匹の蟻がしっかりとくわえながら、はっきりとはしないが重要な目的のため背たけのある草の間を曳きずってゆくしなやかな樹皮の小片、ふと気づいた手が伸びてきて、まだ束のままの仲間のページとの暖かい群居生活から無理矢理に引きちぎられるカレンダーの一ページ——悉くのものが、その顔を、その内奥の本質を、語るよりは往々にして沈黙することの方が多い秘められた魂を、私に見せるのだった。[27]

生の世界においては、たばこの吸い殻、ズボンの白いボタン、蟻が曳きずる樹皮の小片、カレンダーの一ページなど、なんの変哲もない身の周りの事物（「生命なきもの」）が「震えはじめ」、「秘められた魂」を見せる。こう言うと、単なる詩的表現か、錯覚か、形而上学的なレトリックか、と思われるかもしれないが、そうではない。私たちは、本章の最初で、コーヒーカップがなんだかよそよそしかったり、落ち着いた印象だったり、うきうきしていたりすることを確認した。つまり、コーヒーカップ（の形や色）は、実用的意味や対象／客観として現れてくるのに先立って、まずもって情感的な印象として感受されているのである。右のカンディンスキーの言葉は世界の諸事物のこうした情感的体験を表現したものだと言えよう。

世界は美学のカテゴリーの下に入る

生の世界とは、対象・意味・実用性としての世界の下層で、情感性において生きられた世界、つまり、情感的音色を響かせ、情感的色調によって彩られた世界である。そして、そうした世界が私たちの経験の基盤をなすなら、世界とは本質的に「美学のカテゴリー」の下に入ると言える。アンリは次のように述べている。

このようにして、生の世界、すなわち人間がそこで生活する現実的な世界も、そっくり美学のカテゴリーの下へ入るのであり、その下においてしか理解できないものとなる。それは、必ず美しかったり、醜かったりする世界なのである。それが美しくもなく、また醜くもない場合でも、世界は、他の美的規定とならぶひとつの規定として、いわば中間的中性的状態にあるのであって、その状態は、やはり世界が原理上定められている感受性のひとつの或る状態なのである。(28)

また、世界ではなく、自然が主語になっているが、次の言葉も同じ趣旨のものだろう。

自然もまた緊張の度合いの弛められた芸術作品である。〔……〕自然がわれわれに対して生み出す結果である知覚は、程度こそ弱いものではあっても美しさを、時どきのことかも知れないが、それでもやはり本質的な意味で持っている。(29)

もちろん、私たちの日常的世界や身の周りの自然がいつも美しかったり、醜かったりするわけではない。眼の前の赤鉛筆を見ても特になにも感じないし、公園の緑も特に心を惹きつけるわけではない。しかし、美しくも醜くもない「中間的中性的状態」もひとつの感情だし、また、そもそも周囲の事物の情感的調性は、その実用的意味で覆い隠され、程度を弱められているのが普通である。だから、私たちは周囲の事物にいちいち感動するというわけではないが、しかし、それでも、(離人症の症例で見たように、)まさにこの弱々しい情感的調性こそが、私たちに周囲の事物のありありとした実感を与えてくれているのである。

世界は合理的に現れるのに先立って、感情的に現れる

アンリにおいては、感情的な世界の現れこそが世界の経験の本質、その基盤をなすものだとされた。アンリの生の現象学における生の世界とは、まずは、この(程度の強弱は別にして)感情的に彩られた世界、感情が響きわたる世界だと言えよう。

アンリにとって問題であったのは、世界がいかにして合理的な(理性に適った)仕方で現れてくるかということではなかった。確かに世界は合理的秩序(例えば、実体と規定の関係、実体間の関係など)をもったものとして現れてくるし、プロト現象学が探究したのもそうした世界の合理的現出の根拠だったのだが、アンリが問題にしたのは、そうした「論理学のカテゴリー」の下に入る世界ではなかった。

アンリが考えていたのは、どうして世界はこれこれの合理的秩序において現れてくるのか、ではなく、「どう

して世界や諸事物は美しさや醜さをともなうことなしに私たちに現れてくることがないのか」[30]ということだった。アンリが問題にしたのは「美学のカテゴリー」の下に入る世界、私たちが、美しい、懐かしい、ほっとする、ぞっとする、よそよそしい、しゃくにさわる、などといった感情的な仕方で出会う世界だったのである。アンリは、すでに『現出の本質』で次のように述べていた。

世界は、まずわれわれに与えられ、次いで場合によってはわれわれの感情をかきたてたりわれわれを衝き動かしたり、あるいはわれわれを無関心のままにさせたりするのではない。世界がまさしくわれわれに与えられうるのは、われわれの感情をかきたてたりわれわれを衝き動かしたりするものとしてだけなのだ。[31]

世界がリアリティとアクチュアリティの共生関係であるかぎり、世界は確かにリアリティとして、合理的な秩序をともなったものとして現れてくる。しかし、そうした合理的な仕方で現れる世界も（程度の強弱の差はあれ）情感的な印象をともなわずに現れることはない。アンリが世界の根源的なあり方とみなしたのは、この情感的な印象に彩られた生の世界であった。そして、そうした生の世界に世界経験の基盤を見いだした点に、プロト現象学に対するアンリの生の現象学の特徴を見てとることができるのである。

第七章　手ごたえと共通感覚（木村敏）

生の世界のふたつめの側面

本章と次章では、生の現象学における世界の現れのふたつめの側面、すなわち、手ごたえ・抵抗感としての世界の現れについて見ていくことにする。

世界の現れはリアリティとアクチュアリティの共生関係をなすが、このうち、世界経験の基盤をなすのはアクチュアリティであり、アンリは、このアクチュアリティの世界を生の世界と呼んでいた。そして、前章では、この生の世界がもつ諸側面のうち、その情感的調性について考察したのである。

だが、生の現象学において、生の世界は単に情感的調性を響かせるだけでなく、同時に、手ごたえ・抵抗感としても現れてくるとされる。ただし、これは生の世界に切り離されたふたつの側面があるということではない。情感的調性としての世界はつねに同時に手ごたえ・抵抗感としての世界であり、これらは生の世界のふたつの抽象的な側面でしかない。

前章では、これらのうち、情感的調性の世界のみを切り離して検討したので、本章と次章では、手ごたえ・抵抗感としての世界をやはりそれだけ切り離して見ていくことにする（ただし、ふたつの側面の結びつきについても説明する）。まず、本章では木村敏の思想を中心に、そして次章では、ミシェル・アンリの身体論との関わりで、手ごたえ・抵抗感としての世界について見ていこう。

アクチュアリティの語義

生の世界はアクチュアリティの世界だから、ここでもやはり「アクチュアリティとは何か」が問題になるが、それを考えるために、まずは、木村がなぜものとことという概念に対応する現実性をリアリティとアクチュアリティと名づけたのかを確認することから始めたい。

木村は『心の病理を考える』のなかでこの点について説明している。木村によれば、リアリティ（reality）という語はラテン語のresに由来する。resは「もの、事物」という意味であり、そこからリアリティは「事物的・対象的な現実、私たちが勝手に作りだしたり操作したりすることのできない既成の現実[1]」だとされる。

それに対して、アクチュアリティ（actuality）はラテン語のactioに由来すると言われる。actioは英語のactionの語源で「行動、活動、行為」などを意味している。そこからアクチュアリティは、「現在ただいまの時点で途絶えることなく進行している活動中の現実、〔……〕それに関与している人が自分自身のアクティヴな行動によって対処する以外ないような現実[2]」だとされる。

ここで注目したいのは後者のアクチュアリティの意味である。右の説明から分かるように、木村は、このアクチュアリティという語を、それがactio、つまり、行動・活動・行為と関係するという理由で採用している[3]。リアリティが「もの、事物」としての現実であり、主体の行動と関わりなく現前する現実であるのに対して、アクチュアリティは〈主体がいかに行動するか〉と密接に関連した現実、主体の行動に応じて現れてくる現実だとされるのである。

可能的な行動の反映としての現実

だが、〈主体の行動と密接に関連した現実〉とは具体的には何を意味しているのだろうか。このことを理解するために、ここでベルクソンの思想を参照してみたい。

ベルクソンは、『物質と記憶』で、私たちの身の周りの事物が遠くに見えたり、近くに見えたりするのは（さらに、その大きさ、形、色、また、香りや音の程度が変化するのも）、その現れが私たちの行動のあり方を反映しているからだと述べている。(4)

具体例で考えてみよう。一〇メートル先にライオンがいたら、私は「こんなに近くに……」と感じるだろう。しかし、同じ一〇メートル先でも、それがお化け屋敷の出口なら、「まだあんなに遠い……」と感じるはずである。なぜだろうか。それは私がライオンから逃げようとしているからであり、また、一刻も早く怖ろしいお化け屋敷から抜け出そうとしているからである。

このように、知覚のあり方、というよりも、知覚される現実の現れ方は、私の行動のあり方と密接に関連している。このことをベルクソンは、「私の身体を取り囲む諸対象は、それらに対する私の身体の可能的な作用を反映している」(5)と言い表わす。「可能的な作用（action possible）」（この場合、「可能的な行動」と訳した方が適切だろうが）とは、私が〈いままさになそうとしている行動〉を意味している。(6)一〇メートルという距離は、私がそこから逃げようとするか、急いでそこへ行こうとするかによって、遠かったり、近かったりする。電車のなかでの隣人の話し声は、私が読書しようとするとうるさく、ただ風景を眺めていようとするなら気にならない。現実は私の行動のあり方を反映している。それは私の行動の下図を描いている。

もちろん、遠くも近くもない一〇メートル、あるいは、気にはなるがうるさいわけではない話し声だってあるだろう。しかし、それもやはり、それに対応した私の行動の反映である。逃げもせず、近づこうともしていないから、遠くも近くもないのである。

このように、現実を私の可能的な行動の反映とする理解は、木村におけるアクチュアリティの着想に近いと言えよう。(7) アクチュアリティとは、関与者のアクティヴな行動に応じて、活動的に、変化に富んで現れてくる現実であり、主体の行動のあり方を鏡のように反射させる現実なのである。

手ごたえ・抵抗感としてのアクチュアリティ

ところで、先の例で、逃げよう・抜け出そう・読書しよう・風景を眺めようとしている主体は、当然、身体的な主体である。関与者は身体的な行動で現実に関わるのであり、そこに現れてくるのがアクチュアリティである。そうしたことから、木村は、『異常の構造』のなかで、このアクチュアリティを「手ごたえ」、あるいは「抵抗感」とも規定している。木村は次のように述べている。

現実が真に現実的に「ありありと」、「真に迫って」感じとられるためには、〔……〕その感覚が「手にとるように」、明確に「つかみとられる」のでなくてはならない。つまりそこには単なる受動的な受容ではない、ある能動的な努力感を伴った行為の要素が含まれている。私たちの現実性体験には、疑いもなく一種の「手ごたえ」の印象がある。この抵抗感がなければ現実的という感じはでてこない。(8)

「ありありと」、「真に迫って」感じとられる現実とはアクチュアリティにほかならない。木村は、このアクチュアリティを、「ある能動的な努力感を伴った行為」によって「手にとるように」「つかみとられる」もの、したがって、たえず「手ごたえ」、「抵抗感」をともなうものだとするのである。

ふつう手ごたえ・抵抗感と言えば、何らかの身体的な接触によって生じる感覚を言うのだろうが、ここで木村がそう呼ぶのは、もちろん接触において生じる感覚を含みつつも、さらに広い意味をカバーしている。木村は次のように続けている。

しかしこの抵抗感は、実際に手で押してみて抵抗のある物体についてだけ感じられるものではない。私たちが音楽を聞いて感じる、しばしば圧倒的ですらある現実感の中には、音というような非物体的現象についての、やはりあきらかに一種の努力の感情をよびさます抵抗感が含まれている。また、私が真紅の花を見ている場合、私が花そのものよりもその色の鮮明さからより大きな印象を受けるということがある。そこで私にとってなまなましい現実として体験されているのは、花という物体ではなくて赤という色である。私に一種の努力感をよびさます抵抗は、むしろ非物体的な色そのもののうちにある。山の大きさに感動するとか、本の内容から感銘をうけるとかの場合にも同じことが言えるだろう。そこで現実的に体験されている現実性は、山そのもの、本そのものではなくて、その大きさであり、その思想なのである。(9)

木村が手ごたえ・抵抗感と呼ぶのは身体的接触において生じる感覚だけではない。それは、決して触れることのできない音、色、大きさのうちにも、さらには、思想のうちにも感じられる。そして、そうした手ごたえ・抵抗感が、これら音、色、大きさ、そして思想を「ありありと」、「真に迫った」ものとして感受させるのである。なお、ついでに指摘しておくと、木村がここで、「花そのもの」と「その色」を区別し、「山そのもの」と「その大きさ」を区別しているのは、リアリティとアクチュアリティを区別するためだと考えていいだろう。「花そのもの」、「山そのもの」は身体の行動とは疎遠な res（もの）としての現実であり、「花の色」や「山の大きさ」は身体の actio（行動）にともなって活動的に現れてくる現実である。

また、ついでにもう一つ指摘しておくと、この「花そのもの」と「花の色」、「山そのもの」と「山の大きさ」の区別は、前章で見たフッサールにおける現出者と現出の区別に対応すると言ってもいいだろう。私たちの日常的な知覚においては、「花の色」は突破されて、「花そのもの」がその意味や有用性において捉えられているが、そうした「花そのもの」から「色」だけが切り離されたとき、そこに圧倒的な現実感が感受される。このように考えれば、私たちがここで前章と同じ問題圏のなかにいることが分かる。

ものの実在性の手ごたえ・抵抗感

さて、木村の引用に戻って、さらにその続きを見てみたい。木村は次のように続ける。

この現実性の体験をつきつめてゆくと、窮極的にはその知覚対象の実在性の体験にまで到達する。あるものの色や大きさが現実的に経験されるというだけではなくて、そのものが「ある」ということそれ自体が現実として経験されるという場合、それはもはや実在性についての体験領域に属することがらである。知覚に伴う一種の抵抗感は、単に知覚対象の一定の感覚質の現実性を保証するだけのものではなく、窮極的にはその対象全体の実在性を保証するものである。(10)

木村は、手ごたえ・抵抗感を、単に身体的接触によって生じる感覚だけでなく、非接触的な諸感覚、あるいは、事象の非接触的な現れ方にも認めていたが、ここではさらにそれが拡大される。つまり、木村は、事物の「あること」それ自体が手ごたえ・抵抗感として感受され、しかも、それがその事物の「実在性」を、つまり、その事物の〈ありありと、真に迫った「ある」〉の実感を与えるとするのである。

実際、木村は、右の引用に続く文章のなかで、こうした「実在性」の、つまり、こうした〈ありありと、真に迫った「ある」〉の喪失こそが離人症の症状にほかならないと述べている。[11] 離人症における現実感消失とは、この手ごたえ・抵抗感として現れてくる現実の消失だとされるのである。

木村は、離人症者が消失させた現実をアクチュアリティと呼んだが、ここでの木村の引用から、このアクチュアリティの内実がよく理解できるだろう。それはまず、身体の行動に対応して現れてくる現実であり、手ごたえ・抵抗感として感受される現実である。この手ごたえ・抵抗感は、接触的な感覚（触覚）はもとより、非接触的な感覚（視覚、聴覚等）においても、さらには、事物の実在性の体験においてもはたらいており、それが感覚や事物の経験を「ありありと、真に迫った」アクチュアリティの体験にしているのである。

努力の感情・努力感とは……

さて、ここまで少し長めに引用してきた木村の言葉のなかにひとつ気になる表現がある。それは「一種の努力の感情をよびさます抵抗感」、「一種の努力感をよびさます抵抗」といった表現である。いま見たように、木村は、アクチュアリティを身体的な行為にともなって感受される手ごたえ・抵抗感として理解するのだが、これらの表現は、この抵抗感が「努力の感情」、「努力感」を呼びさますと述べているのである。

もちろん、この努力の感情・努力感は、アクチュアリティの構成要素であるactio、つまり、身体的な行為・行動を発動させる努力の感情なのだろうが、どうやら木村のうちには、この努力の感情に関する詳細な分析はみられない。木村は、音楽や花の色の圧倒的な現実感が一種の手ごたえ・抵抗感であり、したがって、それが身体的な努力感をよびさますと言うのだが、そうした圧倒的な現実感を発現させる身体的な努力が具体的にどのようなものかについては詳しく論じていないのである。[12]

よって、とりあえずこの問題は棚上げにしておいて、「アクチュアリティとは何か」ということでのテーマに絡むもう一つの問題へと視線を移そうと思う。身体の努力感、努力の感情という懸案については、次の第八章で、アンリの身体論について考察するなかであらためて検討することにしたい。

手ごたえ・抵抗感は共通感覚でもある

「アクチュアリティとは何か」というテーマに絡むもう一つの問題について考えるために、再度、先に引用した木村の言葉に戻ろう。ただし、先にはあえて省略した部分を今度は省略せずに引用してみる。

現実が真に現実的に「ありありと」、「真に迫って」感じとられるためには、視覚的にせよ聴覚的にせよ、あるいはその他の感覚領域における現実にせよ、すべてその感覚が「手にとるように」、明確に「つかみとられる」のでなくてはならない。（傍線部分が前回の省略部分）

「手にとるように」「つかみとられる」感覚、つまり、手ごたえ・抵抗感は、触覚だけでなく、視覚、聴覚、あるいは、その他の感覚においても生じると言われている。つまり、先に見たとおり、音楽を聞いても、花の色や山の大きさを見ても、あるいは、匂いを嗅ぎ、味を感じても、私たちはそこに手ごたえ・抵抗感を感じとる。匂いや味だって、それが私たちに圧倒的に迫ってくるような場合には、まさに匂いや味の手ごたえが感じられるだろう。

これは比喩ではない。つまり、視覚、聴覚、嗅覚、味覚の諸感覚が、手ごたえという触覚の比喩で語られているというのではない。この手ごたえ・抵抗感は触覚を含めたすべての個別感覚に共通して感じとられる何かだと言えよう。それは、どの個別感覚（視覚、聴覚、触覚、嗅覚、味覚）でもないが、しかし、あらゆる個別感覚において感じとられる何かである[13]。

アリストテレス（Aristotelēs, BC384–322）以来、この何かは「共通感覚」と呼ばれてきた。木村もやはり、手ごたえ・抵抗感と規定した何かを共通感覚と解釈し、その意味と内実をアリストテレスに倣って、また、アリストテレスを敷衍する形で考察している。

アリストテレスにおける共通感覚のふたつの観点

木村によれば、アリストテレスは共通感覚をふたつの観点から語っている。それぞれの観点を整理すると次のようになる。

（1）視覚、聴覚、触覚、嗅覚、味覚のいずれもがもっている、感覚対象の運動、静止、形、量、大きさ、数などについての感覚。

（2）視覚、聴覚、触覚、嗅覚、味覚などの個別感覚それぞれに対して、それらの感覚それ自体をさらに感覚するより根源的な感覚。例えば、「白い」と「甘い」を比較可能にしている感覚[14]。

詳しく説明しよう。まず（1）について。私たちはものの動きをどうやって感覚しているだろうか。例えば、眼の前のおもちゃが動いていることは、見ても、触っても、また、動作音を聞いても感じることができる。また、匂いが強くなることで食卓が近づいていることが感じられるし、チューインガムの薄まった味から口のなかの刺激が変化（動き）を止めたことを感じる。このように、運動は視覚、聴覚、触覚、嗅覚、味覚いずれによっても共通に感じられる。静止、形、量、大きさ、数についても同じことが言える。このように、共通感覚とは、まず第一に、いわゆる五感が共通にもつ感覚を意味する。[15]

次に（2）について。これについては右に挙げた「白い」と「甘い」でなく、別の例で考えてみよう。岡田暁生は『音楽の聴き方』のなかで、一流指揮者がリハーサルで使う言葉を紹介している。それはもちろん、オーケストラの奏者に音の指示を出すための言葉なのだが、例えば、「四〇度くらいの熱で、ヴィブラートを思い切りかけて」（ムラヴィンスキー）とか、「いきなり握手するのではなく、まず相手の産毛に触れてから肌に到達する感じで」（クライバー）などといった表現を使うというのである。[16] 音を指示するのに、ムラヴィンスキーは熱の感覚を喚起し、クライバーは触覚を喚起している。しかも、オーケストラの奏者でなくても、私たちですら、こうした言葉から何らかの音を感じとるのである。

なぜこうしたことが可能なのだろうか。それは「産毛に触れてから肌に到達する」ときに感じられる印象が、ある音を聞いたときに感じられる印象と比較可能だからだろう。つまり、ある触覚から感じられる印象と、ある聴覚から感じられる印象とを比較することができるからだろう。しかし、このふたつの印象を比較しているのは触覚でも聴覚でもない。それは、いわばそれら個別感覚の背後にあるより根源的な感覚である。この根源的な感覚、これがふたつめの観点からとらえられた共通感覚である。

共通感覚のふたつの観点はひとつに収斂する

だが、木村によれば、こうしたアリストテレスにおける共通感覚のふたつの観点はあるひとつの観点に収斂する。[17] つまり、帰するところ、ふたつの観点は同じことを表現していると言うのである。どういうことだろうか。

先の（1）の観点では、視覚、聴覚、触覚、嗅覚、味覚のいずれもが、それに固有の感覚内容をもちつつも、共通して運動を感覚しているとされたが、このときの運動とは何を意味するのだろうか。それは見られ、触られ、聞かれ、さらには、嗅がれ、味わわれもするのだから、決してA地点からB地点への運動のようなものではない。むしろ、それは、何かを見たり、触ったり、聞いたり、また、その匂いを嗅いだり、味わったりするときに感じられる特殊な印象（例えば、ある種の〈勢い〉の印象のようなものかもしれない）であって、私たちは、それらの個別感覚を介して共通に感受されるこの印象を「運動」という名で呼ぶのだろう。

大きさについても同じである。「机の大きさ」、「音の大きさ」、「大味」などと言うときの「大きさ」は、やはり面積の大きさには還元されない。むしろ、それは、私たちが何かを見たり、触ったり、聞いたり、さらには味わったりするときに共通して感じとるある独特な印象（この場合は、ある種の〈規模〉の印象のようなものかもしれない）であって、このような諸感覚を介して共通に与えられるこの印象を私たちは「大きさ」という名で呼ぶのである。

こう考えると、先の観点（1）と観点（2）が重なることが分かる。視覚、聴覚、触覚、嗅覚、味覚において共通して感じられる運動／大きさは、それぞれの個別感覚をその背後で根源的に感じとっている感覚によって捉えられた独特な印象なのだから、観点（1）の「運動／大きさの感覚」というのは、結局、観点（2）の「個別感覚よりも根源的な感覚」にほかならないことになろう。

実際、先に、観点（2）について、「産毛に触れてから肌に到達する」という触覚が呼びさます印象が、ある音の聴覚的印象と比較されて、そこに共通性が感じられる、と言ったが、同じことを、観点（1）で言及された運動についても確認できる。落下運動を見ることで生じる印象が、他の個別感覚から生じる印象と比較されて、そこに共通した印象を感じとるからこそ、私たちは「味が落ちる」、「香りが落ちる」などと表現するのである。

さらに言えば、この共通感覚は、単に個別感覚（視覚、聴覚、触覚、嗅覚、味覚）から受ける共通の印象について言われるだけではない。例えば、私たちは「城が落ちる」、「名声が落ちる」、「試験に落ちる」、「腑に落ちる」などと言う。これらの表現で、ふつうは落下運動を表わす「落ちる」という言葉が使われるのは、これらの事態に居合わせたときに私たちが感じとる印象が、落下運動を見たときに感じる印象と比較され、そこに共通性が感受されるからだろう。[18]

また、岡田は、先に紹介した指揮者の表現以外にも、チェリビダッケが「おしゃべりな婆さんたちが口論している調子で」[19]と指示を出していることを紹介している。これもやはり、「おしゃべりな婆さんたちが口論している」場に自分が居合わせたときに感じられる印象と同じ印象を音で再現しろと指示しているのであって、オーケストラの奏者は、この表現が喚起する印象からある音調を感じとり、それを楽器で表現するのである。共通感覚はこんなところでもはたらいているのである。

共通感覚と情感性

こうした共通感覚に関連して、さらに確認しておきたいことがある。それは、諸々の感覚や体験が喚起する諸印象を比較可能にする共通感覚がそれ自体いかなる内実をもつかという問題である。

前章で、コーヒーカップの鮮やかな色彩が「うきうきした感じ」を与えるという例を挙げた。つまり、視覚的な感覚としての色彩の鮮やかさが「うきうきした感じ」という情感的調性を与えるのである。この例に関して、まず確認したいのは、色彩は見えるが「うきうき」は見えないということである。つまり、「うきうき」は個別感覚の対象ではない。また、「うきうき」は個別感覚の対象ではないが、しかし、諸々の個別感覚や体験のうちに共通して情感的な仕方で感受されうる。例えば、私たちは、陽気な音楽を聞くことで、あるいは、キャンディーの甘さから「うきうきした」情感的な印象を感じるだろうし、また、遠足の準備をしながら「うきうきした気分」になるだろう。

では、鮮やかな色彩、陽気な音楽、キャンディーの甘さなどの個別感覚、さらには、遠足の準備という体験を、その背後からより根源的に感覚し、そこで受けとられる諸印象を比べて、それらを共通して「うきうき」として情感的に感受しているものとは何か。もちろん、それが共通感覚にほかならない。

すると、共通感覚とは情感的調性の感受のこと、つまり、情感性そのものであることになろう。[20]共通感覚は種々雑多な個別感覚や個別体験から感じられる諸印象を相互に比較可能にする感覚だとされたが、多様な感覚や体験が相互に比較可能なのは、それらがいずれも情感的に感受されているからであり、この情感的感受というプラットフォームにもとづいて、多様な感覚や体験が互いに比較可能になるのだろう。例えば、「リンゴが落ちる」、「味が落ちる」、「城が落ちる」といういずれの表現においても「落ちる」が使われるのは、それらが表現する感覚や体験から私たちが何か共通した感情を感受するからであろう。共通感覚とは情感性の別名であり、共通感覚の内実は情感性のうちに、生の自己感受のうちにあると言えるだろう。

共通感覚と手ごたえ・抵抗感

さて、再び木村による共通感覚の説明に戻って、今度は、本章の前半で見た手ごたえ・抵抗感と共通感覚の関係について検討したい。

先に、アリストテレスにおける共通感覚の観点（2）を整理したところで、『白い』と『甘い』を比較可能にしている感覚」と書いたが、木村はこの点について次のように説明している。

「甘い」は通常、味覚の表現だが、同時に「世間のきびしさを知らない若者」、「子供をやさしく抱いている母親の感触」、さらには「ロマンチックなヴァイオリンの音色」などについても言われる。また、「白い」も、通常は色の視覚の表現だが、同時に、誰もが議題に無関心な会議場の「しらけた」雰囲気や、みえすいた嘘を平気でつく人の「しらじらしさ」についても言われる。[21]このように「甘い」が味覚に収まらず、「白い」も視覚に収まらないことを説明した上で、木村は次のように続ける。

「甘い」にも「白い」にも、それが味覚や視覚とはまったく別種の感覚領域に転用されても通用するだけのプラス・アルファが、つまりこれらの表現をそのまま他の感覚領域に移しかえても〔……〕、それ自身は同一のままにとどまりうるような、なにかの感触がある。この感触にもとづいて考えた場合には、ふつうは相互に比較したり区別したりできないはずの「甘い」と「白い」とを、共通の基盤の上で比較し、区別することができることになる。アリストテレスが「白い」と「甘い」とを感じわける感覚だといった「共通感覚」とは、実はこのような「感触」のことと考えてよい。[22]

ここで注目したいのは、右の引用の「感触」という言葉である。それは共通感覚と同一視されているのだから、決して個別感覚としての触覚を意味するのではない。それは、触覚にも、そして、その他のどの個別感覚にも含まれた感触を意味している。例えば、オーケストラの奏者にある音調を指示するために、クライバーが、その音調がもつ感触と同じ感触を与えるものとして見つけたのが、「産毛に触れてから肌に到達する」という触覚だったのである。

さて、ここで思い出してもらいたいのは、本章の前半で引用した言葉のなかで、木村が、現実を真に現実的に「ありありと」、「真に迫って」感じさせる手ごたえ・抵抗感が、触覚だけでなく、視覚、聴覚、あるいは、その他の感覚においても生じている、と述べていたことである。音楽や花の色や山の大きさの現実感を与えているのは、それらの感覚がもつ手ごたえ・抵抗感であり、音、色、大きさは、感覚としては異なるのに、そこから受ける手ごたえ・抵抗感としては、同じようにありありとした現実感を感受させるのである。

これは、「机の大きさ」、「音の大きさ」、「大味」が、それぞれ視覚、聴覚、味覚という異なった感覚によって感じられるにもかかわらず、それらの根底にある共通感覚／感触によって、何らかの「大きさ」が感受されるのと同じことだろう。また、コーヒーカップの鮮やかな色彩、陽気な音楽、キャンディーの甘さ、そして、遠足の準備が、それぞれ別の感覚・体験によって感じとられているのに、それらの根底にある共通感覚／感触によって、ある種の「うきうき感」が感受されてくるのと同じことだろう。

要するに、ここで感触と言われているのは、先に手ごたえ・抵抗感と言われていたのと同じものであり、したがって、共通感覚とは、諸々の個別感覚がはたらきだすのに先立って、より根源的に、ものの手ごたえ・抵抗感を感受し、それによって、ものの現実感をありありと、真に迫って実感させている感覚だと言えるだろう。いや、それは共通感覚とは呼ばれていても、本当は感覚ではないだろう。先に見たように、共通感覚は、結局、前章で見た情感性と同じものだった。つまり、共通感覚は「感覚」とは呼ばれていても、実は情感性だと考えるべきである。情感性においてこそ、現出がもつ情感的調性がありありと、真に迫って実感されるのであり、この情感的に実感されている現実性こそ、ここで木村が手ごたえ・抵抗感として析出しているものにほかならないと言えよう。

生の世界の実態

さて、こうして、私たちはアクチュアリティの世界としての生の世界の実態にかなりの程度迫れたのではないだろうか。前章で見たように、それは確かに感情の世界なのだが、感情的にありありと真に迫って現れてくる生の世界は、同時に、あらゆる個別感覚の手前で、手ごたえ・抵抗感として与えられてくる世界であった。つまり、私たちが、共通感覚によって、砂糖の味に、世間のきびしさを知らない若者に、子供をやさしく抱いている母親の感触に、そして、ロマンチックなヴァイオリンの音色にある種の「甘さ」を感じとるとき、この「甘さ」は情感的に感受され、また同じことだが、手ごたえ・抵抗感として感触されているのであって、この情感的な感受＝手ごたえ・抵抗感が「甘さ」をありありと、真に迫った現実にしているのである。

だが、離人症においては、まさにこうした現実感が、アクチュアリティが消失してしまうのであった。離人症において欠落しているのは共通感覚であり、[23] また、この共通感覚としての情感性／手ごたえ・抵抗感によって、ありありと現実味をもって与えられるアクチュアリティである。そして、離人症者が失ってしまったこのアクチュアリティの世界こそ、アンリが生の世界と呼んだものなのである。

アンリの身体論へ

さてそれでは、さらに遡って、こうした手ごたえ・抵抗感の由来を問わなければならないだろう。音楽、花の色、机の大きさ、おもちゃの動き、砂糖の甘さ、会議場のしらじらしさなどをありありとした現実として感じさせてくれる手ごたえ・抵抗感はどこから・いかに生じてくるのだろうか。

この問いに答えるためには、先に見たように、こうした抵抗感が「よびさます」と言われた「努力の感情」、「努力感」へと考察を進めていく必要がある。この努力の感情・努力感は、手ごたえ・抵抗感・感触などの概念が——決して触覚的感覚を意味するのではないとしても——身体の受動的な感受を示唆することからして、やはり身体的な努力の感情、身体的な努力感を意味すると理解するのが妥当だろう。しかし、先にも述べたように、木村の思想のなかにはこの身体的努力についての詳細な議論はみられない。

そこで、私たちは、この身体の努力感という懸案のバトンをミシェル・アンリに託そうと思う。アンリは、世界の原初的な現れ方を抵抗のうちに見いだし、身体を、そうした抵抗と相関関係にある努力と規定して、独自の身体論を展開している。次章では、そうしたアンリの身体論をじっくりと検証してみたい。

第八章　努力する身体・抵抗する世界（アンリ）

離人症患者が失った身体

前章で見たように、木村敏は、離人症者が失ったアクチュアリティとしての現実をactio、つまり、行為・行動と密接に結びついた現実だとしている。この行為・行動とは、当然、身体の行為・行動を意味している。では、アクチュアリティとしての現実と密接に結びついた身体とはどのようなものか、それがここでの最初の問題である。

ＤＳＭ－５における「離人感」に関する記述においても、次のような診断基準が記されていた。

自らの考え、感情、感覚、身体、または行為について、非現実、離脱、または外部の傍観者であると感じる体験（例：知覚の変化、時間感覚のゆがみ、非現実的なまたは存在しない自分、情動的および／または身体的な麻痺）（強調は筆者）

つまり、離人症患者にとっては、自分自身の身体や行為が、非現実的に、あるいは、あたかも外部の傍観者にとっての身体や行動であるかのように現れてきているのである。実際、第三章で確認した離人症患者の証言のなかにも次のようなものがあった。

患者A：「私の身体もまるで自分のものでないみたい。だれかの身体をつけて歩いているみたい。」

患者C：「ベッドで横になっているのに、ベッドの中にいない感じなんです――ベッドの中で（ときどき）宙に浮いているような感じになります。」「私は生きていません。私のからだが生きているという感じがしません。からだの動きが感じられないのです。」

こうした証言からも、離人症患者にとって自分の身体が、自分のものでありながら、まったく疎遠なものになってしまっていることが分かるだろう。

では、アクチュアリティとしての現実を消失させた離人症患者が失ってしまった身体とはどのような身体なのだろうか。

主観的身体

木村は、離人症の現実感消失について、患者は「他の人たちと共通の、いわば『公共的』な世界の実在が自分の『私的』な世界で失われているだけだというはっきりした自覚を持っている」[1]と述べているが、同じことが「身体の実在」についても言えるだろう。患者は、周りから見れば、他の人と同様、自分もちゃんと自分の身体をもっていることを自覚しているのだが、その身体に対して「自分のもの」という実感がもてず、「だれかの身体をつけて歩いている」ように感じるのである。

ただし、「だれかの身体をつけて歩いている」と言っても、それは、そのような仕方で身体をありありと実感しているということではない。それはむしろ、自分の身体が他人の身体のように疎遠なものとして現れてくるということ、つまり、自分の身体を一人称的に感じとれず、三人称的にしかとらえられないということである。自分自身の身体から一人称性、主観性が失われているのである。

したがって、離人症患者が失った身体は主観的身体だと言えよう。それは決して公共的・客観的身体ではない――逆に、患者は自分が公共的・客観的身体をもつことは自覚している――。公共的・客観的身体をリアリティとしての身体と呼ぶなら、主観的身体はアクチュアリティとしての身体と呼んでいいだろう。つまり、actio としての、主観的な行為・行動・努力としての身体である。

では、この主観的な行為・行動・努力としての身体、主観的身体とはどのような身体だろうか。前章で述べたように、ここでは、この問題を、木村を離れて、ミシェル・アンリに沿って検討したい。

コンディヤックの立像

アンリにおける主観的身体の意味を確認するために、アンリが『身体の哲学と現象学』のなかで取り上げている、メーヌ・ド・ビラン (Maine de Biran, 1766–1824) によるコンディヤック (Étienne Bonnot de Condillac, 1715–1780) 批判を考察の出発点にしたい。ただし、この批判を取り上げるのは、あくまで主観的身体の意味を確認するためなので、ここではこの批判そのものの意味について検討することは控えておく。

まず、コンディヤックの主張を確認しておこう。コンディヤックは感覚主義の立場に立つ人で、ロック (John Locke, 1632–1704) の経験主義をいっそう徹底させ、人間の精神のはたらきを受動的な感覚にもとづくものとし、注意や想起といった精神の能力も「変容された感覚」として後天的に獲得されたものだと考えた。

彼は、こうした感覚主義の主張をいわば立証するために、『感覚論』のなかで、しばしば「コンディヤックの立像」と呼ばれる有名な思考実験を行っている。コンディヤックの立像とは、人間と同じ内部組織をもつが、すべての感覚器官を奪われた架空の大理石像で、コンディヤックは、この立像に、まず嗅覚だけを与え、次に嗅覚を取り去って、聴覚を与え、次に味覚を、そして視覚を……というように、順次、諸感覚を与えたり、組み合わせたりして、いかにして人間の認識が形成されるかを検証しようとしたのである。

コンディヤックにおける自己の身体の認識

アンリが取り上げるメーヌ・ド・ビランのコンディヤック批判は、この立像がいかに自分の身体を認識するようになるかという問題を扱った箇所に関わる。

コンディヤックによれば、立像は、嗅覚、聴覚、味覚、視覚だけしかもたない場合には、その感覚内容を外部の状態としてとらえることができず、自己の内的状態の変容としてとらえるしかない。例えば、嗅覚しかもたない立像にバラの香りを嗅がせると、立像にとってのバラの香りは外部の状態ではなく、内的状態の変容でしかないので、立像自身がバラの香りになってしまうとされる。(2) 同じことが他の感覚についても言えるし、二つ以上の感覚が組み合わされても同じである。

では、こうした立像が自己の内的状態から出て、外部をとらえるのはどのようにしてか。コンディヤックは触覚がはじめてそれを可能にすると言う。ここでコンディヤックが触覚ということで考えているのは固さの感覚である。固さの感覚がはじめて自己の内的状態とは区別された外部を与えるのである。(3)

コンディヤックにとって身体は決して内的状態ではないから、やはりそれも固さの感覚によって与えられることになる。固さの感覚によって、立像は、外部の物体と自己の身体を知るようになる。身体と物体の区別は、自我が、触る側と触られる側の両方に発見されるか、それとも触る側にしか発見されないかの違いである。(4) もちろん、前者が身体、後者が外的物体である。

だから、自己の身体は固さの感覚である触覚によって知られることになる。手が自分の胸を触り、頭を触り、腕を触り……と連続して触っていくことで、連続した固さの感覚が与えられ、そのようにして自己の身体が連続した全体として認識されるようになるのである。(5)

メーヌ・ド・ビランのコンディヤック批判

アンリによれば、メーヌ・ド・ビランはこうしたコンディヤックの思想を批判している。いま見たように、コンディヤックは手――触覚の器官としての手――をいわば自己の身体を発見するための道具だと考えたのだが、しかし、メーヌ・ド・ビランは、この〈自己の身体を発見する道具〉としての手がすでに自己の身体ではないかと問うのである。コンディヤックは「説明すると主張する当のものを前提している(6)」と。

かりに手が道具となって、胸、頭、腕が自己の身体として発見されるのだとしても、道具を道具として使用できるためには、それについて知っていなければならない。ならば、発見される胸、頭、腕以前に、発見する道具としての手が知られ、認識されていなければならない。では、この手はどうやって認識されるのか。(7)

メーヌ・ド・ビランはこのようにコンディヤックを批判する。自己の身体の認識として本当に問われるべきなのは、〈手によって発見される身体〉の認識ではなく、〈発見する手〉の認識、つまり、〈発見する手〉がいかにして自分自身に知られるか、だとするのである。(8)

すでにお気づきのことだろう。いま〈発見される身体〉と呼んだのが客観的身体のことであり、〈発見する手〉と呼んだのが主観的身体のことである。客観的身体とは、発見するはたらきである手によって対象/客観として見いだされた身体であり、主観的身体とは発見するはたらきそのもの、認識するはたらきそのものとしての身体である。だから、木村の用語を使えば、客観的身体＝ものとしての身体・リアリティとしての身体、主観的身体＝こととしての身体・アクチュアリティとしての身体と言ってもいいだろう。

ここからメーヌ・ド・ビランによるコンディヤック批判の意味も鮮明になってくる。コンディヤックが自己の身体ということで客観的身体しか考えていなかったのに対して、メーヌ・ド・ビランは、〈発見する手〉を問題にすることで、主観的身体を議論の俎上にのせた。主観的身体は、客観的身体を構成するものとして、客観的身体に先立って認識されていなければならない。では、この主観的身体の認識はいかにして可能なのか。メーヌ・ド・ビランが、そして、メーヌ・ド・ビランを通してアンリが問うのはこうした問題なのである。

主観的身体と情感性

よって問題は、主観的身体がいかに認識されるか、である。コンディヤックが言うように、客観的身体が主観的身体によって認識されるにしても、それと同じ枠組みで主観的身体の認識を理解することはできない。なぜなら、主観的身体は、再び別の主観的身体によって認識されるなら、もはや主観的身体ではなく、客観的身体になってしまうからである。

具体的に言おう。例えば、右手がはじめて胸を発見するかぎり、発見する右手が主観的身体であり、発見される胸が客観的身体である。だが、この右手に左手が触れるならどうなるだろうか。右手が主観的身体として認識されることになるだろうか。そうではない。その時には、右手を認識する左手が主観的身体になって、さっきまで主観的身体だった右手は、左手に認識されることで、今度は客観的身体として現れてくることになる。主観は認識されることで客観に変わる。それは、ことが対象／客観にされることでものに変わるのと同じである。

すると問題は、主観的身体はいかにして主観のまま自己に認識されるのか、ということになる。言い換えれば、アクチュアリティとしての身体が、リアリティに変換されずに、いかにしてアクチュアリティのまま現出しうるのか、ということである。アンリはこの問いにいかに答えるのか。

すでにアンリの思想を学んできた私たちにとっては、この問いに対するアンリの回答は十分に予想可能だろう。第五章で、私たちは、知覚と感情を区別して、前者が距離をおいた対象の認識、後者が距離なしの自己認識であることを確認した。しかも、感情は、対象を知覚する主観の自己感受として、この知覚のはたらきそのものの前提をなすことも見た。

同じことが主観的身体についても言えるだろう。主観的身体は客観的身体や客観的世界を発見するはたらきである。それはそれらの客観を距離をおいて認識する。だが、こうした主観的身体のはたらきそのものは、感情において、距離なしに自己自身に感受されているはずである。これは距離なしの直接的な認識だから主観を客観に変換することがない。サルトルは、眼の痛みにおいては見ることがそのまま自己に感受されると言っていたが、身体のはたらきは、感情において、そのはたらきのまま自己に現れ、与えられてくると言える。

アンリは「主観的身体はいかに認識されるか」という問いに対して、こうした主観的身体の情感的な自己感受、自己贈与で答える。しかも、アンリは、こうした自己感受を主観的身体の存在を根源的に支える構造として理解するのである。

可能力としての根源的身体

ところで、そもそも主観的身体とは具体的にはどのようなものなのだろうか。それは決して対象／客観としては現れてこないはたらきとしての身体だから、例えば、運動会で懸命に走っている時の私の身体、カラオケで夢中に歌っている時の私の身体、微かなバラの香りを感じとろうとしているときの私の身体といったものだろう。もちろん、明確にそれと分かる行為をしていなければ主観的身体でないというわけではない。なにもせずソファーに横たわっているときの私の身体も、対象化されていなければ、主観的でありうる。

このように主観的身体のはたらきには無限のバリエーションがあるが、その基本型になるのは、やはり行動すること、そして、感じることだろう。それは主観的身体の能動的側面と受動的側面と表現してもいい。主観的身体は、その行動・運動によって世界にはたらきかけるものであると同時に、その感覚器官によって世界からの様々な刺激を被るものでもある。主観的身体には、能動・受動というわば相反するふたつの側面があると言えよう。

だが、アンリは、このようにいっけん相反する主観的身体のふたつの側面にはある共通性があるとする。しかも、その共通性をふたたび行為・運動・力・努力などと規定する。どういうことだろうか。

アンリは、この共通性としての行為・運動・力・努力を「可能力（le pouvoir）」[9]と呼んでいるので、ここでもこの言葉を使おう。可能力は主観的身体の能動的側面と受動的側面の共通性なのだから、決して能動的側面と同一視されることはないし、また、受動的側面と対立してもいない。それは、いわば主観的身体の能動的側面と受動的側面の根底にあって、そもそも両者を可能にしている根源的な力として理解されている。

しかも、アンリは、この能動・受動の根底にある根源的な力にこそ主観的身体の本質が存するとして、そうした観点からとらえられた主観的身体を「根源的身体（coprs originaire）」とも呼んでいる。では、この可能力としての根源的身体とはどのようなものだろうか。

個別的行為と可能力

まずは、可能力の意味を主観的身体の能動的側面との関係で見ていこう。

主観的身体は、その個別的な行為・運動において、能動的に世界の諸対象と関わりあっている。例えば、私はコップで水を飲んだり、洗面器で顔を洗ったり、サッカーボールを蹴ったりする。だが、アンリが可能力ということで考えているのは、どの個別的な行為・運動にも還元されないが、しかし、どの個別的な行為・運動でもあるようなものである。

「サッカーボールを蹴る」というのは、私の身体の個別的な行為である。だが、いうまでもなく、「サッカーボールを蹴る」が私の身体の運動そのものではない。私の身体は、「サッカーボールを蹴る」以外にも、「コップで水を飲む」し、「洗面器で顔を洗い」もする。その他、「植木に水を遣る」し、「ロウソクに火をつけ」もする。要するに、身体の個別的行為には無限のバリエーションがあるが、それら個別的行為のすべてを「できる」のが私の身体の運動そのものである。アンリが根源的身体の本質として理解する可能力（le pouvoir）とはこの「できる（pouvoir）」にほかならない。

つまり、根源的身体の可能力とは、様々な個別的行為・運動という形で、世界にはたらきかける能力一般、〈世界にはたらきかけることができる〉一般だと言えよう。可能力とはそうした〈世界と関わりうる力〉そのものであり、「世界が私に与えられる実在的かつ具体的な可能性（possibilité）」[10]である。つまり、世界と関わること、世界が与えられることを根源的に可能にしているのが根源的身体であって、それを基盤にしてはじめて諸々の個別的行為・運動が遂行されうるのである。

具体的に言い直せば、そもそも根源的身体が〈世界にはたらきかけることができること〉という可能力そのものだから、あるいは、それが〈そもそも世界が私に与えられうることそのもの〉だから、それを前提にしてはじめて、サッカーボールを蹴ったり、水を飲んだり、洗面器で顔を洗えたりする、ということである。これら個々の個別的行為は、根源的身体の可能力が状況に応じて具体化されたものだと言えよう。

感覚の根底にある可能力

では、こうした根源的身体の可能力が主観的身体の受動的側面の根底にもあるとはどういうことだろうか。先にも述べたように、主観的身体は行動するだけでなく、感じるものでもある。それは見たり、聞いたり、触ったり、嗅いだり、味わったりする。通常、こうした感覚は外界からの刺激を単に受動的に受け取っているだけだとされる。実際、誰であろうと、赤色の刺激のないところで、能動的・自発的に赤色を見たり、カレーの香りのしないところで、能動的にカレーの香りを嗅ぐことはできないだろう。赤色を見たり、カレーの香りを嗅ぐためには外界からの刺激が必要である。

だが、アンリは、こうした受動性が機能するためにも、その根底にある種のはたらき・運動が必要だと言う。つまり、「感じること」は「感じるはたらき（acte de sentir）」を前提すると言うのである[11]。例えば、触覚の場合を考えてみよう。指先をツルツルした机の表面に置いてみてほしい。ただ指先を机の表面に置いただけでは机のツルツルさは感じられない。机の上に置いた指先を左右に動かすことではじめてツルツルさが感じられる。つまり、触覚がはたらくためには身体の運動が必要なのである[12]。

似たようなことが他の感覚についても言える。視覚がはたらくためには視線の運動が、嗅覚がはたらくためには呼気の運動が、そして、味覚がはたらくためには舌の運動が必要だろう。また、メーヌ・ド・ビランは、聴覚がはたらくためには発話運動が前提されると述べている[13]。

だが、こうした指摘をとおしてアンリが言おうとするのは、決して個々の感覚にはその前提となる個別的運動が対応しているというだけのことではない。先に見たように、これらの個別的運動はいずれも根源的身体の可能力としての〈世界にはたらきかけることができる〉に基礎づけられており、そこにおいて統一されている。つまり、個々の感覚は身体の個別的運動を前提するが、この個別的運動とは究極的には根源的身体の可能力、つまり、

〈世界にはたらきかけることができる〉にもとづくのであって、その意味で、やはり感覚の根底にも根源的な可能力が存しているのである。

アンリが「感じるはたらき」と呼んでいるのはこの可能力にほかならない。だからこそ、アンリは、「感じること」は「感じるはたらき」を前提すると言ったのである。

根源的身体としての主観的身体

こうして、アンリが主観的身体として考えていることがある程度明らかになった。まずそれは、決して対象化されないはたらきとしての身体であり、基本的に、能動的側面と受動的側面をもった身体である。だが、こうしたふたつの側面は、〈世界にはたらきかけることができる〉という根源的な可能力を前提しており、この〈世界へはたらきかける能力一般〉としての根源的身体こそ、主観的身体の本質をなしている。

さらに、本章の前半でメーヌ・ド・ビランのコンディヤック批判を通して、主観的身体の自己認識の問題として確認したように、この根源的身体は、主観的なはたらきであるかぎり、決して他の主観の対象になることなく、それ自体において感情として自己自身に与えられ、自己自身に知られている。そうした自己感受、自己贈与がこの根源的身体の実在的な存在を保証しているのである。

根源的身体にとっての世界とは

さて、ここまでで、主観的身体の本質が根源的身体の可能力として明らかにされたが、この可能力とは〈世界にはたらきかけることができること〉、あるいは、「世界が私に与えられる実在的かつ具体的な可能性」だとされた。つまり、根源的身体は世界なしには定義できず、その本質のうちに世界を含み込んでいると言える。では、この世界とは何を意味し、どのようなものとして理解されるのか。次にはこれが問題となる。

アンリが可能力を「世界が私に与えられる可能性」として定義するとき、この世界が意味しているのは、決して個別的な行為や感覚が関わる世界の諸対象ではない。つまり、「世界が私に与えられる可能性」とは、コップ、洗面器、サッカーボール、あるいは、赤色、カレーの香りなどが与えられる可能性を意味するのではない。もちろん、これらが与えられる可能性を含むが、それに尽きるわけではない。

根源的身体とは、コップで水を飲んだり、洗面器で顔を洗ったり、サッカーボールを蹴ったり、赤色を見たり、カレーの香りをかいだり……などが一般に〈できる〉身体であった。個々の個別的な行為や感覚に先立って、〈一般的に世界と関わることができる〉という能力がまずあるから、それにもとづいて個別的な諸対象と行為的・感覚的に関わることができるのである。[14] すると、「世界が私に与えられる可能性」というときの世界とは、この〈一般的なできること〉そのものの相関者ということになろう。世界とは、〈何らかのものにはたらきかけることができる能力一般〉の相関者だということになる。では、そうした世界は具体的にはいかに規定されるのか。

抵抗する連続体としての世界

アンリは、〈何らかのものにはたらきかけることができる（pouvoir）能力一般〉としての根源的身体を力（puissance）として、[15] また、努力として理解する。つまり、〈何らかのことを遂行しようと努力すること〉こそ根源的身体の可能力の意味だとするのである。だが、力や努力は、それだけでは決して実効的なものにはならない。努力しても少しの手ごたえもなく、効力を発揮しないことを「暖簾に腕押し」と言うが、まさに、このことわざの通り、努力だけで、少しも手ごたえがなければ、努力は決して実効的にはならない。では、根源的身体の努力を実効的なものに、手ごたえあるものにしているものとは何か。アンリは、それこそ世界にほかならないと考える。

アンリにとって、世界とは、根源的身体の努力がそこに適用されることで努力を実効的にしているもの、根源的身体の努力を実効的にしている手ごたえ・抵抗にほかならない。だが、さきに根源的身体が世界をその定義のうちに含んでいると述べたように、根源的身体はまず手ごたえなしの努力——「暖簾に腕押し」状態——としてあって、のちに世界という抵抗を受けとるのではない。抵抗なしの努力など抽象の産物でしかなく、努力は努力であるかぎりつねに(多かれ少なかれ)抵抗をともなう。したがって、根源的身体の努力にとって、抵抗としての世界は決して不在でなく、欠けることなく、つねにこの努力の根拠を構成している。[16] 努力は抵抗と一体になってはじめて努力たりうるのである。

アンリは、こうした根源的身体の恒常的な相関者としての世界を、メーヌ・ド・ビランに倣って、「抵抗する連続体(continu résistant)」[17] と呼んでいる。そして、この語の「連続体」の意味を、まさにいま右に記した点に、つまり、努力としての根源的身体にとって決して不在でなく、欠けることなく、いつでも——つまり、連続的に——その根拠の役割を果たし続ける点に見いだしているのである。[18]

したがって、世界とは、根源的には、努力としての身体に対して決して不在でない抵抗——努力と一体になった抵抗——にほかならない。そして、私が個別的な行為や感覚において関わる諸対象や感覚内容は、いわば、この根源的な抵抗の諸々のバリエーションだということになる。コップの水、洗面器、サッカーボール、そして、赤色やカレーの香りなどはすべて抵抗する連続体としての世界が私の努力に抵抗してくるときの具体的なあり方だと言えよう。主観的身体は、個々の対象や感覚内容と関わることで、根源的には、その関わりのうちで手ごたえ・抵抗として与えられてくるところの世界を実感しているのである。

ところで、この抵抗する連続体という概念は、木村が手ごたえ・抵抗感ということで、あるいは、共通感覚ということで言わんとしていた事態と多分に重なると言えないだろうか。前章で見たように、木村は、触覚だけでなく、視覚、聴覚、嗅覚、味覚の感覚内容についても、それらがありありと真に迫った現実として感じられる時には、そこに手ごたえ・抵抗感が感じとられると言っていた。だから、たとえ異なった感覚器官の感覚であっても、それらの感覚から受ける手ごたえ・感触は相互に比較することが可能であり、そうした感覚どうしの比較を可能にするより根源的な感覚が共通感覚と呼ばれていたのである。

例えば、通常、「甘い」は味覚の、「白い」は視覚の感覚だが、それらの感覚には手ごたえ・抵抗感がともなっており、感覚のレベルでは比較不可能でも、この手ごたえ・抵抗感のレベルでは比較できる。だからこそ、「甘い気分」、「しらけた気分」などと、同じ「気分」のバリエーションを表現するのに、「甘い」と「白い」を用いることができるのである。

アンリの思想のうちには共通感覚への着目は見られないが、それでも、右のような木村の議論に通じる考察を見いだすことができる。アンリは次のように述べている。

視覚世界はまさにそれ自身によってすでに、色のついたイマージュではなくて諸事物を、私に顕現していたのである。そしてまさしくそれゆえにこそ、私はこれらの諸事物に触れることもできるのである。〔……〕それゆえ、視覚世界がひとつの実在的世界であるようにしているものこそがまた、この世界が他のすべての私の諸感官によって私に近づけるようにもしているのである。私が見るものは、私が触れたり聞いたり感じたりすることのできるものでもある。(19)

アンリが言わんとするのは次のようなことだ。視覚は単に色のついたイマージュを与えるのではなく、ありありとした実在を与える。私たちが触れるのもこの実在であり、聴くのもこの実在である。私はすべての感官によってこの同じ実在を感じとるのである。――では、この実在とは何だろうか。

木村は次のように言っていた。砂糖をなめると「甘い」味を感じるが、そのとき私は味覚にはおさまらないある手ごたえ・抵抗感を感じている。私が「世間のきびしさを知らない若者」の様子を見るとき、「子供をやさしく抱いている母親の感触」に触れるとき、そして、「ロマンチックなヴァイオリンの音色」を聞くとき、やはり私は各々の感覚にはおさまらないある手ごたえ・抵抗感を感じる。そして、これらの手ごたえ・抵抗感に共通性が見いだされることから、私はこれらすべての感覚を「甘い」と表現する。

木村は、個別感覚におさまらず他の感覚にも共通した手ごたえ・抵抗感について語り、アンリは、個別感覚におさまらず他の感覚にも共通した実在について語っていた。ということは、アンリの言う実在とは、手ごたえ・抵抗感においてとらえられた実在なのではなかろうか。アンリの続きの言葉を聴こう。

（私が見るものは、私が触れたり聞いたり感じたりすることのできるものでもある。）「でもある」の「も」の根拠こそがまさしく、各々の感官世界の実在性の根拠なのだが、それはこれらの諸世界の各々に内在している抵抗する連続体である。[20]

「でもある」の「も」とは、〈視覚にとっての実在が、触覚、聴覚、その他の感官にとっての実在でもある〉の「も」のこと、つまり、個別感覚に対する実在の共通性のことである。そして、アンリは、この共通性こそ抵抗する連続体だと述べている。つまり、諸感覚の根底につねにある手ごたえとしての抵抗する連続体は、それら諸感覚の「共通の場のようなもの」[21]をなす実在、つまり、共通感覚的実在であり、個別感覚はこの実在をそれぞれ独自の仕方で感じとっているとされるのである。

努力の感情とは何か

さて、ここで、前章で懸案として残しておいた問題を思い出してもらいたい。それは、木村において、抵抗感がよびさますとされた努力の感情、努力感とは何か、ということだった。もはや、私たちが用意した答えは明白だろうが、まずは、右のアンリの引用の続きを見てみよう。

> 抵抗する連続体がこれらの諸世界〔諸々の感官世界〕の各々に内在しているというのはなぜなら、主観的運動が各々の感官の行使に内在しているからであり、主観的運動が身体の存在そのものだからである。[22]

ここで「主観的運動」と呼ばれているのは、先に見た根源的身体の可能力、あるいは努力のことである。アンリは、この努力が各々の感官の行使に、つまり、各々の「感じること」に内在しているから、各感覚が抵抗する連続体という実在を共有すると言うのである。個別感覚で感じることの根底には根源的な努力があり、この努力がその本質のうちに抵抗する連続体としての実在を含んでいるから、私は、見たり、触ったり、聴いたりするものの根底に共通した実在を、共通感覚的な実在をとらえることができるのである。

だから、確かに抵抗感は努力の感情をよびさますと言える。つまり、抵抗はそれと一体になった努力の存在を告げ知らせるものである。だが、事態を厳密に考えなければならない。抵抗を感じるとは、諸対象や諸感覚が自己に与える印象を感受することだから、それは共通感覚的な自己感受である。[23]「甘い」や「白い」から抵抗を感じるとは、抵抗を感じている自分自身を感受することにほかならない。そして、こうした抵抗と努力が一体をなすかぎり、この抵抗を受ける自己の自己感受は同時に努力としての自己の自己感受でもある。つまり、それは努力としての主観的身体が自己自身を共通感覚的・情感的に感受していることを意味する。だからこそ、木村は、抵抗感が努力の感情（努力感）をよびさますと言ったのだろう。抵抗の感触、抵抗の実感とともに、努力そのものが、つまり、努力そのものである自己自身が情感的に感受され、実感されるのである。

生の世界とは

さて、こうして私たちは、生の現象学における生の世界の意味を確認してきた。生の世界とは、木村の言葉を使えば、アクチュアリティの世界だと言えるし、また、離人症者が失った世界だと言ってもいい。第六章では、この生の世界が感情の世界であることを確認し、前章と本章で、それが根源的な努力と相関的な手ごたえ・抵抗の世界であることを確認した。また、これら感情の世界と手ごたえ・抵抗の世界も、ともに共通感覚的世界として共通性をもつことを確認した。

離人症患者はしばしば世界から現実感が失われたと言うが、ここまでの議論からすると、彼らが失った現実とは、情感的現実、手ごたえ・抵抗としての現実、そして、共通感覚的な現実だと言えよう。[24] また、それらの現実を支えているのがそれらと一体になった主体の感情、努力感、自己感受なのだが、ここまで見てきたように、患者においては、こうした主体の諸契機も世界の現実感とともに失われてしまっているのである。

だが、こうした主体の諸契機のうち、私たちがまだ詳細に検討していないものがある。それが自己感受としての自己の存在である。そこで次章では、第Ⅱ部の締めくくりとして、生の世界の現れを根源的に支えているところの自己の存在について詳細に検討してみたい。

第九章　中動態としての自己（アンリ＆木村敏）

第三章で、離人症について紹介した際、木村が、その中核をなす特徴として以下の三つを挙げているのを確認した。

水平軸の帰趨点としての自己

（1）自我とか自己とかいわれるものの変容感ないし空虚感、あるいは消失感。自己の体験や行動に関する自己所属感ないし能動性意識の喪失。感情の疎遠感ないし消失感。
（2）自己の身体を含めた対象知覚界の変容感ないし疎隔感。対象の実在感の稀薄化ないし喪失。非現実感。美意識、意味意識の消失。
（3）時間体験と空間体験の異常。充実感と連続感の喪失。

ここまでで、私たちは、これらのうちの（2）と（3）、および（1）の「感情の疎遠感ないし消失感」については考察してきた。つまり、身の周りの物事や時間・空間のありありとした実在としてのアクチュアリティが、主体の感情との一体性のうちで情感的なものとして現れ、また、主観的身体の努力との一体性のうちで手ごたえ・抵抗として現れることを確認してきた。

だが、これら中核的特徴のうち、（1）の自我や自己に関わる問題[1]についてはいまだ主題的に考察していなかった。そこで、第II部の締めくくりとしてこの問題を取り上げたい。自己の存在について問うことは、ここまで見てきた生の世界の帰趨を問うことであると同時に、第III部の主題への新たな口火を切ることでもある。自己の存在は、生の現象学の水平軸の帰趨点であると同時に、垂直軸への突破口をなすのである。

自己の実感

考察の出発点として、再度、離人症患者の証言を確認してみよう。患者たちは自己の消失感に関して次のように言っていた。

患者A：「自分というものがまるで感じられない。自分というものがなくなってしまった。〔……〕なにをしても、自分がしているという感じがしない。」「ものや景色を見ていると、自分がそれを見ているのではなくて、ものや景色のほうが私の目の中へ飛び込んできて、私を奪ってしまう。」「私の自分というものも時間と一緒で、瞬間ごとに違った自分が、なんの規則もなくてんでばらばらに出ては消えてしまうだけで、今の自分と前の自分とのあいだになんのつながりもない。」

患者C：「私は私自身ではありません、私の存在から切り離されてしまっています。身体だけここにあって腐っています。」「私はここにいて、それなのにここにいないのです。」

もちろん、健康な状態においても、私たちは私たちの自己を明瞭に意識しているわけではない。それはたいていの場合ほとんど意識されていないと言っていいだろう。しかし、だからといって、「自分が感じられない」、

「自分がなくなった」、「私は私自身ではない」と感じるかというと、決してそんなことはない。私は明瞭に自己を意識しているのでなくても、つねにそれを実感しているはずである。

例えば、私は、毎朝起きると、顔を洗い、家族に「おはよう」と挨拶し、朝ご飯にパンとコーヒーをとり、新聞を広げる。やっていることはバラバラだが、それらすべてを自分がやっていることをちゃんと分かっている。それぞれの行為において、私の意識に明瞭に現れてきているのは、そのつど洗面台、家族、パンとコーヒー、新聞などであって、それらと並んで自己が明瞭に現れてきているわけではない。それでも、私は、それらの個々の行為を通してつねに自己を実感しているのである。

この自己は、ビーズのネックレスの糸のようなものかもしれない。ネックレスを見ても、そこに糸は見えない。見えるのは色も形も様々なビーズの連なりだけである。だが、それらのビーズを結びつけてひとつのネックレスにしているのは、見えない糸である。

同じように、私の明瞭な意識はそのつど洗面台、家族、パンとコーヒー、新聞などをバラバラに対象にしていて、そこにはなんの統一もない。しかし、それら個々の行為のうちに暗黙に自己が実感されていて、この自己がバラバラな行為を繫ぎとめ、それらを一連の私の経験にしているのだろう。

自己は重要な役目を担っている

もしかしたら、離人症の症状は、このネックレスの糸が切れた状態に喩えることができるかもしれない。患者は、「ものや景色を見ていると、自分がそれを見ているのではなくて、ものや景色のほうが私の目の中へ飛び込んできて、私を奪ってしまう」、「瞬間ごとに違った自分が、なんの規則もなくてんでばらばらに出ては消えてしまうだけで、今の自分と前の自分とのあいだになんのつながりもない」と述べていた。患者の自己は諸々のものや景色を繋ぎとめることができず、逆に、それらのバラバラな現れのなかに消失してしまっている。私の経験という一貫性が維持できず、瞬間ごとに違った自分がバラバラに現れてくるように感じられる。

離人症の症状は、自己というものが、たとえ明瞭に意識されていなくても、健康な経験の成立にとって欠くことのできないものであることを教えてくれる。自己は、ネックレスの糸と同じように、個々の経験（個々のビーズ）がバラバラになってしまわないようにしっかり結びつける重要な役目を負っているのである。

しかし、自己は多様な経験を単に形式的に統一しているだけではない。ここまで見てきたように、洗面台、家族、パンとコーヒー、新聞などは、まずもって感情的に、そして手ごたえ・抵抗として、共通感覚的に現れてきているのであり、そうした次元において私に実感されているのである。また、前章で見たように、この共通感覚的な実感は同時に自己の自己感受でもあった。つまり、ものや景色が共通感覚的に実感されることと自己の実感はひとつになっているのである。ということは、自己の実感は、世界の現実感を保証することで、多様な経験の統一をも支えていることになろう。自己とはまさに、生の世界の帰趨という重要な役目を担っているのである。

では、そうした自己の存在は、生の現象学において、いかなるものとして理解されているのだろうか。

主観的な自己のアクチュアリティ

まず確認しておきたいのは、ここで問題にする自己、言い換えれば、離人症において実感されなくなった自己がどのような自己か、ということである。

前章では、身体のふたつの側面を区別した。ひとつは主観的身体であり、もうひとつは客観的身体である。前者はいわば、見ている眼、触っている手であり、後者は、見られた眼、触られた手である。身体には、このように、主観的な側面のほかに、客観的・公共的な側面があるから、主観的な身体を実感できない離人症患者も、自分の客観的・公共的身体についての認識はもちうることになる。

しかし、自己には、身体と同じ意味での主観的／客観的・公共的という区別はない。自己には、身体のような姿がないから、公共的な現れなどない。証言のなかには、自分の身体が自己の公共的な現れとみなされて、「身体だけがここにあって、私はここにいない」などとも言われるが、他の患者が、単に「自分が感じられない」と言うだけでなく、「自分がなくなった」と言うのは、公共的な側面をもたない自己は、実感が失われると完全に消失してしまうことを示唆していると言えよう。(2)

いずれにしろ、身体の場合と同様、自己の場合も、離人症において消失しているのは、その主観的側面だと言ってよい。つまり、自己のアクチュアリティこそが問題なのである。では、主観的な自己、自己のアクチュアリティはどのような存立構造をもつのだろうか。

デカルトの「私は思う」の一般的解釈

自己の存在への問いは、特に近代以降の西洋哲学の中心テーマをなしているが、そうした問いの方向性を決定的に切り拓いたのはデカルトだった。デカルトは、学問に合理的で絶対確実な根拠を据えることをめざして、少しでも確実性が疑われるものは徹底的に排除して（いわゆる「方法的懐疑」）、その果てに、決して疑うことのできない自己の存在を見いだした。ここでは詳細は省かざるをえないが、「私は思う、故に、私は存在する（cogito ergo sum）」がデカルトが出した答えであって、彼は自己の存在の根拠を「私は思う（cogito）」のうちに見いだしたのである。

では、この「私は思う」とは何を意味するのか。一般的には次のように解釈されている。例えば、私が海を見ているとき、「海」（の存在）も「見ている」（という行為の存在）も確実ではない。なぜなら、「海」は錯覚かもしれないし、夢のなかで「見ている」のかもしれないからである。しかし、にもかかわらず「私」の存在は確実である。なぜか。たとえ「海」が錯覚で、「見ている」が夢だとしても、錯覚を抱き、夢を見ている「私」は存在しなければならないからである。こうして、デカルトは、「海」や「見ている」が錯覚だとしても、「見ている私」の存在は確実だとした。

だが、ならばなぜデカルトは「私は見る、故に、私は存在する」と言わなかったのか。それは、「見ている私」だけではみずからの存在を保証できないからである。「見ている私」にとって、見えているのは「海」だけであって、「私」は見えていない。それは眼が、眼の前にある景色を見ていても、自分自身を見られないのと同じである。この「見ている私」の存在を取りだすためには、「海」が「見ている私」によってとらえられているように、「見ている私」が別の私によってとらえられなければならない。この別の私が「思う私」である。「見ている私」は「思う私」によってとらえられてはじめてその存在を保証される。だから、デカルトは「私は思う、故に、私は存在する」と言った。私は、海を見ることによってでなく、自分を思うことによって存在するのである。

「私は思う」の一般的解釈を図式化すると……

こうしたデカルト解釈を図式的に表現すると次のようになろう。まず、「私は海を見ている」は〈見ている私↓見られる海〉という構造をしている。これは〈主観‐私↓客観‐海〉と言い換えてもいい（矢印の向きは意識の方向性を示している）。だが、右に見たように、これだけでは私の存在は保証されない。そこでデカルトは、「〈見ている私〉を思う私」を置くことで「見ている私」の存在を保証しようとした。つまり、「私は海を見ている」を「私は海を見ていると思う」に置き換えたのである。これによって何が変わったのだろうか。

「私は海を見ていると思う」の図式的構造は〈思う私↓見ている私↓見られる海〉である。これは〈主観‐私

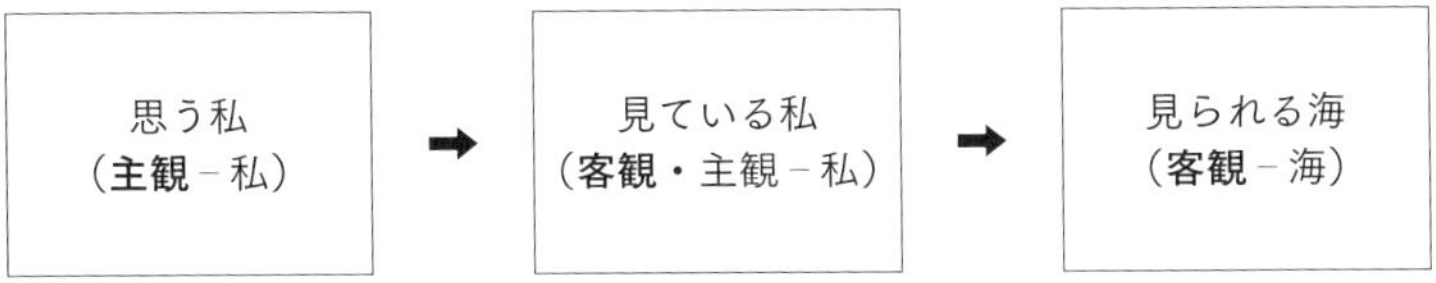

図6　「私は海を見ていると思う」の構造

↓［客観・主観－私］↓客観－海〉と書き換えられる（図6参照）。真ん中の［客観・主観－私］というのは、「私は海を見ている」、つまり〈主観－私↓客観－海〉における主観－私（見ている私）が、新たな命題の主観－私（思う私）によって対象化されて客観に変換されたことを示している。こうした変換によって、「見ている私」は「思う私」の対象／客観として明瞭に現れてくることになる。〈主観－見ている私〉であったときにはとらえられなかった私の存在が、〈客観－見ている私〉として取りだされたのである。これが右のようなデカルト解釈の意味である。

一般的なデカルト解釈にともなうふたつの困難

だが実は、デカルトの「私は思う」を以上のように解釈すると次のようなふたつの困難が生じてしまう。

（1）右のようなデカルト解釈は、前章で見た〈自己の身体の存在〉に関するコンディヤックの誤りを〈私の存在〉のレベルで反復していることになる。コンディヤックは触られた身体こそ根源的な私の身体だとしたが、触られた身体が発見される条件として触る手があることを忘れていた。言い換えれば、客観的身体の条件としての主観的身体を忘れていたのである。

右のデカルト解釈も同様である。それは、私の存在を〈客観－見ている私〉のうちに見いだしたが、その時、その条件として〈主観－思う私〉があることを忘れている。私の存在として本当に問題なのは、むしろ、この「主観－思う私」のはずである。[3]

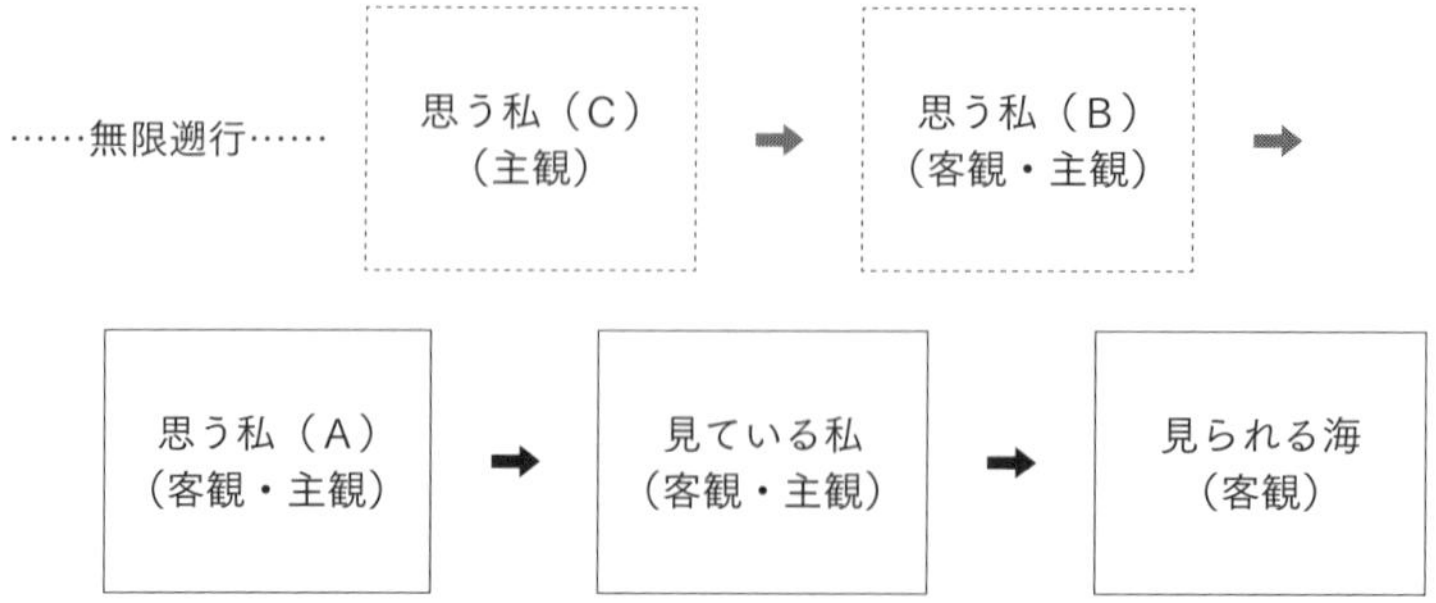

図7　主観の客観化の無限遡行

（2）では、右のようなデカルト解釈において、この「主観－思う私」をとらえようとするどうなるか。「見ている私」の存在を取りだすために、〈主観－見ている私〉が〈客観－見ている私〉に変換されていたことから分かるように、この解釈において、存在は「対象／客観として存在すること」と理解されている。

となると、「主観－思う私」の存在を取りだすには、この「主観－思う私（A）」を別の「主観－思う私（B）」の客観に変換しなければならない。だが、そこで得られるのは、「客観－思う私（A）」の存在でしかないから、今度は、それを対象にしている「主観－思う私（B）」に眼をむけ、その存在を取りだすために、この「主観－思う私（B）」をさらに対象にする別の「主観－思う私（C）」を立て、「主観－思う私（B）」を「客観－思う私（B）」にしなければならない。しかし、これでは「客観－思う私（B）」の存在しか得られないので、さらに……と無限に続けなければならなくなる。結局、この解釈の枠内ではどこまでいっても「主観－思う私」の存在には追いつけない（図7参照）。

だが、先にも述べたように、本章で問題にしたいのは、まさに主観的な自己、自己のアクチュアリティだった。ならば、結局、デカルトの「私は思う」ではこの問題は解決されないということなのだろうか。

「私には見ていると思われる（videre videor）」

アンリはそのようには考えなかった。彼はデカルトの「私は思う」を先の解釈とは別の仕方で理解する。アンリが着目するのはデカルトの「第二省察」にみられる次のような一節である。

明らかに私はいま光を見、喧騒を聞き、熱を感じているが、私は眠っているのだから、これらは虚偽である。しかし、私には見ている、聞いている、熱くなっているとたしかに思われること、このこと自体は虚偽ではありえない。これこそ本来、私において感じると呼ばれていることである。そしてこのように厳密な意味では、これは思うことにほかならない。(4)

この一節のなかでも特にアンリが着目するのが「私には見ている……と……思われる（videre videor）」である。アンリは、この「私には見ていると思われる」(5)こそ、デカルトが本来、「私は思う、故に、私は存在する」という命題で言いたかったことだとするのである。では、これはさきの「私は（海を）見ていると思う」とどう違うのだろうか。

「私は見ていると思う」と「私には見ていると思われる」を比較してみよう（図8参照）。さきに確認したように、前者は〈思う私→見ている私〉という〈主観→客観〉の関係をなしている。しかし、アンリによれば、後者にはそうした関係はない。右の引用では、「私には……思われる」が「感じる」を意味すると言われているが、アンリは、この「感じる」を「見ることに内在するこの感じること」(6)、あるいは、アルキエ（Ferdinand Alquié, 1906–1985）の言葉を引用して、「見ることについての無媒介の印象」(7)だとしている。そして、この「内在する」や「無媒介の」という表現で言い表わされたことのうちに「私には見ていると思われる」を「私は見ていると思

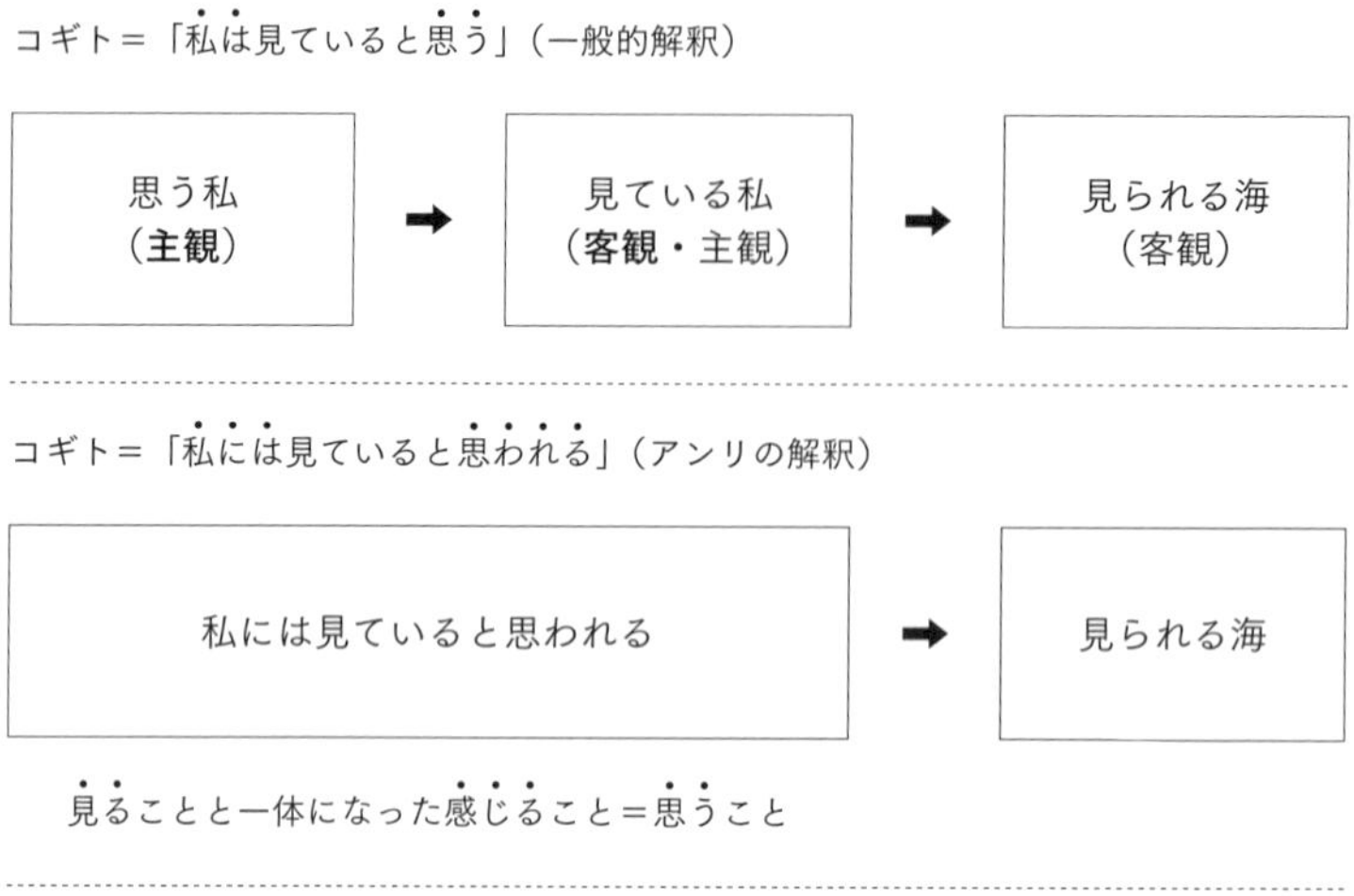

図８　コギトの一般的解釈とアンリの解釈

う」から区別する決定的な相違を見いだすのである。

アンリによれば、「私は……思う」が、「見ている」の外部にあって、「見ている」に対して距離をおき、それを客観とする思惟であるのに対して、「私には……思われる」は、「見ている」に内在し、「見ている」とのあいだに距離を媒介させず、「見ている」と一体になった「感じること」である。前者には関係する二項があるが、後者には関係を内在させた一項しかないとも言えよう。「私には見ていると思われる」は「見ていると自分を感じている見ること」[8]にほかならず、そこにあるのは「見ること」だけである。だが、この「見ること」は〈見つつ、自分が見ていると感じている〉のであって、そうした内在的な自己関係性が「私には見ていると思われる」と表現されているのである。

要するに、アンリは、「私には見ていると思われる」を、「見ること」の自己感受・自己触発・自己贈与として理解する。第五章では、アンリが主観性の本質を隔たりなしの自己感受のうちに、つまり、情感性のうちに見いだしていることをみたし、前章では、主観的身体の本質がやはり無媒介的な自己贈与のうちに認められていることを確認した。

同様にアンリは、自己の存在の本質もこの自己感受・自己贈与のうちにあるとするのである。

アンリにとっては、デカルトの「私は思う」は、私が自己自身（の作用）を無媒介的に感受していることにほかならない。したがって、「私は海を見ている」は、その背後に「思う私」という別の主観をおき、「見ている私」を客観に変換しなくても――「私は海を見ていると思う」という命題にしなくても――、この「見ている」に内在する自己感受によって――「私には（私が）海を見ていると思われる」によって――自己に知られ、自己に実感されている。実際、デカルトは、「このように厳密な意味では、これは思うことにほかならない」と述べていた。

「私は思う」をこのように解釈すれば、もはや未規定な〈主観－私〉を規定するために、無限に後退を繰り返す必要はない。〈主観－私〉はその自己感受において、客観に変換されることなく、主観のままみずからに実感されているのである。

中動態とは何か

ところで、精神病理学者の長井真理は、精神分裂病（統合失調症）[9]患者の自己意識の特徴を解明しようとした論文で、アンリ同様、デカルトの「私には見ていると思われる（videre videor）」という言葉に着目している。そのなかで特に注目したいのは、彼女が、videor（私には……思われる）というラテン語の動詞について、「形式的には受動態であるが、元々は中動態に由来している」[10]と指摘していることである。[11]

だが、受動態はいいにしても、中動態とは何だろうか。詳しい説明は他書に譲るほかないが[12]、ごく基本的な点だけ押さえておこう。中動態とは、古代のインド・ヨーロッパ語族にひろく見られた態である。現在では、態と言えば、能動態－受動態の対立が思い浮かぶが、かつては能動態－受動態という対立はなく、あるのは能動態－

中動態という対立であった。受動態は中動態からの派生として後から発生したのである。だが、今では、能動態－中動態という対立は能動態－受動態という対立に取って代わられてしまっている。[13] そして、かつての中動態の用法は代名動詞や再帰動詞、あるいは非人称代名詞を仮主語とした表現などによって担われている。[14]

では、この中動態とはどのような語法なのか。実は、それを欧米語を用いて説明しようとすると少々ややこしいことになる（これについても他書に譲りたい）。なので、ここは思い切って、本来インド・ヨーロッパ語族とは関係ない日本語で説明してみよう。といっても、それは必ずしも無謀なことではなくて、実は、驚くべきことに、日本語では中動態に相当する語法が現在でも広く用いられているのである。[15]

「見る」という動詞で考えてみよう。能動態は「見る」であり、受動態は「見られる」である。しかし、日本語にはこれら以外にも「見える」という言い方がある。これが中動態に相当する語法である。同様の語法には、（「聞く－聞かれる」に対する）「聞こえる」、（「売る－売られる」に対する）「売れる」、（「割る－割られる」に対する）「割れる」などたくさんある。[16] その他、「匂う」、「味がする」、「思われる」なども同じ語法だと言える。こうした語法には、明瞭な動作主がなく、何かが自然に生じてきている印象を与えるといった特徴がある。例えば「海が見える」と言えば、あえて見るのでなく、自然と海が現れてきている様子が表現されている。その点、「私が海を見る」や「海が私に見られる」といった表現と際立った相違をなしている。

バンヴェニストによる中動態の定義

フランスの著名な言語学者であるバンヴェニスト（Émile Benveniste, 1902–1976）は、（当然、インド・ヨーロッパ語族の言語を念頭において、）能動態に対立する中動態の意味を次のように説明している。これは、右の日本語における中動態的な語法にもあてはまる。

能動態においては、動詞は、主辞に発して主辞の外で行なわれる過程を示す。これとの対比によって定義されるべき態であるところの中動態では、動詞は、主辞がその過程の座であるような過程を示し、主辞の表わすその主体は、この過程の内部にあるのである。[17]

バンヴェニストの説明の意味を、「私が海を見る」という能動態と「(私には) 海が見える」という中動態的表現で考えてみよう。能動態では、動詞「見る」は主辞である私に発し、私の外で行われる活動の過程を示している。私はいわば動作主で、活動の過程 (「見る」) はもっぱら私から外に向かい、対象 (海) をめざす。それに対して、中動態的表現では、動詞「見える」は、主辞である私を座として生じる活動の過程であり、私はこの「見える」という過程の内にある。ここでは、私は動作主ではなく、活動の過程 (「見える」) が展開する場所になっており、この過程は私のもとにとどまり、私の外に出ない。

より形式的に言い直してみよう。「私が海を見る」という能動態はいわば〈私 - 見る - 海〉、つまり〈主観 - 過程 - 対象〉という構造をしていて、三つの要素はそれぞれお互いの外にある。だから、バンヴェニストは、能動態を「外態」[18]とも呼んでいる。これは、私と海、主観と対象が「距離」によって媒介されていると言ってもいい。

いっぽう、「私には海が見える」という中動態的表現には、〈私 - 見える - 海 (の現れ)〉という相互に外的な関係はない。つまり、主観 - 客観の関係はない。むしろ、この語法が意味しているのは、〈海 (の現れ)〉が〈見える〉ことが〈私という場所〉で生じているという事態である。ここでは、私は動作主ではなく、〈海 (の現れ)〉が〈見える〉という過程が生じる座である。〈海が見える〉がいわば自然に生じていて、私はその過程の内に置かれている。ここから、バンヴェニストは中動態を「内態」[19]とも呼んでいる。

中動態としての「私には……思われる（videor）」

さて、以上のようなことを念頭において、「私には見ていると思われる」に立ち帰ろう。先に見たように、長井は「私には……思われる（videor）」を中動態として理解していたが、そのように理解すると、デカルトの「私は思う」は何を意味することになるのだろうか。

右でみた「私には海が見える」についての解釈を「私には見ていると思われる」に当てはめてみよう。まず言えるのは、「私には見ていると思われる」には、〈私－思われる－見ている／主観－過程－対象〉という構造、要するに、主観－客観という構造は認められないということである。つまり、「私には見ていると思われる」は「私は見ていると思う」とは本質的に異なる。「私には」の「私」は決して動作主ではなく、むしろ、「見ていると思われる」という過程が生じる座として、この過程の内に置かれている。いわば「思われる」が「私」において自然に生じてきているのである。

だが、何を契機に「思われる」が生じるのだろうか。それは「見ている」においてにほかならない。先の「私には海が見える」の例で、「見える」は「海（の現れ）」が「見える」ことを意味すると言ったが、これは「海の現れ」、つまり「海を見る」が感じられる（これも中動態的語法である）ことだと言ってもいいだろう。よって、ここでの「思われる」も「見ている」が思われること、言い換えれば、「見ている」が感じられることを意味すると言える。実際、先の引用にあったように、デカルトは「思われる」を「感じる」の意味で理解していた。

ならば、「私には見ていると思われる」とは、〈「見ている」が感じられること〉、しかも、〈「見ている」に内的な感じられること〉、〈「見ている」とひとつになった感じられること〉を意味していると言えよう。そして、この〈「見ている」に内在的な感じられること〉が生じる場所をなしているのが、「私には」と言い表わされた「私」にほかならない。

だが、この場所も、〈感じられる〉という過程に先立ち、それから独立した場所ではない。むしろ、それは過程の発生とともに生じる場所だと言ったほうがいいだろう。「見ている」が内的に感じられるところが「私」なのである。

アンリと長井は「私は思う」を同様に解釈している

長井が言うように、中動態として解釈された「私には……思われる」がデカルトの「私は思う」の意味ならば、それは結局、アンリによる「私は思う」の解釈と同じことにならないだろうか。先に見たように、アンリは、「私には見ていると思われる」を〈思う私→見ている私／主観→客観〉という関係としてではなく、「見ることに内在する感じること」、〈見ること〉が自分自身を感じること、つまり、〈見ること〉の自己感受として理解していた。

同様に、「私には見ていると思われる」の中動態的解釈においても、〈「見ている」が内的に感じられること〉に「私」の発生が見いだされていた。「私には」と言い表わされているのは、〈「見ている」に内在的な感じられること〉によって、この「見ている」が自己自身を感受していること、つまり、「見ている」の自己感受だとされたのである。

アンリも長井も「私には……思われる」という表現を通して、デカルトの「私は思う」を同様に解釈していたと言えよう。「私には……思われる」にいちはやく着目したのはアンリだったが、この語の中動態的意味に気づき、そこに注意をうながしたのは長井だった。「私には……思われる」についてのアンリの解釈は、いわば、長井の中動態的解釈によって補強されると同時に、より実証的な根拠を与えられたと言えるだろう。

世界のアクチュアリティと自己のアクチュアリティは同じ場所に立っている

ところで、ここまでもっぱら「私には見ていると思われる」という表現ばかり分析してきたが、もちろん、この「私には……思われる」は「見ている」だけに内在するわけではない。さきの引用でも、デカルトは「私には見ている、聞いている、熱くなっていると思われる」と述べていた。つまり、「私には……思われる」は視覚以外にも、聴覚や触覚にも、さらには、嗅覚や味覚にさえ内在し、様々に感覚している自己を感受しているのである。

だが、私たちは、第七章で、このように諸々の感覚が与える印象をより根源的に感受するはたらきを見なかっただろうか。木村が指摘していた共通感覚とはまさにそうしたはたらきだったはずである。共通感覚とは、様々な感覚からある種の感触をとらえて、それらを比較可能にするはたらきだとされた。そして、この感触・手ごたえ・抵抗感こそが諸対象のありありと真に迫った実在を与えているとされたのである。

ならば、アンリが「私には見ていると思われる」を「見ることに内在する感じること」だと言うとき、それは次のようなことを意味していると解釈できないか。すなわち、「私には……思われる」という自己感受こそが、視覚対象の感触・手ごたえを通して、その対象のありありとした実在をとらえているのだ、と。[20]「私には……思われる」が共通感覚的なものならば、私たちは、この「私には……思われる」においてこそ、諸々の感覚内容の、延いては、世界のありありとした実在を感受していると言えるだろう。[21]

だが、あらためて言うまでもないが、「私には……思われる」は「私は思う」を、したがって、私の存在を意味している。つまり、私の存在は「私には……思われる」において実感され、実在的なものになる。ならば、「私には……思われる」においては、そうした私の存在と世界のありありとした実在がともに感受され、ともに実感されていることになるだろう。木村の言葉を使って言い換えれば、「私には……思われる」においてこそ、私のアクチュアリティと世界のアクチュアリティがともに感受され、実感されていることになる。

第五章で、「壁は暖かい」という表現をめぐるアンリの解釈を紹介したが、そこでアンリが言いたかったのも、〈壁が暖かいこと〉というアクチュアリティが〈自己を感受すること〉というアクチュアリティとひとつになっているということだったに違いない。

また、木村の次の言葉も同じことを言い表わしたものと解釈できよう。

> 「自分がある」ということは、「この花がある」ということにおいて、はじめて成立していることなのであり、また逆に、「この花がある」ということは、「自分がある」ということにおいて、はじめて言えることなのである。「自分がある」ということと、「この花がある」ということとは、この「において」という場所を共有している。自分があるからこの花があるのでもなければ、この花があるから自分があるのでもない。自分があるということと、この花があるということとは、この「ある」ということにおいて単一の源泉的な場所に立っているのである。(22)

アンリにおいても、木村においても、世界の現実感と自己の現実感、世界のアクチュアリティと自己のアクチュアリティは、主体の自己感受においてともに・同時に成立するものと考えられている。あるいは、この二つのアクチュアリティは、主体の自己感受という「単一の源泉的な場所」に由来する唯一のアクチュアリティの二つの現れだと言ってもいいのかもしれない。

世界の現実感消失と自己の現実感消失との関連性

本章は、離人症患者が身の周りの諸対象の現実感を消失させるだけでなく、自己の現実感も消失させてしまうことから、この患者が失った自己の現実感、自己のアクチュアリティがいかなるものかを探究してきた。そして、右のように、諸々の感覚内容の共通感覚的な感受のうちに、つまり、感覚的な諸々の現れがそれ自身に感じられ、現れてきていることのうちに自己の存在、自己のアクチュアリティが見いだされたのである。

だが、この感覚内容の共通感覚的な感受というのは、諸対象の、世界のアクチュアリティをも成立させるものなのだから、結局、自己のアクチュアリティの源泉は同時に世界のアクチュアリティの源泉でもあることになる。ならば、世界のアクチュアリティの成立と自己のアクチュアリティの成立が少なからず連動しているのは当然だと考えなければならない。ここに、諸対象の現実感を消失させた離人症患者が、同時に自己の現実感をも消失させてしまっている理由があると言えよう。

もっとも、木村によれば、この二つの現実感消失は、あらゆる離人症の症状においてつねに同程度に顕著なわけではないが、少なくとも、そこに症状としての関連性があることは認めていいように思われる。(23)

第II部の簡単なまとめ

さて、第II部を閉じるにあたって、簡単に、ここまで見てきた生の現象学の水平軸の特徴――プロト現象学に対する特徴――を整理しておこう。

生の現象学は、なによりも世界（生の世界）を感情的世界、手ごたえ・抵抗の世界、あるいは共通感覚的世界として理解する点にその特徴がある。これは、世界の現れの本質を合理的なもの、ロゴス（感性的世界のロゴス）

として理解するプロト現象学と際立った対立をなすと言えよう。また、こうした世界の現れの本質に相関する主観性の存在に関しても、プロト現象学が、それを合理的な世界の現れを可能にする時間性として理解していたのに対して、生の現象学は、感情的世界、手ごたえ・抵抗の世界の現れを可能にする情感性や努力として理解していた。

さらに、プロト現象学が、基本的に、主観性の存在を世界の現れの形式（時間形式）として理解していたのに対して、生の現象学は、本章で確認したように、（感情、手ごたえ・抵抗としての）世界の存在と（情感性、努力としての）主観性の存在を、主観性の自己感受（私の存在）のうちに「単一の源泉的な場所」をもつ唯一のアクチュアリティとして理解するのであり、こうした点にも二つの立場の大きな相違を確認できよう。

さて、いよいよ次章からは第Ⅲ部に入るが、そこでは、いままで見てきた生の世界の根拠が探究されることになる。ここまでで、生の世界は自己感受としての自己の存在のうちにとりあえずの帰趨を見いだしたが、第Ⅲ部では、この自己の存在に帰趨点をもつ生の世界全体の根拠を問題にする。

だがまずは、再度、時間について問うことからはじめて、徐々に考察を深めていくことにしよう。

第Ⅲ部　生の現象学の垂直軸

第一〇章　「反復的な時間」の構造

第Ⅲ部の見通し

この章から本書は第Ⅲ部に入る。まずはざっくりと第Ⅲ部の概要を説明しておこう。

前章の最後でも述べたが、ここでは、これまで見てきた生の世界全体の根拠を問題にする。生の世界は自己の存在に帰趨点をもつが、生の現象学は、この自己の存在の根拠を、生の世界という水平軸にではなく、自己の起源をなす垂直軸のうちに見いだすのであり、そこから生の世界の全体が根拠づけられると考えるのである。よって、第Ⅲ部でおもに考察するのは、この自己と起源の関係なのだが、ここでは、こうした問題をめぐって、およそ次のような三つの点を論じる。

（1）まずは、自己をその起源との関係で理解しようとする生の現象学の発想が、原始的、あるいは宗教的な時間観念と同型の時間観念にもとづいていることを指摘する。（これは、プロト現象学が近代的な時間観念を前提しているのと対照的である。）（第一〇章）

（2）そのうえで、木村とアンリが自己とその起源の関係、および、この関係にもとづく他者関係・共同体の本質をどのように考察しているかを説明する。（第一一、一二、一三章）

（3）最後に、アンリと木村が、起源からの自己の疎外という危機的状況をいかに捉えているかを検証する。

ここでは両者の思想の決定的な違いも明らかになるだろう。(第一四、一五章)

では、さっそく、第Ⅲ部の最初の論点についてみていくことにしよう。

時間的な距離を介した自己の現れ

議論の出発点として、前章で論じた自己の存在を時間の問題として問い直すことから始めたい。だが、まずは、なぜ自己の存在と時間とが関係しうるのかを説明しなくてはならないだろう。

第五章で紹介したガッサンディの議論を思い出してほしい。ガッサンディは、現れること(見えること)の本質を距離のうちにみとめ、眼は自分の外にはありえないから自分自身を見ることはできないが、鏡とのあいだになら距離があるから、鏡のなかになら自分自身を見ることができる、と言っていた。

だが、鏡のなかに現れているのは〈見られた自己〉であって、〈見ている自己〉、主観的自己ではない。眼の前に鏡を置いたとしても、〈見ている自己〉は決して自己の外にはありえないのだから、どうしたって、主観的自己が自己自身に現れることはない。しかし、前章で見たように、健康な状態であれば(離人症などの症状でなければ)、私たちはつねに私たち自身を主観として自覚している。これをどう説明したらいいのか。

プロト現象学において、現れの本質は距離にほかならないから、自己が自己に主観として現れる場合も距離を前提しなければならない。だが、この距離は空間的な距離ではありえない(自己は自己の外にはありえないから)。そこで、プロト現象学は、この自己と自己の距離を時間的な距離として理解した。つまり、私が私に現れる(私が私を知る)のは時間的な距離を介してだとしたのである。

流れの自己現出

プロト現象学において、意識が時間性として理解されていることについてはすでに第二章で説明した。意識とは対象が現れてくる場だと言えるが、この場は〈把持‐原印象‐予持〉という時間的幅をもち、対象はつねにそうした幅のなかで現れてくる。例えば、先に確認したように、「♪サ・ク・ラ」というメロディーは、クの音を聴きつつ（原印象）、もはや聴こえていないサの音をいまだとらえ（把持し）ていて、まだ聴こえていないラの音をあらかじめ予期して（予持して）いるから、メロディーとして構成されるのである。

だが、「♪サ・ク・ラ」というメロディーが流れている間、実は、私の意識も流れている。私の意識は、あたかも川岸にたたずんで（つまり、静止して）川の流れを見るようにメロディーを聴いているのではなくて、実際には、メロディーとともに流れているのである。だから、正確には、意識は場であるというよりも流れだと言わなければならない。[1] とすると、そうした流れとしての意識においては、流れ去った意識はそのつど今の私の意識に結びついていないと、意識としての統一、自己の統一が保てなくなってしまう。これはいかにして可能なのだろうか。

フッサールは把持に二重性を認めることでこの問題に答えている。例えば、クの音を聴いているとき、私はサの音を把持しているが、フッサールによれば、この把持は、〈サの音の把持〉であると同時に〈サの音を把持している自己の把持〉でもある。[2] つまり、私は、サの音を把持しつつ、サの音を把持している自分自身を把持しているのであり、流れである意識は、たえず流れ去りつつも、この「自己把持」[3]、「自己現出」[4] によって統一を保つとされる。

このようにフッサールは、意識の流れが、把持の把持、自己把持、自己現出をもつと考えるのだが、フッサールにおいて、私の私自身への現れの可能性はこうした「流れの自己現出」[5] のうちに見いだされる。自己は、空間的距離を介してでなく、時間的距離を介して自己に現れてきているとされるのである。

原意識と原印象の自然発生

だが、この自己現出というのは私が私に主観として現れてきていることを意味するかというと、厳密にはそうではない。実際、フッサールは、この自己現出において、自己と自己が「すべての観点で合致するということはありえない」[6]と述べている。自己現出というのは自己把持だから、そこで自分に現れている自己はあくまで過ぎ去った自己、把持された自己であって、決して把持している自己ではない。

では、把持する自己が自己自身に現出することはありえないのだろうか。実は、フッサールも同じ問いを投げかけ、意識は、自己把持されるのに先立って、すでに意識されていると述べ、この把持に先立つ自己意識を「原意識」[7]と呼んでいる。この原意識とは、先の「♪サ・ク・ラ」のメロディーで言えば、クの原印象であり、サの把持である意識が、それ自身把持されるのに先立って、つまり、時間的隔たりなしに、まさにその「いま」において、自己自身に意識されていることを言う。フッサールにおいては、この原意識こそが、私が私自身に主観として現れる契機をなしていると言えるだろう。

だが、こうしたフッサールの議論はじつに危ういものだと言えないだろうか。実際、それは現れの本質を（空間的・時間的）距離として理解するプロト現象学の原理をすでに逸脱してしまっている。だが、だからといって、もし原意識のうちに——つまり、原意識するものと原意識されるものとのあいだに——距離を認めてしまうなら、無限退行は避けられない[8]。結局、フッサールは、把持される以前の原印象が（いわば中動態的に）自然発生してきて[9]、その発生の時点ですでに原印象が（やはり中動態的に）意識されてしまっていると考えるのだろうが、こうした自己意識のあり方は、プロト現象学の原理（現れの本質を距離とする原理）のなかでは、およそ整合的に説明できるものではない[10]。

パトス的時間性とは……

このように、現れの本質を距離として理解したがために、結局、自己の現出、自己の存在の説明を自然発生などという曖昧な観念に頼らざるをえなかったプロト現象学に対して、アンリは、前章で詳しく論じたように、自己の存在の根拠をきっぱりと距離の関係から、すなわち、時間性から切り離してしまった。アンリは、私の存在を「私は見ていると思う」(ここでは、〈思う私〉と〈見ている私〉は時間的距離によって隔てられている)ではなく、「私には見ていると思われる」のうちに、つまり、見ることの自己感受のうちに見いだしたのである。自己感受とは、(空間・時間的な)距離を媒介しない自己との直接的関係であって、アンリは、意識の自己現出を含む現象の本質を非時間的なものだと理解するのである。

だが、この「非時間的」とはどういうことだろうか。それは「永遠」を意味するのだろうか。もしそうなら、永遠の自己感受とは何を意味するのだろうか。あるいは、それは「現象学的時間ではない」ということを意味するのだろうか。もしそうなら、それはいかなる時間なのだろうか。

実を言えば、アンリは「非時間的」とは言わない。彼は、自己感受そのものを、つまり、自己感受という仕方でたえず自己に到来することそのものを時間性として理解している[11]。それは、以前も以後もない時間性[12]、過去や未来の隔たりをもたない時間性[13]、「志向性を欠いた時間性」であり、したがってやはり、非現象学的な時間性だと言える。それは「そのうちで変容するものが自己から切り離されない時間性[14]」、つまり、自己と自己の距離にもとづくのでない時間性であり、「パトスの運動[15]」としての「パトス的時間性[16]」だとされる。

だが、残念なことに、アンリは、こうした自己到来としての時間性、パトス的時間性についての具体的な考察を残していない。アンリが残した議論から、この非現象学的なパトス的時間性に関して取りだしうるのは相当に抽象的な事柄にすぎない。

そこで、本書では、独自の観点から、このパトス的時間性の具体的なイメージを再構築することを試みる。それは同時に、木村の思想に宿る時間観念にも通じるイメージを提供してくれることだろう。

現象学的時間は時間の常識的観念にもとづいている

ということで、ここで話題を一転させて、まずは、右のような現象学的な時間観念がそもそも前提している時間観念について考えてみたい。

プロト現象学が考える時間の構成の基本はやはり〈把持―原印象―予持〉という志向性の構造だろう。フッサールは、次に来る印象を予持し、今の印象を感じとり、直前の印象を把持していることを土台にして、そこから、唯一の統一的で均質的な時間[17]（フッサールの用語では「客観的時間」）が構成されると考えている。[18]この唯一の統一的・均質的な時間は、いわば一本の直線のような時間であって、[19]その上に諸対象が位置づけられることで「先と後」の関係が可能になる。だが、それは同時に、この時間が「先と後」[20]を規定するだけで、ある時点に生じる実質的な何かとは無関係な「形式」としての時間だということでもあろう。また、フッサールは、把持の連鎖を徐々に衰弱へ向かう「彗星の尾」[21]になぞらえているが、この統一的・均質的な時間も、現在から離れれば離れるだけ徐々に退き、沈んでいきつつ、直線的に延び広がる時間としてイメージされているのである。

このように述べると、なんだか難しい話をしているように思われるかもしれないが、こうした時間観念というのは、ある意味では非常に素朴なものだとは言えないだろうか。実際、私たちが一般に時間としてイメージしているのもほぼ同じようなものだろう。〈過去と未来に均質に、直線的に、無限に延び広がる形式的な時間〉というイメージはいわば常識的なものだと言っていい。そして、フッサールだって、こうした常識的な時間観念を前提にして、それを可能にするものとして〈把持–原印象–予持〉という志向性の構造を構想したと考えることだってできる。

時間観念の四つの理念型

ところが、社会学者の真木悠介によれば、こうした〈均質的・直線的・形式的な無限の時間〉という常識的な――そして、フッサールやプロト現象学も前提にしている――時間観念は、時間観念の歴史的変遷という視点から見れば、近代以降に一般的になったものであって、近代以前には、それとは異なった時間観念が支配的であった。

真木は、『時間の比較社会学』のなかで、時間観念の四つの「理念型」として、原始共同体（あるいは、宗教的世界）における「反復的な時間」、ヘレニズムにおける「円環的な時間」、ヘブライズムにおける「線分的な時間」、そして、近代社会における「直線的な時間」を取りだしている。[22] 最後の「直線的な時間」が〈均質的・直線的・形式的な無限の時間〉に相当するが、こうした広い歴史的視点に立てば、現代の常識的な時間観念は時間をイメージするひとつの仕方にすぎず、決して、普遍的・絶対的に妥当するものではないことが分かるだろう。[23]

ならば、その「直線的な時間」という理念型のさらにひとつの例にすぎない現象学的時間はおよそ時間を思考するための絶対的・普遍的な方法だとは言えないことになる。そして、それならば、先の問題に立ち返って、自己の存在を時間性の問題として考えるときにも、それを現象学的時間を含む「直線的な時間」の観念で考えなければならない必然性はまったくなく、他の時間観念にもとづいて考える可能性も十分に開かれていると言わなければならない。そして、まさにその可能性を追求したのが生の現象学なのではないか、と思うのである。

反復的な時間とはどのような時間観念か

このように考えたとき、特に着目したいのが、先の真木による分類のなかの「反復的な時間」である。つまり、生の現象学における時間観念と反復的な時間とのあいだにはある種の同型性があるように思われるのである。[24] では、この反復的な時間とはどのような時間観念だろうか。

真木が原始共同体の時間観念と規定する反復的な時間は、具体的には、アメリカ・インディアン、オーストラリアやアフリカの先住民、また、エリアーデ（Mircea Eliade, 1907–1986）が考察する宗教的人間、さらには、上代の日本人などの時間観念として理解されている。それは一言で言えば、過去と未来に直線的、均質的に延び広がる時間ではなくて、例えば、昼と夜、乾燥と洪水、老齢と若さ、生と死のような対立するものが繰り返し現れてくるような時間の観念である。

ただし、これはヘレニズムの時間観念である円環的な時間とははっきりと区別される。円環的な時間は、円環する時間の連続性を前提しているが、反復的な時間は明確に対立するものの非連続的な現れだとされる。[25] だから、この反復的な時間を、あたかも横断歩道を渡るときのように、異なった色が交互に現れつつ前進していくようなものとしてイメージしてもいけない。反復的な時間のなかに前進という観念はない。それはコインの二面のように、同時に存在しつつ、ただそのつど表に出る面が交代するだけである。[26]

しかし、さらに厳密に言えば、反復的な時間を単なる共存する二面の交代としてイメージするのも正しくない。通常、「二面の交代」と言えば、対称的で等価な二面の交代を意味するだろうが、反復的な時間の二面は非対称的であり、異質である。それは、車窓から見える前景と遠景のように、同時に存在しながらも、その現れ方がまったく異なる。一方（前景）はたえず経過・到来するが、他方（遠景）は、彼方にあってつねにとどまっている。[27] そして、この前景の時間は、つねに同一にとどまる遠景の時間の「くりかえしなされる現在化」[28] だとされるのである。

だが、こうした説明だけでは抽象的すぎてよく分からないだろう。そこで、反復的な時間の具体例を見ていくことにしよう。

トーテミスムにおける原系列の時間

ここではまず、真木の指摘に倣って、レヴィ＝ストロース（Claude Lévi-Strauss, 1908–2009）によるオーストラリア先住民の時間観念、および、エリアーデによる宗教的人間の時間観念について確認していこう。

レヴィ＝ストロースは『野生の思考』のなかで、オーストラリア先住民に見られるチューリンガについて語っている。チューリンガとは石や木でできた祭祀物で、多くは楕円形をしている。それはある一人の先祖の肉体を表わしていて、代々、その先祖の生まれ変わりとされる者に渡されていく[29]。つまり、チューリンガは「先祖と現存の子孫とが同じ一つの肉体であることを手で触れる形で証拠づけるもの[30]」であり、それをとおして「人は、祖先から自我、そして子孫へと、再現する同じ人間としての、個我をこえたアイデンティティを所有する[31]」のである。

こうしたチューリンガを時間論の言葉で表現するならば、それは「物的に現在化された過去[32]」、〈いまこのときに手で触って確かめられる過去〉だと言える。しかも、チューリンガを引き継ぐそれぞれの者は、同一の先祖の再現だとされるのだから、この過去とは、決して過ぎ去ることなく、永遠にとどまり、かつ、つねに現在へと再現してくる過去だとみなされているのである。

真木は、こうしたチューリンガの時間性が、やはりレヴィ＝ストロースが語るトーテミスムの時間性と同じものであることを指摘している。トーテミスムとは、南北アメリカ、オーストラリア、アフリカの未開社会に見られた（ヨーロッパとアジアには見られない）、人間集団と特定の動植物種（トーテム）のあいだの制度的関係を意味している。人間集団は特定のトーテムから生み出されてきたとされ、したがって、トーテムが人間集団の祖先としての原系列、人間集団がその派生系列だとされる。トーテムは人間集団の祖先だから、遠い過去にあるのだが、しかし、それは過ぎ去ってしまった過去ではなく、つねに派生系列と同時に現在していて、派生系列の「基準体系」をなす過去だとされる。[33] つまり、「〈原系列〉としてのトーテムは、時間のことばで語られる永遠、通時のことばで語られる共時」[34] を意味するのである。

宗教的人間の聖なる時間

次に、エリアーデが考察している宗教的人間の時間観念について見てみよう。真木は、右に見たレヴィ＝ストロースによるトーテミスムの時間論とエリアーデが考える宗教的人間の時間観念とのあいだに「構造的な同型性」[35] を見いだしている。ここでは、真木が参照している『宗教史概説』ではなく、『聖と俗』にもとづいて、エリアーデの語る「聖なる時間」の意味について確認していこう。

宗教的人間の時間観念を考察するにあたって、エリアーデが注目しているのが、周期的な宗教的祝祭に含まれた時間論的な意味である。エリアーデによれば、宗教的人間を特徴づけるのは、神々に近づきたいという願望、起源の時に繰り返し立ち戻りたいという願望であり、これを成就させるのが周期的な祝祭にほかならない。祝祭において、人々は日常の時間、俗なる時間から脱して、聖なる時間へ至るのである。

聖なる時間とは神話の時間、太初の時であり、祝祭とはこの太初の時の再現を意味している。周期的な祝祭のたびに聖なる時間が繰り返されるのだから、聖なる時間とは、太初、起源として過去でありつつ、けっして過ぎ去ることなく、つねに同じままにとどまり、祝祭のたびに繰り返されうる時間、可逆的な時間とみなされている。

「周期的な祭のたびごとに、人は去年の祭、あるいは百年前の祭に顕現した同一の聖なる時間へと立ち戻る」[36]のであり、「換言すれば、人は祭において、はじめに（ab origine）、そのかみ〔その昔〕（in illo tempore）実現した聖なる時の最初の出現へと立ち返る」[37]のである。

祝祭の時間はいうまでもなく現在なのだから、人は、祝祭において、現在にありつつ、太初の時間（過去）と一致することになる。だがそれは、言い換えれば、人が「くり返し神々の現在に生きる」[38]ことでもある。よって、現在とは祝祭の時でもあれば、また太初の時でもある。宗教的世界において、祝祭の現在とは、太初から祝祭のたびに繰り返されてきた「永遠の現在」[39]であり、その意味では、聖なる時間はひとつも前進しない。祝祭において、人々は「神話の事件と時を同じ」[40]くし、「神々と同時代に生きるもの」[41]、「神々と同時代者になる」[42]のである。

反復的な時間の本質規定

このように、レヴィ＝ストロースにおける原系列の時間とエリアーデにおける聖なる時間を見てくれれば、真木が言う「構造的な同型性」の意味はあきらかだろう。そこでは、先祖と子孫、トーテムと人間集団、神々と人間という原系列と派生系列のそれぞれに固有の時間が認められ、（近代的な意味で言えば）前者が過去、後者が現在とされるのだが、しかし、両者のあいだに先‐後関係は認められず、むしろ、（これもまた近代的な意味で）同時であるとされ、なおかつ、〈現在＝派生系列〉は〈過去＝原系列〉のたえざる反復・繰り返し・再現だとされるのである。

こうした時間においては、そのつどの現在はつねに起源の反復・再現なのだから、過ぎ去る過去などなく、あるのは永遠の現在だけである。そのつどの現在はつねに起源と同時であり、現在にある者はつねに起源の同時代者（Zeitgenosse）であることになる。新たな現在の出現は、時間を前進させるのではなく、起源を反復するだけだが、この反復において、現在は起源との一致という根源的な希求を成就させる。それは、近代的な〈歴史を刻む時間〉ではなく、いわば〈永遠との結びつきを願望する時間〉だと言えよう。

中世キリスト教世界の時間観念

真木の議論に倣って、反復的な時間の具体例としてのレヴィ＝ストロースにおける原系列の時間、および、エリアーデにおける聖なる時間を見てきたが、もう一つ反復的な時間の具体例と考えられるものを紹介しておこう。それはアメリカの政治学者、ベネディクト・アンダーソン（Benedict Anderson, 1936–2015）の議論にみられるものである。

アンダーソンは、『想像の共同体』のなかで、中世のキリスト教世界に生きる人々の「同時性（simultaneity）」の観念と、近代以降の人々の「同時性」の観念の違いに着目している。近代以降の人々にとっての同時性とは、基本的に、二つの平行する時間系列のあいだに見いだされるものだろう。例えば、「日の出と同時に写経をはじめる」と言えば、太陽の運行という時間系列と私の活動の時間系列とのあいだの関係を意味している。

だが、アンダーソンによれば、中世キリスト教世界において、同時性はまったく別の意味をもっていた。このことを示すためにアンダーソンが例にあげるのが、中世の教会のレリーフ、ステンドグラス、絵画などである。当然、そこには聖書の物語が視覚的に再現されており、本来なら、その情景は一世紀のパレスチナの人々を描いたものであるべきなのに、実際には、「キリスト生誕の厩舎を訪れる羊飼いは、ブルゴーニュ地方の農民そのまま」だし、「聖処女マリアはトスカナ商人の娘のごとく描かれ」ている。つまり、聖書の物語のなかに、絵が作成された時代と場所の人物たちが描きこまれているのである。しかも、「中世の礼拝者の眼には」、こうしたことが「まったく自然なものと映ったのだった[43]」。なぜこんなことになるのだろうか。

アンダーソンは、「中世キリスト教精神は、歴史を原因・結果の無限連鎖、あるいは過去と現在との根底的分離と理解することとはまったく無縁だった」(44)と述べている。歴史を「原因・結果の無限連鎖」とみなすためには、歴史を無限に延び広がる直線的な時間としてイメージする必要があるし、そのようにイメージすれば、遠い過去と現在をもはや原因・結果の関係で結ぶことはできず、そこに「根底的分離」を見いださざるをえない。だが中世キリスト教精神はそうしたこととは無縁だったと言うのである。

普遍的宇宙と個別的世俗の同時性

こうした中世キリスト教精神を巧みに描写したものとして、アンダーソンはアウエルバッハ(Erich Auerbach, 1892-1957)(45)の言葉を引用している。アウエルバッハによれば、キリスト教において、旧約聖書にあるイサクの生贄の事件が新約聖書のキリスト受難を予兆するものと解釈されるのは、「時間的にも因果関係のうえからもつながりのない二つの出来事のあいだにひとつの関係が確立されること」(46)によってでしかない。では、その関係とは何か。「それは二つの出来事が神の配慮によって垂直に結び付け(47)」られるということである。アウエルバッハは次のように言っている。

「いま」と「ここ」とは、もはや地上の出来事の連鎖のたんなる結節点ではなく、これまでもずっとそうであったこと、そして同時に、未来にも成就されるであろうこととなり、厳密にいえば、神の眼前において、永遠のもの、恒常のもの、地上の断片的な出来事においてすでに完成されたものとなる。(48)

つまり、「いま、ここ」で生じているキリストの受難は、水平的時間の先後関係、因果関係のなかにあるのではなく、神の配慮という「永遠のもの」、「恒常のもの」の反復であり、それと垂直的に結びついていて、過去においては同じ「永遠のもの」がイサクの生贄として生じたし、未来にもまた別の形で成就されると考えられているのである。

神の世界である「普遍的宇宙」と人々の世界である「個別的世俗」とは「並存」していて[49]、この関係はどの時代においても、また、どの場所においても永遠に反復して現れてくる。普遍的宇宙と個別的世俗はいわば同時に存在しているのであり、したがって、ある時代のある場所で生じた出来事と普遍的宇宙の出来事とは同時だし、また、個々の世俗の出来事はいずれも、この普遍的宇宙の出来事の反復であるかぎり、すべて同時である。アンダーソンは中世キリスト教世界における「同時性」の意味をこのように理解する[50]。

ここから、中世の教会において、聖書の物語の登場人物が中世の人々の姿で描かれていたことの意味も理解できよう。聖書の世界とは普遍的宇宙であって、それは歴史上のどの時代においても、また、地上のどの場所においてもつねに反復されている。したがって、一世紀にパレスチナで生じたことも、中世にイタリアで生じたことも、普遍的宇宙の出来事の繰り返しであって、それぞれがこの普遍的宇宙の出来事と同時であり、かつ、お互いが同時の出来事だと言える。ならば、聖書の世界を描いた絵画のうちに、中世の人々が描かれたとしてもなんの不思議もないだろう。中世の礼拝者が〈トスカナ商人の娘のような聖処女マリア〉を自然なものと感じたのは、こうした時間観念にもとづいてのことだと言えよう。

レヴィ＝ストロース、エリアーデ、アンダーソンに共通する時間観念

こうした中世キリスト教世界における時間観念のうちに、先に見た原系列の時間や聖なる時間との共通性を見いだすことは容易だろう。聖書に記述された普遍的宇宙の出来事は聖なる時間に属し[51]、また、歴史上のあるとき

に、地上のどこかで生じる個々の出来事は俗なる時間に属している。普遍的宇宙の聖なる時間は決して過ぎ去ることなく、永遠にとどまり、たえずそのつどの現在として反復されるのであり、したがって、個別的な世俗の出来事は、それが普遍的宇宙と垂直に結びついているかぎり、いずれも本質的に同一である。これは、チューリンガを引き継ぐ者がいずれも同じ先祖の生まれ変わりとみなされたのと同型の時間観念だと言えよう。

また、普遍的宇宙と個別的世俗のあいだの同時性は、エリアーデにおいても、聖なる時間と俗なる時間の同時性として、あるいは、宗教的人間と神々のあいだの同時性として見いだされていた。レヴィ＝ストロースもまた、チューリンガを「現在化された過去」と呼ぶとき、あるいは、原系列と派生系列の平行性を論じるとき、過去と現在、起源と派生態のあいだに同時性をみていたと言えよう。

要するに、レヴィ＝ストロース、エリアーデ、アンダーソンはそれぞれ、原始社会における時間観念のうちに、宗教的人間の時間観念のうちに、あるいは、中世キリスト教世界の時間観念のうちに、同じ反復的な時間の諸形態を見いだしていたと考えられる。

生の現象学の時間性と反復的な時間

さて、真木があげる時間観念の四つの理念型のうち、反復的な時間についてみてきたが、ここから、現在、私たちが「常識」だと考えている〈均質的・直線的・形式的な無限の時間〉というイメージが時間を観念するひとつの仕方にすぎないことが分かるだろう。エリアーデは、宗教的人間の体験は「聖なるものを失った世界に生きる人間の体験とは種質を異にする」[52]ことを認めつつも、「全面的に聖なるものを失った世界、全く非聖化された宇宙というものは、人間精神の歴史における新たな発見である」[53]とも述べている。つまり、人類史の観点からすれば、〈均質的・直線的・形式的な無限の時間〉は、常識どころか、むしろ「新たな発見」だと言える。

ならば、現象学の話題に立ち返って、現れの構造を、そして、自己の存在を時間性にもとづいて考える場合にも、その時間を、〈均質的・直線的・形式的な無限の時間〉とは違った形で観念する可能性は十分に開かれていると言えよう。そして、そうした可能性を追求したのが生の現象学だったのではないかと思うのである。アンリが「パトス的時間性」と呼ぶもの、そして、これから見ることになるが、木村が自己性の成立根拠と考える時間性は、いずれもここまでみてきた反復的な時間と「構造的な同型性」をもつと言える。

では、生の現象学は、いかなる観点から、反復的な時間と同型の時間観念のうちに、現れの本質、そして、自己の存在の本質を見いだそうとしているのだろうか。

自己の存在を根拠づける時間構造

本章のはじめで、プロト現象学においては、結局、把持に先立つ原印象的な自己の存在が曖昧にならざるをえないことをみた。これは帰するところ、水平的な時間観念では「現在とは何か」を規定しえないことを意味していよう。時間は、フッサールが言うように、あらゆる把持に先立って原印象が自然発生してくるところに始点をもつ。まず印象が原的に生じて、それが過ぎ去り、過ぎ去った印象を把持することで初めて時間意識が成り立つ。ということは、原印象的な現在は[54]〈そこから出発して時間が構成される源泉点〉なのだから、決して時間によって——端的には、把持によって——は構成されない。時間は原印象的な現在によって条件づけられているかぎり、それを条件づけることはできない。プロト現象学が原印象的な自己の存在を規定しえなかったのは、それが現れの本質、存在の本質を水平的な時間性のうちにみていたからだと言えよう。

それに対して、生の現象学は、時間を反復的な時間と同型のものとしてイメージすることで、プロト現象学がかかえる困難を突破しようとしたのではなかろうか。つまり、それは現在を水平的時間のなかで考えるのではなく、起源との垂直的な関係のなかで考えようとし、水平的時間の始点としての自己の存在を起源のたえざる反復として理解したのである。

生の現象学にとって、自己はつねに起源と同時にある。自己にとって起源は過ぎ去ることなくたえず現前しており、〈自己が自己であること〉、〈私が私であること〉はこの起源の現実化としてそのつど成就している。私が自己を感受することは、「いま、ここ」において、起源という過去が実感されることであり、過去が現実化してくることにほかならない。要するに、生の現象学は、プロト現象学が水平的時間のなかで根拠づけられなかった自己の存在を、起源との関係のなかで根拠づけようとするのであり、その際、この根拠づけの構造を反復的な時間と同型の時間性のうちに見いだすのである。

では、生の現象学において、この自己の存在の根拠づけはいかに説明されているのだろうか。次章からは、こうした問題を検討していきたい。

第一一章　「みずから」と「おのずから」／ビオスとゾーエー（木村敏）

常識的な時間観念と自己

前章のはじめで検討した〈自己の存在と時間の関係〉という問題を再度取りあげてみよう。といっても、前章のような現象学的な問題としてではなく、もっと日常的な問題として。

現象学の議論を俟つまでもなく、私たちは日常的に自己というものを時間との関係でイメージしていると言える。その時の「時間」というのは、当然、先に見たような直線的な時間だから、私たちは、いわばそうした時間軸上を通過していくようなものとして自分自身をイメージする。私たちがすでに通過した期間が「過去」で、これから通過するであろう期間が「未来」、そして、いままさに通過しつつある地点が「現在」だと。

これが現代に生きる私たちの常識的な時間観念だと言えよう（もちろん、別の時間観念をもつ人もいるかもしれないが、それは少なからずなんらかの思想の影響を受けた人ではなかろうか）。私たちは、いま自分が生きている現在を中心にして、そこから過去と未来という二つの方向が水平的にまっすぐ延び広がっているようにイメージしているのである。

現代人の自己規定のふたつの類型

自分自身をこうした水平的な時間軸上にいるものとしてイメージする現代人にとって、自己の存在の意味は、基本的に、ふたつの類型において把握されるように思われる。私がつねに位置しているのは現在だが、この現在はたちまちのうちに滑り去るし、たえず更新を余儀なくされていて、安定した存在をもちえない。そこで私たちは、自己の存在の意味を未来、あるいは過去に照らして把握しようとする。

未来との関係で自己を把握する場合、自己は〈なるもの〉としてイメージされるだろう。現在の自分は未熟であり、形成途上であって、未来において自己は〈自己になる〉と考える。これは未来志向的な自己規定と呼ぶことができよう。この人は、大人になれば、入学すれば、卒業すれば、就職すれば、結婚すれば、そのうちいつか……と、たえず未来を見据え、この未来のうちにこそ自己の実現があるようにイメージする。

逆に、過去との関係で自己を把握する場合もある。その場合、自己は〈あったもの〉としてイメージされるだろう。現在の自分は過去の積み重ねの上にあり、自己を規定しているのは、これまでに完了したこと、所有されたものである。それは例えば、家族や友人、社会における役割や地位、獲得された実績、秩序ある生活、あるいは、生活上の習慣などだろう。この人は、自分が積み上げてきたこと、自分が所有してきたものが自分を形成しているとイメージする。これは過去志向的な自己規定だと言えよう。

こうした自己規定のふたつの類型は、表面的には対立しているように見えるが、必ずしもそうではない。未来を志向できるためには、過去のうちに盤石な地盤をもたなければならないし、過去の積み重ねだって、未来が閉ざされていたなら、その意義を実感することはできないだろう。

したがって、未来志向の強い人、過去志向の強い人という違いはあっても、安定した自己をもち、現在の上に確かな地歩を占めているかぎり、その人は、水平な時間軸上でのみずからの過去と未来を、現在という結節点を介して、しっかり結びつけられていると言えるだろう。現代人の自己は、水平的な時間的広がりを現在のうちに統一することで安定を保っていると言える(1)。

「今度結婚することになりました」という言い方

だが、古来から日本人の意識のうちには、水平な時間軸上の過去や未来から自己を規定するのとは違った仕方での自己規定の仕方がみられる。倫理学者の竹内整一は、そうした日本人に固有の自己規定のあり方を表現したものとして、例えば、「今度結婚することになりました」とか、「就職することになりました」などの言い方をあげている。[2] 日常よく耳にするまったくありふれた表現だが、この表現のどこに「日本人に固有の自己規定」が含まれているのだろうか。

「今度結婚することになりました」と言うとき、誰が結婚を決めたのだろうか。もちろん、結婚を告げている当人である。しかし、この表現は、当人みずからが決めたことなのに、あたかもおのずからそうなったかのような言い方になっている。そこには、「当人『みずから』の意志や努力で決断・実行したこと」なのに、それを『おのずから』の働きでそう〝成ったのだ〟と受けとめるような受けとめ方[3]が見られる。同じことは「出来る」という言葉のうちにも見いだされている。竹内は次のように言う。

「出来る」とは、もともと「出で来る」という意味であり、ものごとが実現するのは、「みずから」の主体的な努力や作為のみならず、「おのずから」の結果や成果の成立・出現において実現するのだという受けとめ方があったがゆえに、「出で来る」という言葉が「出来る」という可能の意味をもつようになったのである。[4]

私たちが「結婚できる」とか「就職できる」と言うとき、そこには、結婚や就職が「みずから」のことでありながら、どこか「おのずから」に与っていることだという受けとめ方が含まれているのだろう。

こうした表現のうちには、「みずから」の行為が、「みずから」の営みを越えてはたらく「おのずから」に与っていることへの感受性が表明されている[5]。日本人は、自分自身の「みずから」が、自分を越えた「おのずから」のうちにその根拠をもつことをどこかで感じとっていたからこそ、こうした表現を発達させたのだろう。

ここには、水平的な時間的広がりを現在へと統一することで自己を規定するのとは異なった自己規定がある。そもそも「おのずから」は、ものごとが私の関与なしに自然に生じてくることだから、私の過去や未来といった水平的時間軸とは別の次元にある。そして、私は、自分の「みずから」が、この水平的時間軸の根拠をなす「おのずから」に垂直的に由来すると感じる。つまり、自分の自己が、絶対的根拠から直接、垂直的に規定されていることを感じるのである。

自己と自然の関係性

竹内と同様の議論は木村のうちにも見いだせる。木村もまた、日本語の「みずから」と「おのずから」の関係に着目し、そこから日本的「自己」の特異なあり方を浮き彫りにしている。

木村によれば、日本語の「自己」は、それに相当するとされる欧米語のself（英語）、Selbst（ドイツ語）、soi（フランス語）などにはない独自な意味をもっている[6]。その独自な意味を、木村は、「自己」（という語）が「自然」（という語）と共有する「自」の意味のうちに見いだしている。

西洋においては、一般に、「自己」が内部に位置づけられるのに対して、「自然」は外部にあるものとされてきた。つまり、自然は客観的・科学的な観察の対象として人間に対立するものとされてきた[7]。しかし、東洋では、『自然さ』としての自然は決して内部に対する外部とは見做されて来なかった」。それは「おのずからそのようにあること」を意味し、人もそうした「自然」のなかにあるとされた[8]。

日本でも、古来から、「自己」と「自然」は〈内部－外部〉という関係には立っていなかった。そのことは、このふたつの語が同じ「自」という文字を含むことに端的に表れている。つまり、「当時の日本人は、自己と自然とのあいだに、同じ一つの『自』の現象態として、内外の別を超えた本質的な共属性を見て取っていたのである」[9]。では、「自己」と「自然」の両方に共に属している「自」とは何を意味するのだろか。

「みずから」と「おのずから」の意味

「自」には「みずから（自ら）」という読みと「おのずから（自ずから）」という読みがある。つまり、右にも書いたように、「自己」と「自然」というふたつの意味が含まれている。

木村の分析によれば、「みずから」の「み」は「身」、つまり、「身体」や「自身」のことで、「ず」は本来「づ」で、所有や所属を表わす助詞の「つ」が訛ったもの、「から」は「松江から広島まで」などと言うときの「から」、つまり出発点を表わしている（例えば、「松江から広島まで」は「自松江至広島」と表記される）[10][11]。また、「おのずから」の「おの」は「おのれ」、つまり「それ自身」の意味で、「ず」と「から」は「みずから」の場合と同じである[12]。よって、「みずから」は「身体という場所で、そこから何かが起きる」という意味になるし、「おのずから」は〈何らかの始まりがそれ自身でひとりでに始まっている〉といった意味になる[13][14]。

だが、このようにふたつの言葉を分析しつつ、木村がもっとも注目しているのが両者に共通する「から」である。実は、「みずから」とも「おのずから」とも読める「自」という文字それ自体が「から」という意味、つまり、出発・始まり・開始などの意味をもつ。すると、どうやら、「自」が「自己」と「自然」の「本質的な共属性」を示すとされるのは、単にふたつの語がともに「自」の文字を含むからではなく、むしろ、「自己と自然」、「みずからとおのずから」がともに、「自＝から」という出発・始まり・開始の意味をもつからであるらしい。では、この「自＝から」はさらにどのような深い意味を隠しもっているのだろうか。

根源的自発性としての「自＝から」

木村は「自＝から」の深い意味について次のように述べている。

> そんなことで私は、「自己」と「自然」の「自」、「みつから」と「おのつから」の「から」は、ともにある種の根源的自発性を意味しているのだ、と考えているのです。その根源的自発性そのもののところでこれを捉えると、「それ自身における自発性」ということになって「おのつから」、つまり「自然」の意味になるのでしょうし、その自発性を自分の身に引き受けて自分自身のこととしていうと、「自分の居場所における自発性」すなわち「みつから」、「自己」の意味になるのだと言ってよろしいでしょう。[15]

つまり、木村にとって、「自＝から」は基本的に「根源的自発性」を意味しており、それをそれ自体でとらえると「それ自身における自発性」、すなわち、「おのずから（おのつから）」、「自然」となり、それが自分自身の身に引き受けられてとらえられると「自分の居場所における自発性」、すなわち、「みずから（みつから）」、「自己」になる、と言うのである。

要するに、「自＝から」＝根源的自発性＝「おのずから＝自然」という等式が成り立ち、この根源的自発性が「身」に引き受けられて、自身の身体において生じることが「みずから＝自己」だということになろう。

しかし、これは具体的にはどのような事態を言わんとしているのだろうか。

根源的自発性の具体的意味

先の竹内の例に立ち返って考えてみよう。竹内は「今度結婚することになりました」といった表現を取りあげ、ここには「当人『みずから』の意志や努力で決断・実行したこと」なのに、それを『おのずから』の働きでそう〝成ったのだ〟と受けとめるような受けとめ方」が見られると言っていた。つまり、こうした表現のうちには、「結婚」は「おのずからの働き」なのだが、それが「みずから」の身に降りかかり、それを引き受けることで、「みずから」が「結婚することになった」という感受性がはたらいている、ということなのだろう。結婚というものが、おのずからなる自然のこととしてあり、それを自己の身に引き受けることで、みずから結婚するにいたる、と言ってもいいかもしれない。

もちろん、だからといって、人が「今度結婚することになりました」という言い方を選ぶのは右のような感受性を表現するためだ、などと言いたいのではない。むしろ、ほとんどの場合、特に意識することなくこうした表現が口をついてでるのだろう。しかし竹内は、まさにそうした「無意識」のうちにこそ、古来からの日本人の感受性が宿っていると言いたいのではなかろうか。誰でもが、意識しないうちに、おのずからなる自然のことをみずからに引き受けることで自己が成り立っているように感受している、と。

そして、木村が「おのずから」と「みずから」の関係として言わんとしているのも、そうした事態であるように思われる。「根源的自発性」などと言われるとたいそうな気がするが、それは「おのずからなる自然のこと」と（「無意識的」に）感じられているもののことであって、人は、それを自分のこととして、自分の身に引き受けることで、自己という居場所で、みずからある行為を行っていると感じているのだろう。

「できる」という言い方も同じで、人が「みずからできる」という意味で使っている「できる（出来る）」のうちには、なにかが「おのずから出で来る」という意味がしみ込んでいて、そのような「それ自身における自発性」を、自分の身に引き受けて、「自分の居場所における自発性」として感受したとき、人は「できる」と表現するのだろう。

自然に起源をもつ自己

このように見てくると、木村が、日本語の「自己」のうちに見いだしている独自な意味がよく理解できるだろう。それは単に「われ、おのれ、その人自身」を意味するのではなく、なによりも「おのずから」としての自然、根源的自発性としての自然と不可分な「みずから」を意味している。自己とは、「それ自身における自発性」がある居場所で生じてくることにほかならない。その居場所とは、具体的には身であり、身体であって、そこで「それ自身における自発性」が生じることこそが「みずから」、つまり、自己なのである。

したがって、「おのずから」と「みずから」の関係、自然と自己の関係は、前者が後者の基礎、あるいは起源をなすような関係だと言える。「『おのずから』が『おのずから』として成立しているかぎりでのみ、私たちは自分の身体存在に着目して『みずから』ということを言えるのであって、その逆は成り立たない[16]」。木村において、自己とは、その本質において、自然の根源的自発性に基礎づけられたもの、その起源としての「それ自身における自発性」から垂直的に根拠づけられたものとして理解されているのである。

こうした木村による自己の規定のうちには、先に竹内においてみたのと同様、自己を、水平的な時間軸上の過去–現在–未来の総合として理解するのとは異質な自己規定のあり方が認められる。木村における「みずから」としての自己も、やはり「おのずから」という自然の自発性から垂直的に根拠づけられたものとして理解されているのだろう。

生命一般と個々の生命

ところで、ちょっと奇妙に思われるかもしれないが、木村は、いま見てきた自然と自己の関係が、次の文章のなかの「生命一般の根拠」と「われわれ一人ひとりが生きているということ」との関係に相当すると述べている。[17]

> この地球上には、生命一般の根拠とでも言うべきものがあって、われわれ一人ひとりが生きているということは、われわれの存在が行為的および感覚的にこの生命一般の根拠とのつながりを維持しているということである。[18]

難解な文章だが、どうしてこの文章の内容が自然と自己の関係について言われたことに相当するのかという疑問点も含めて、文章そのものを解析してみよう。

まず、木村は、一般に「生命」と呼ばれるものにふたつの側面を認めており、それを「生命一般」と「個々の生命／生きもの」と呼んで区別している。「個々の生命／生きもの」とは、生殖によって世代を引き継いでいく個体としての生命であって、これは誕生と死によって区切られた不連続的な生命である。それに対して、「生命一般」と呼ばれるのは、こうした「『生命リレー』のバトンに相当するもの」であって、それは「地球上に生命が発生して以来、世代がかわり種が進化しても、そんな水面上のさざ波とはまるで無関係にそれ自身同じひとつの生命として、一度も途絶えたことなく生きつづけている生命」[19]のことである。個々の生きものが生命を維持できるのは、この「生命リレーのバトン」を引き継ぐからであって、その意味で、「生命一般」は「個々の生命／生きもの」の根拠であるとされる。

右の引用で、「生命一般の根拠」と言われていたのが、この「生命リレーのバトン」に相当し、「われわれ一人ひとりが生きているということ」が「個々の生命」に相当する。われわれ一人ひとりは世代を継承しつつ、それぞれが自分自身の生命を維持するのだが、それは、個々の生命を貫く「同じひとつの生命」としての生命一般の根拠がわれわれ一人ひとりの身体のうちに具現化されているから、言い換えれば、われわれ一人ひとりが生命一般の根拠を身に引き受けているからである。その意味で、木村は、われわれが生きているとは、この「生命一般の根拠とのつながり」が維持されていることだとするのである。

生命一般に起源をもつ個々の生命

こうした木村の思想は、次の木村の言葉のうちにも端的に表現されている。

多くの場合、私は自分自身が「生きている」ことを、自力で、自分の意志で能動的に生きているのではなく、むしろ受動的に、生を与えられている状態として経験しているのではないだろうか。／その場合には、「生きている」のはこの「私」ではなくて、だれのものでもない、あるいは「生きとし生けるもの」すべてのものに共通する「生命一般」とでもいうべきものであって、私はその生命一般が生きている「いまここ」という「場所」にすぎないということになるだろう。[20]

もはや、〈自然－自己〉と〈生命一般－個々の生命〉というふたつの対のあいだの関係は明白だろう。「みずから」としての自己は、その「から」が示すように、それ自身の根拠としての自然、つまり、「おのずから」としての根源的自発性が、そこで身に引き受けられ、現れてくる場所であった。同じように、私の生命を含む個々の生命も、生命一般に根拠づけられるとともに、この生命一般が生きる具体的な「いまここ」という「場所」をなすとされているのである。

木村において、この生命一般と個々の生命は、のちに「(山括弧付きの)〈生命/生〉」と「(山括弧無しの)(個々の)生命」、あるいは、ゾーエーとビオス[21]と呼ばれるようになる。だが、どのように呼ばれようが、それが「おのずから」と「みずから」の関係と同じ構造をもつことにかわりはない。私の自己とは、基本的に、ビオスとしてのみずからの生命を生きることであるのだが、このみずからの生命とは、ゾーエーとしての〈生命〉、おのずから生成・展開する〈生命〉が、私の身体という場所、私自身という場所に限定されて現れてきたものにほかならないとされるのである。

ゾーエー的〈生命〉の現れとしてのヴィデオル(「私には……思われる」)

だが、このように自己の問題を考えるときに、忘れてはならないポイントがある。それは、自己にはつねに自覚がともなうということである。自分を知らない自己はない。自己はつねに自分を知っている。そして、第九章で確認したように、生の現象学において、この自己知は「私には……思われる(videor)」として理解されるのだった。

ならば、ゾーエーとしての〈生命〉が現実化されてくる場所であるところの自己においては、このゾーエーの根源的自発性のはたらきが「私には……思われる」という仕方で自己に感受されているはずである。先の引用で、木村が、「私は自分自身が『生きている』ことを……受動的に、生を与えられている状態として経験している」と消極的に表現していたのはこうした事態をさしているのだろう。私は、私の生命を、私が能動的・主体的に司るものとしてではなく、そこでゾーエーとしての〈生命〉が発現してくる場として感受しているのである。

ここで、やはり第九章で、「私には見ていると思われる」、つまり、〈見るという行為に内在する感じること〉

が中動態的自己と呼ばれていたことを思い出してもらいたい。私がただ見ているだけで、この「見ている」とひとつになった「思われる」が、それに内在的な「私」という座――「私には」と表現されている座――において、自然に生じてくるのだった。

そうであるなら、ゾーエーとしての〈生命〉の自発性を「私には……思われる」という仕方でたえず感受している自己のあり方もやはり「中動態的」と呼ばれてしかるべきだろう。木村は、私の生命をゾーエー的〈生命〉の自発性が現実化される「場所」だとするが、これは、バンヴェニストが「過程の座」と表現していたものに相当しよう。私の生命とは、ゾーエー的〈生命〉の内部にあり、かつ、そこでこの〈生命〉が現実化される過程の座（場所）なのである。

実際、木村は、「ヴィデオル〔videor、つまり、『私には……思われる』のこと〕――〔……〕それはいってみれば生命の自発性のわたしへの現れのようなものである[22]」、あるいは、「ヴィデオルという感覚を通して生命的自発性のようなものがわたしに現れる[23]」と言っている。そして、このヴィデオルとしての「現れ」、「感覚」に関して、次のように言うのである。

> この「現れ」、この「感覚」とは、いわば自己を「本来の自己」たらしめている「自」そのもののことだろう。「おのずから」としての、「……から」としての「自」。「おのずからそのようにあること」としての「自然」の「自」。「生まれ出ること」としてのピュシス。「所産的自然」（natura naturata）でない「能産的自然」（natura naturans）。生命の能産性のみがもつ自己原因の迸りが、この感覚を通じてわれわれ一人ひとりの自己の中へ流れ込んでくる[24]。

つまり、ヴィデオル（「私には……思われる」）とは、「おのずから＝自＝から」としての自然（能産的自然）、「生まれ出ること」としてのゾーエー的〈生命〉の能産性が、(「過程の座」としての)私において「現れ」、「感じられる」ことであり、この「現れ」、「感覚」によってこそ、私は「本来の自己」になるとされているのである。

中動態的自己の拡張

さて、木村におけるゾーエー的〈生命〉と中動態的自己(「私には……思われる」)の関係をこのように見てくるなら、ここで中動態的自己の意味が、第九章で確認された意味に比べて拡張されているのが分かるだろう。第九章では、見ることがそれ自身を感じること、あるいは、見ることにかぎらず、諸々の知覚のはたらきが内的に私に現れてくることが中動態的自己の意味だとされた。しかし、ここでは、知覚のはたらきではなくて、ゾーエー的〈生命〉の自発性が私において内的に感受されることのうちに中動態的自己の意味が見いだされている。つまり、私が「自分自分が生きること」を、「おのずから」としての〈生命〉の自発性の「いまここ」における現実化として実感することが、中動態的自己の意味として取り出されているのである。

また、思い出してもらいたいが、やはり第九章では、「私には……思われる」が諸々の感覚内容の共通感覚的な感受でもあることから、それが、単に自己のアクチュアリティの実感であるだけでなく、世界のアクチュアリティの実感でもあることが明らかにされた。よって、ここで、この点も配慮して中動態的自己の意味を再定義するなら、それは次のようになるだろう。中動態的自己とは、私が、私のビオス的生命を、ゾーエー的〈生命〉の根源的自発性が発現してくる場所として感受していることだが、こうした中動態的自己において、私は同時に、私自身をそのはたらきにおいて、つまりアクチュアリティとして実感しており、さらにまた、私のはたらきに対応した世界のアクチュアリティをも実感している、と。

つまり、一言で言えば、中動態的自己とは、そこで自己のアクチュアリティと世界のアクチュアリティが実感されてくる場なのだが、そうした場としての私は、ゾーエー的〈生命〉の根源的自発性がみずからの身体へ流れ込むことで私が私として成立すると感じている、ということである。その意味で、ゾーエー的〈生命〉の自己感受こそが、自己の存在と世界の存在の根拠をなしていると言える。

「垂直のあいだ」が「水平のあいだ」を根拠づける

したがって、中動態的自己の拡張というのは、ふたつめの中動態的自己が発見されたとか、中動態的自己にふたつの側面が見いだされたとかいうことでは決してない。むしろ、あくまで中動態的自己はひとつであり、自己のアクチュアリティをなす中動態的自己を中心にして、一方に、それを根拠づけるゾーエー的〈生命〉、他方に、そこに帰趨点をもつ世界のアクチュアリティがあって、両者が中心で結びつけられている、とイメージすべきだろう。

木村は、「あいだと生死の問題」という論文で、ヴァイツゼッカー（Viktor von Weizsäcker, 1866–1957）の思想を引き合いに出しつつ、「環境」と「生命体」と「生命の根拠」の関係について論じているが[25]、そこで木村が用いている言葉を援用するなら、中動態的自己と世界の関係は「水平のあいだ」、中動態的自己とゾーエー的〈生命〉の関係は「垂直のあいだ」と呼ぶことができよう[26]。そして、木村は、このふたつの「あいだ」の関係について、「『水平』あるいは『横』の『あいだ』の出来事である生命が、『垂直』あるいは『縦』の『あいだ』の関係によって担われている[27]」と言うのである。

自己とその起源の関係としての「垂直のあいだ」が、自己と世界の関係としての「水平のあいだ」を根拠づけている。そして、このときの世界というのは、アンリの用語で言えば生の世界にほかならないのだから、このことは、生の世界が情感的調性として、あるいは、手ごたえ・抵抗として現れてくることの根拠が、自己とゾーエー的〈生命〉の関係としての「垂直のあいだ」のうちにあることを意味していよう。みずからの生命を、ゾーエー的〈生命〉のおのずからなる発出に与るものとして実感することが、この生命が出会う世界をアクチュアリティとして現出させているのだろう。生の世界の全体は、最終的には、自己とゾーエー的〈生命〉の「垂直のあいだ」のうちにその根拠をもつのである。

反復的な時間と〈ゾーエーとビオス〉の思想

さて、このあたりで、以上のような木村の思想と、前章で見た反復的な時間との関係を確認しておこう。

前章では、生の現象学が構想する時間性と構造的な同型性をもつ時間性として、原始共同体や宗教的世界に見られる反復的な時間をとりあげ、その本質構造を分析した。そこで確認されたのは次のような構造だった。すなわち、この時間性のうちには、原系列と派生系列（あるいは、聖なる時間と俗なる時間、普遍的宇宙と個別的世俗）というふたつの時間系列が含まれ、前者が後者の起源とされながらも、この起源としての過去は決して過ぎ去ることなく、永遠にとどまり、後者の時間系列のうちに永遠の現在として何度も繰り返し再現される、といった構造である。そして、生の現象学は、時間性をこのように考えることで、プロト現象学があいまいにしか規定できなかった自己の存在に根拠を与えようとしたと考えたのである。

こうした反復的な時間の構造はまさに、ここまで見てきた「おのずから」と「みずから」の関係、あるいは、ゾーエー的〈生命〉（生命一般）とビオス的生命（個々の生命）の関係に相当すると言えるだろう。「自己が自己である」とは、そこにおいてゾーエー的〈生命〉が感受されているということであり、したがって、自己が自己であるかぎり、自己が生きているかぎり、ゾーエー的〈生命〉はつねにそこに現前しており、何度も繰り返し現前してくる。ゾーエー的〈生命〉は、現在の生ける自己の起源であるかぎり、過去ではあるが、それは「現在する過去」、「通時のことばで語られる共時」であって、自己が生きているかぎり、つねに自己と同時にあり、自己の存在の実感において、つねにともに実感されているのである。[28]

ゾーエーにもとづく自己はプロト現象学の自己を根拠づける

木村においては、自己の存在、自己の生命はゾーエー的〈生命〉によって根拠づけられたものとして理解されている。中動態的自己は、みずからのはたらきの直接的感受ではあるが、同時に、その自己感受において、おのずからなるゾーエー的〈生命〉に根拠づけられたものとして自分自身を感じとっているのである。ならば、そのようにして根拠づけられた自己の存在は、時間的距離を介して自己の存在を保障しようとして挫折せざるをえないプロト現象学における自己に、その実質的な存在の地盤を提供しうることにならないだろうか。

真木悠介が、時間と自己に関する近代人の感覚と原始人の感覚を比較して次のように言うとき、彼もまた、こうしたプロト現象学における自己とゾーエー的〈生命〉に根拠づけられた自己の関係と同じ関係を、このふたつの感覚のあいだに見いだしていたように思われる。

時間的なもの、一回的なものは相対的に「とるに足らない」ものとする感覚〔原始人の感覚〕にとって、自分自身とは、そして人間とは何であろうか。近代人がなによりも大切なものと考えているこの「私」の一回かぎりの生と、日付けをもった人間の歴史とは何であろうか。それらはそこ〔原始人の感覚〕では、永遠的なもののたち現われる場としてこそ意味をもつのだ。[29]

反復的な時間の観念をもつ原始人の感覚にとっては、近代人にとっての私の生、つまり、水平的・直線的な時間のうちに位置づけられた、日付をもった一回かぎりの生は「とるに足らない」ものであり、それは「永遠的なものたち現われる場」としてのみ意味をもつ。木村もまた、原始人の感覚が近代人の一回かぎりの「私の生」を根拠づけるように、ゾーエー的〈生命〉に根拠づけられた自己がプロト現象学における自己を根拠づけると考えていたとは言えないだろうか。

さて、こうして、私たちは、木村における〈おのずからとみずから〉の思想、〈ゾーエーとビオス〉の思想のうちに反復的な時間の構造が含まれていることを確認してきた。次章では、これと同じ構造がアンリの思想のうちにも含まれていることを検証していくことにしよう。

第一二章　自己と絶対的〈生〉（アンリ）

アンリのパトス的時間性を考察するにあたって

第一〇章で、アンリがパトス的時間性（生の現象学における時間性）についての具体的な考察を残しておらず、アンリの思想のなかから、それについて引き出しうるのは抽象的な事柄にすぎない、と述べた。ここでは、この「抽象的な事柄」をできるかぎり具体的に描き出してみたいと思う。

といっても、私たちは、ここまでですでに、アンリの抽象的な議論を理解するための準備をしてきた。原始社会や宗教的世界にみられる反復的な時間の観念がそれであり、また、木村における〈おのずから〉と〈みずから〉の思想、〈ゾーエーとビオス〉の思想がそれである。それらを念頭においてアンリの思想を検討することで、ある程度、抽象的な議論にもついていくことができるだろう。

そこでまずは、やはり第一〇章で確認した、プロト現象学における自己の存在と時間の関係について、アンリがいかに解釈しているかを検討することからはじめよう。どうしても、すこし抽象的な議論にならざるをえないが、具体的な考察もおりまぜつつ丹念に議論を積み上げていきたい。

フッサールに対するアンリの評価

第一〇章のはじめで確認したのは次のようなことだった。現れの本質を距離のうちに認めるプロト現象学にとって、自己の現れ、自己の存在の本質は時間的な距離のうちに、つまり、把持された自己のうちに見いだされることになる。だが、そうなると、把持されるのでなく、把持している自己、あるいは、原印象的な自己が未規定にならざるをえない。そこで、フッサールは、原印象の自然発生と、この原印象の発生とひとつになった原意識を想定することでこの疑問に答えた。だが、こうしたフッサールの回答は、あくまで（空間的・時間的）距離を現れ／存在の本質とするプロト現象学の範囲内では整合的に説明できない。つまり、自己の存在を時間的に説明しようとする企ては、結局、曖昧にしか自己の存在を規定できないことになる。

アンリは、『実質的現象学』におさめられた「ヒュレー的現象学と実質的現象学」や『受肉』において、こうしたフッサールの議論を取り上げ、一定程度それを評価しつつも、最終的にはフッサールの解決策を退け、みずからの解釈を展開している。フッサールに対するアンリの評価を一言で言えば、フッサールは、把持に先立つ――つまり、時間的距離を介した現れに先立つ――原印象の現出を認めつつも、プロト現象学の原理――「現れの本質は距離である」という原理――から抜け出すことができずに、原印象の現出を時間的距離における現出に解消させてしまった、ということになろう。つまり、プロト現象学の原理がフッサールの思考の展開の邪魔をした、ということである。

それに対して、アンリは、このプロト現象学の原理を無効にすることで、フッサールが突破口を開きつつも、突き進むことのできなかった道を進もうとする。つまり、自己の存在／現れの本質を、時間的距離とは別の原理のうちに見いだそうとするのである。

自己の存在と印象の自己印象化

アンリが自己の存在（「私は思う」）をどう解釈しているかについてはすでに第九章で詳しくみた。アンリはそれを「私には見ていると思われる」として、つまり、「見ることに内在する感じること」、〈見ることが、自己との距離なしに、直接に自分自身を感じること〉と理解していた。

自己の存在を時間の問題として考えようとするとき、アンリは、この「私には……思われる」を「印象の自己印象化（印象が自分自身に印象づけられること）（le s'auto-impressionner de l'impression）」[1]として解釈する。つまり、〈見るという現在のはたらきが自分自身を感じる〉とは、〈いま現に生じている（視覚的）印象において自分自身を感じること〉、つまり、印象の自己印象化にほかならないとするのである。

アンリは、プロト現象学の原理にしたがえば、把持されたものとしてしか解釈しようのない原印象の現出を、把持に先立つ現出として、つまり、原印象が（把持に先立って）自己自身を印象的に感受すること（これが「印象の自己印象化」の意味である）として理解した。そして、それによって、時間的距離を媒介しない原印象の、したがって、自己の現れ／存在を担保しようとした。アンリにとって、自己の存在とは、現在から滑り去ることで、距離を隔てて現れるのに先立って、まさにこの現在において、この印象においてありありと感受されるものなのである[2]。

第一〇章で、アンリが自己現出を非時間的なものとして理解していると述べたのはこのことを意味している。だが、そこでただちに補足したように、アンリはけっして「非時間的」とは言っていない。アンリは、以上のような現象学的時間性に対して、非現象学的な（あるいは、非-常識的な）時間、アンリがパトス的時間性と呼ぶ時間を構想しているのである。では、このパトス的時間性とはいかなる構造をもつのだろうか。

把持的変様の連続と原印象の連続

現象学的時間は、基本的に、原印象として与えられたものが滑り去り、把持へと変様し、さらに、把持の把持へと変様し……と続いていく把持的変様の連続である。それは、はじめに印象として与えられたもの、例えばドの音が、同じドの音のまま、原印象から把持（さっきのド）へ、そして、把持の把持（さらにその前のド）へと変様していく連続である。この変様の連続は、印象の内容ではなく、その与えられ方のみに関わり、したがって、ドの音だけでなくあらゆる印象に同じように当てはまる。その意味で、把持的変容の連続としての現象学的時間は形式的な時間だと言える。

それに対して、アンリがパトス的時間と呼ぶのは、把持的変様の連続ではなく、そのつどの原印象の贈与の連続である。それは原印象のたえざる到来であり、原印象の贈与とともに自己が自己をそのつど印象として感受する連続である。[3]

こうした原印象の連続においては、与えられる印象そのものはたえず変わっていく。それはそのつどドの音だったり、赤い色だったり、バラの香りだったりするだろう。しかし、それらはいずれも生が自己自身を印象として感受するはたらきのバリエーションなのだから、[4]あらゆる印象の贈与において、生はつねに自己自身を感受し、自己に到来しつづけている。アンリがパトス的時間性と呼ぶのは、こうした生の絶えざる自己到来にほかならない。

それは形式としての時間ではない。印象は、あらかじめ形式としてある自己到来のサイクルのなかに位置づけられるのではない。むしろ、印象の実質的な贈与の繰り返しが、そして、それとひとつになった実質的な自己感受の繰り返しが時間をうみだすのである。その意味で、パトス的時間性は実質的な時間だと言うことができる。[5]

感情の連続としてのパトス的時間性

同じことをより具体的に記述してみよう。事態を分かりやすくするために、右の記述の「印象」を「感情」に変えてみる。アンリにとって、印象の生起とは、みずからを感受するものの自己印象化なのだから、帰するところ感情にほかならない。

プロト現象学が考える時間とは、いま感じている感情が滑り去り、把持され、さらに把持され……と、感情の様態が連続的に変様していく過程である。例えば、いま苦しみの渦中にあったとしても、明日になれば、それは昨日の苦しみになり、明後日になれば、一昨日の苦しみになる。そのようにして、感情としての苦しみは表象され、思惟された苦しみへと変様していく。こうした過程が現象学的時間にほかならない。

それに対して、パトス的時間とは感情のたえざる連続、たえざる到来である。たしかにいま感じている苦しみは明日には過ぎ去っていくかもしれない。しかし、私はなんらかの感情をいだくことをやめはしない。実際、次の日になって、前日の苦しみは去ったとしても、その日はその日で、別の苦しみ、あるいは、喜びのただなかにいるはずである。またその次の日も同様であって、私が生きているかぎり、感情は私に到来することをやめない。アンリは、時間形式がまずあり、そのうちに諸々の感情が位置づけられるのではなくて、こうした感情の絶えざる自己到来こそが現在を、そして、時間を紡ぎだすと考えるのである。

永遠の現在、永遠の自己到来としての来歴

すると、このようなパトス的時間性の観点からは、そのつどの感情（自己印象化）、つまり、そのつどの現在は決して過ぎ去らないことになる。そのつど自己を感受することが現在を紡ぎだしているかぎり、現在は決して過

ぎ去らず、たえず到来しつづける。パトス的時間性にとって、現在とは「永遠の現在」[6]にほかならない。そして、この自己印象化としての現在がたえず到来し、たえず自己が感受されていることが生の様態なのだから、生とは「永遠の自己到来」[7]であることになる。アンリは、こうした生の永遠の自己到来を「来歴（l'historial）」[8]とも呼んでいる。

だが、この来歴は決して内容空虚な同語反復（トートロジー）を意味しない。それはA＝Aという単なる同一律でも、「私は私である」という単に形式的な自己意識でもない[9]。むしろ、アンリは、この永遠の自己到来を生の成長として、生の力の増大として理解するのである[10]。

しかし、実を言うと、アンリが生の永遠の自己到来を成長、あるいは、力の増大として理解するとき、そうした理解の根拠はかならずしも明確ではない。そこで、ここではそれを次のように解釈してみようと思う。

生の成長とは何か

先にも述べたように、印象の生起とは、みずからを感受するものの自己印象化、すなわち自己到来だから、この自己到来は印象の生起に権利上先立つことになる[11]。つまり、印象の生起は感情としての自己感受によって根拠づけられている。私がドの音、赤い色、バラの香りなどから諸印象を受けとることができるのは、私がたえず自己自身を感受しているからである。

ところで、私たちは、第八章で、この自己感受が「感じるはたらき」の自己感受であることを確認した。「感じるはたらき」とは根源的身体の可能力（le pouvoir）にほかならず、この可能力の自己感受が努力の感情と呼ばれたのだった。

すると、たしかに一方では、そのつどの現在において印象がたえず到来することの根底には可能力があると言えるのだが、しかし他方では、こうした印象のそのつどの到来とは可能力そのものの拡大だと言うこともできる。単純化して言えば、私の現在の可能力が例えばドの音の印象を根拠づけるものだとするなら、次の瞬間にそれが赤い色の印象をも可能にするならば、このことは、私の可能力がみずから根拠づける印象を拡大させたことを意味しよう。さらに、私の可能力は、バラの香りの印象をも可能にすることで、よりいっそう根拠づけの力を増大させることになる。

アンリが、印象のたえざる到来、生のたえざる自己感受が生の成長であり、力の増大だというのは、このような意味に理解できよう。生は、その自己感受によって、単に現に到来する印象を可能にしているだけでなく、つねに新たな印象の到来を可能にしつづけるのであり、そのようにして、より以上に生の世界を感じとろうとし、より以上に生の世界にみずからの力をおよぼそうとするのである(12)。

第八章では、根源的身体の可能力を〈世界へはたらきかける能力一般〉として理解したが、これは、いわば可能力の静態的な規定だと言うことができよう。可能力とは、ただ単に現在与えられている世界へはたらきかける可能性であるだけではなく、それがはたらきかけることのできる世界をたえず拡大させる力動的なものでもある。言い換えれば、可能力とは、それ自身が成長し、みずからを増大させることで、それが可能にする生の世界をたえず拡大し、豊かにしているのだと言えよう(13)。

今日も昨日も数千年まえも同時

しかし、生は、このようにたえず自己を成長させつつも、つねに同一にとどまるものでもある。生とは現在における永遠の自己到来であって、生は決してこの自己到来から滑り去りもしなければ、それに先駆けもしない。生は「不断の現在(14)」から外に出ることができないのである。だからアンリは、エックハルト（Johannes Eckhart,

1260–1328）に倣って、「昨日生じたことは、数千年まえに起こったことと同じほど、私から遠いのである」[15]と言う。

アンリがこの言葉で言わんとしているのは、不断の現在の外に出てしまうなら、昨日であろうと数千年まえであろうと生から離れている点では同じだ、ということなのだが、それは逆に言えば、私たちがたえず不断の現在のうちに生きるかぎり、昨日も、数千年前まえも現在と同じだけ近いということでもあろう。そしてアンリは、生が永遠の現在にとどまり[16]、そこから外に出ることはないと言うのだから、生にとっては、昨日も数千年まえも現在であり、したがって、過去はすべて目下の現在と同時だということになる。

常識的な時間観念からしたらまったく不合理な話である。現在と昨日、現在と数千年まえが同時だとは。しかし、アンダーソンが中世のキリスト教世界に生きる人々の同時性の観念として紹介していたことを思い出してほしい（第一〇章を参照）。彼らは自分たちの時代と教会のステンドグラスに描かれた一世紀の時代が同時だと感じていた。こうした時間観念からすれば、現在と数千年まえも同時だということになろう。それは、近代以後に常識になった時間観念からすれば不合理かもしれないが、人類史的な視点からすれば決して合理性を欠いているわけではない。

なお、いまは私の生が問題であるのに、そこに数千年まえの過去が出てくることに不合理を感じるかもしれない。これについては後に詳しく述べるが、しかし、木村敏が言うように、もし私の個別的な生、つまり、私のビオス的生命が、世代を貫いてきたゾーエー的〈生命〉を引き継いでいるのなら（第一一章を参照）、私の生という問題圏のなかに数千年まえの過去が出てきたとしてもなんら不合理ではないだろう。

思い出せない自己・忘れられない自己

さて、このあたりで話題を自己の問題へと差し戻そう。そもそも問題だったのは、時間性を通して自己の存在、すなわち、自己性をいかに規定しうるかということだった。そして、現象学的時間では、つまり、時間的距離を媒介することでは、自己の規定が曖昧にならざるをえないことから、アンリのパトス的時間性、来歴としての時間性から自己性を規定しようとしたのだった。

ところで、この「自己性」とは何だろうか。いっけん難しそうに思えるこの言葉の意味を、木村は次のように分かりやすく説明してくれている。

> 「私」という言葉は私以外のだれもが自由に使える共通の代名詞であるにもかかわらず、私が自分を指して「私」と言う場合、そこで言われていることは、私以外のだれかが同じ「私」という言葉で指していることとは絶対的に違うなにかであって、それを混同するようなことはありえない。私にとって私とは唯一無二のものであって、私以外の人が私と呼んでいるものは私にとっては私ではない。〔……〕われわれの自我意識にとってもっとも基本的なこの事態のことを、ここでひとまず自己の自己性と呼んでおいてもよいだろう。[17]

自己性の意味は明瞭だろう。それは私が、私の「私」に、他人の「私」には感じられないある絶対的な性格を感じとっていることを意味している。では、パトス的時間性からすると、こうした自己性の絶対的な性格はいかに規定されるのだろうか。

パトス的時間性とは永遠の現在の時間性、永遠の自己到来としての時間性だった。そこでは、現在は決して過ぎ去ることはない。したがって、たえず現在にある自己は、過ぎ去ったものとして自己自身をとらえるのではない。自己性とは決して時間的距離を介して自己を思い出すことではないのである。この意味で、自己とは「思い出せない（immémorial）」ものであると言える。

だが、アンリによれば、「思い出せない」自己は、同時に「忘れられない（inoubliable）」自己でもある。なぜなら、現在は決して過ぎ去らず、自己は永遠に自己のもとにとどまるからである。自己は自己自身の外に出ることができず、自己から逃れることができない。自己はいっときも自己から離れず、つねに自己自身を抱きしめている。

アンリにとって、自己性の絶対的な性格とは、このように、私の「私」が思い出せもせず、また、忘れられもしないということにほかならない。実際、私が、私の「私」を、他人の「私」と絶対に異なるものとして感じるとき、私は私の「私」を思い出しているのではない。むしろ、それは、どんなに忘れようとしても、決して忘れられないものとして私につきまとっている。それは、けっして外部に表象されず、たえず私の行いの内部にとどまる。だからこそ、私は、私の「私」を他人の「私」と混同しないのである。

自己受苦と自己享受

また、私が私の外に出ることができず、私から逃れられないということは、私の受動性の表現でもある。私の自己性とは永遠の自己到来にほかならないが、私は、私自身に到来する自己を受け取らないことができない。私は私自身をある意味では暴力的に被らなければならず、自己自身を苦しまなければならないのである。アンリは、こうした自己の様態を「自己受苦（souffrance de soi）」と呼ぶ。

これまでも見てきたように、アンリは、自己が自己自身を直接実感することを自己感受（épreuve de soi）と呼んでいるが、実は、フランス語の**épreuve**（感受）は、動詞**éprouver**（感じる、苦難などを受ける・被る）の名詞形として

「試練、苦難」という意味ももつ。[18] つまり、自己感受とは単なる自己の感取ではなく、〈自己という試練／苦難を被ること〉、すなわち、自己受苦を意味している。

だが、この自己受苦は同時に、自己触発、つまり、自己の実感として、自己を実質的に自己自身にしているものでもあった。私が私であるのは、つまり、私が絶対的な自己性をもちうるのは、私がたえず私自身を被り、私自身を苦しみ、そうした試練に耐えているからにほかならない。

また、先に見たように、私がたえず私自身を感受しつづけるということは、私の生の成長を、私の力の増大をも意味している。私の自己感受はたえず到来する印象とひとつなのだから、自己感受の連続とは、私がみずからの可能力を成長させ、より豊かに生の世界に関わること、みずからの生をより豊饒にすることをも意味している。ならば、自己感受は単なる自己受苦ではないことになろう。私が私自身に襲われ、私自身を被ることは、単に苦しむことだけを意味しない。それは同時に、私が私自身であることを喜ぶこと、そして、みずからの成長を喜ぶことでもあろう。だからこそ、アンリは、自己自身を苦しむことは同時に自己自身を喜ぶ／享受することでもあるとする。つまり、アンリにとって、自己受苦とはつねに同時に「自己享受（jouissance de soi）」なのである。[19]

したがって、自己が決して自己から逃れられないという自己の自己自身に対する徹底的な受動性は、自己が自己を苦しまなければならないことの表現でもあれば、自己が自己であることを、そして、みずからの成長を享受していることの表現でもある。アンリにおいて、苦しみと喜び、自己受苦と自己享受は、自己の存在、自己性をその根底から実質的に支えるもっとも根本的なふたつの情感性だと言える。

受動的な自己性と〈生〉

ところで、アンリの生の現象学にとって、このように自己性が徹底的な受動性として規定されることの意味は重大である。その重大さとは何を意味しているのか。

自己性、すなわち自己到来・自己感受・自己受苦が徹底的に受動的で、自己が自己自身を被らないことができないということは、自己がそれ自身の自己性に対して全く「無力」であることを意味している。[20] 私は自分が自己であることを自分ではどうすることもできない。もちろん、私は、私の「私」をつねに絶対的な仕方で感じとっており、それを他人の「私」と混同してしまうことは決してない。[21] だがそれは、決して私の自由になるような感受ではなく、いわば、否応なしの感受である。

これは言葉を変えれば、私が私自身の根拠ではありえないこと、自己が自己自身を根拠づけられないことを意味している。私は、私の自己性の、〈私が私であること〉の根拠たりえず、それを被るしかない。私は、私に与えられてくる私の自己性を否応なしに受け取る以外にないのである。

ところで、こうした自己のあり方は、前章でみた日本的「自己」のあり方に通じるものではないだろうか。竹内は、日本人に固有の自己規定の表現として、「今度結婚することになりました」という言い方をあげていたが、ここにもやはり、結婚が、当人みずから決断したことでありながら、その決断が自分以外からやってきて、自分はそれを受け取らざるをえないという感受性が表現されているように思われる。

では、その「自分以外から」とはどこからか。竹内も木村もそれを「おのずから」のうちにみていた。そして、木村は、この「おのずから」を根源的自発性として、ゾーエー的〈生命〉として理解していたのである。木村において、このゾーエー的〈生命〉は「みずから」において、つまり、ビオス的生命の自己において現実化する。木村にとって、自己の自己性、つまり、ヴィデオル（「私には……思われる」）とは、ゾーエー的〈生命〉の根源的な発現が、私（の身）において感受されていることにほかならないとされた。

実は、アンリのうちにもこれと同型の思想を認めることができる。アンリが自己性の成立を徹底的に受動的なものと規定したのは、自分が自分であることの根拠が「自分以外から」到来すると考えたから、言い換えれば、

「みずから」の根拠が「おのずから」のうちにあると考えたからにほかならない。そして、アンリは、私が根拠づけることのできない私の自己性の根拠、これをvie（生）の頭文字を大文字にしてVie（〈生〉）と呼ぶのである（ここでは、この大文字のVieを山括弧付きの〈生〉と表記する）。私は、たえず〈生〉から私の自己性を与えられ、たえずそれを被ることで、自己を絶対的な仕方で実感しつつ、みずからの（いわば小文字の）生を生きるのである。

自己触発の強い概念と弱い概念

こうしたアンリの思想は、彼が『我は真理なり』のなかで、自己触発の「強い概念」と「弱い概念」を区別したとき、明瞭な形で導入されることになった。

自己触発（auto-affection）とは、以前にも説明したように（第五章を参照）、自己感受や自己贈与、あるいは、自己到来などとほぼ同類の概念で、いっさいの距離を介さずに、自己が自己自身を直接とらえていること、自己が自己を実感していることを意味している。[22] フランス語のaffectionは、動詞affecter（触発する、心を揺り動かす）の名詞形として、「触発」以外にも「感情」の意味をもち、その意味を強調すれば、自己触発とは〈自分が自分自身を感情的に被っていること〉といった意味になるだろう。したがって、自己触発とは、感情的（実感的）なレベルで理解された自己性を意味するわけだが、アンリはこの自己触発に「強い概念」と「弱い概念」の区別を認めるのである。

アンリが自己触発の弱い概念と呼ぶのは、私たちがこれまで確認してきた私の自己感受、私の自己性のことである。アンリは次のように述べている。

私は私自身を感受するが、私がこの感受の源泉なのではない。私は私自身に与えられるが、この与えるはたらきは決して私のものではない。私は私を触発する、つまり、私は自己触発する、〔……〕しかし、私の本質をなすこの自己触発は私のなすことではない。[23]

これは、先に見た、私の自己性の徹底的な受動性の表現だと言えよう。私は私の自己性を被り、与えられるのだが、しかし、この自己性という事実、自己触発という事実は私以外の源泉から私に到来する。したがって、私はつねに私自身を「自己触発されたもの」[24]として見いだす以外にない。

では、この私の自己触発の源泉とは何か。それが自己触発の強い概念である。自己触発の強い概念を語るアンリは、私ではなく、生を、実質的には〈生〉を主語にする。私が、つねに自己触発されたものであり、決して自己触発するものではなかったのに対して、〈生〉は、自己触発されたものであるだけでなく、自己触発するものでもある。[25]つまり、〈生〉はみずからそれ自身の自己触発、それ自身の自己性の源泉をなすのである。だから、アンリは、私の自己触発を「所産的自己触発」と呼ぶのに対して、〈生〉の自己触発を「能産的自己触発」[26]と呼ぶ。こうした言葉から、アンリが自己触発のふたつの概念の関係を能産的自然と所産的自然の関係に対応するものとして理解していることが分かるだろう。[27]

自己触発のふたつの概念の関係

では、こうした自己触発のふたつの概念の関係——私の自己触発と〈生〉の自己触発の関係——は、より厳密には、どのように理解されているのだろうか。アンリは次のように述べている。

私がそれである個別的〈自己〉が自分を感受するのは、〈生〉が、その絶対的自己触発の永遠の過程において自分のうちに自分を投げ出し、自分を享受する、そうした運動の内部においてでしかない。〔……〕〈自己〉が自己触発するのは、絶対的〈生〉が〈自己〉のうちで自己触発するかぎりにおいてである。おのれの自己贈与において、〈自己〉をそれ自身に与えるのは、絶対的〈生〉である。おのれの自己顕示において、〈自己〉をそれ自身に顕示するのは、絶対的〈生〉である。おのれのパトス的抱擁において、〈自己〉に自分を抱擁すること、〈自己〉であることをゆるすのは、絶対的〈生〉である。(28)

ややこしく、まわりくどい言葉だが、要するに、絶対的〈生〉がその絶対的自己触発を実現していることが、私の受動的な自己触発を可能にしているということ、言い換えれば、絶対的〈生〉の自己触発が私の自己触発の根拠をなしているということである。

だが、よく読んでもらえばわかるように、このふたつの自己触発は実体的に分離される二項ではない。アンリは、私が自己触発するのは絶対的〈生〉の自己触発の運動のうちにおいてだと言うし、私のうちで絶対的〈生〉が自己触発するとも言う。つまり、私は自分のうちに、自分の「いまここ」に、絶対的〈生〉の絶対的自己触発を抱え込んでいて、それを根拠にみずからに固有の自己触発を実現するということだろう。

いかにも神秘的な思想で、およそ合理的に解釈することなどできなさそうにも思われる。だが、こうしたアンリの思想も、それを木村における「みずから」と「おのずから」の関係、あるいは、ヴィデオルとゾーエーの関係に重ね合わせるなら、その言わんとすることがおぼろげに見えてくるのではないか。

木村によれば、「みずから」とは、「おのずから」の根源的自発性が、身に引き受けられて、この身のうちで生じてくることだった。だから、「みずから」（自己）は「おのずから」（自然）と同じ「から＝自」を含んでいるとされた。つまり、自己とは、自然の「自＝根源的自発性」をそのうちに抱え込んだものと理解されていたのである。

また、私たちの個々のビオス的生命に自己性を与えているヴィデオル（「私には……思われる」）も、個々のビオス的生命の起源をなすゾーエー的〈生命〉の能産性が、私（の身）において現れ、感じられてくることだとされた。ここでもやはり、ゾーエー的〈生命〉は私の自己性の成立のうちに現れるものとされているのである。

アンリにおけるふたつの自己触発の関係も同様に理解することができる。私の自己触発とは、私のうちで絶対的〈生〉の能産的な自己触発が生じることにほかならない。私は、この能産的な自己触発を身に引き受けることで、はじめて自己たりうるのである。私とは、「いまここ」で絶対的〈生〉が自己触発している場所であり、それを内的に感じることが、あるいは、その自己触発を被ることが私の存在をなしているのである。[29]

また、アンリにとって、自己触発、自己性とは生の本質を規定するものだから、「自己触発されたもの」としての個々の自己は「生ける自己（soi vivant）」、「生ける者／生きる者（le vivant）」とも呼ばれる。つまり、個々の自己触発と絶対的自己触発の関係は、個々の生ける者と絶対的〈生〉の関係として読みかえられるのである。したがって、個々の自己触発が絶対的自己触発の「いまここ」における実現なら、個々の生ける者も絶対的〈生〉の能産性の個々の身体における実現であることになる。ここでもまた、木村における〈ビオスとゾーエー〉の思想と同型の思想が語られていると言えよう。

パトス的時間性と反復的な時間

さて、このようにアンリの思想と木村の思想の「構造的な同型性」をみてくるなら、もはやアンリの思想と反復的な時間との同型性も明らかだろう。先には、個別的な生における永遠の現在、永遠の自己到来をパトス的時間性として、来歴として理解したが、いま確認したように、個別的な生としての私の自己触発・自己到来が、絶対的〈生〉の自己触発・自己到来に起源をもち、その「いまここ」における反復だとするなら、パトス的時間性は、究極的には、個別的生と絶対的〈生〉の関係として理解されなければならないことになろう。では、そのように理解されたパトス的時間性とはどのようなものだろうか。

すでに見たように、絶対的〈生〉の本質も自己触発なのだから、その時間構造も〈決して過ぎ去らず、たえずとどまるもの〉でなければならない。絶対的な自己触発とは強い意味で永遠の現在、永遠の自己到来であって、私の個別的生が永遠の現在、永遠の自己到来と呼ばれたのも、それが私の「いまここ」における絶対的〈生〉の反復だからにほかならない。私がたえず不断の現在のなかを生きるのは、私が、本来的には、絶対的〈生〉の永遠の現在を生きているからである。

この永遠に同じままにとどまる絶対的〈生〉の来歴、これは聖なる時間（原系列の時間、普遍的宇宙の時間）に相当すると言えよう。それは起源でありつつも、決して過ぎ去らず、永遠の現在としてとどまり、繰り返し俗なる時間（派生系列の時間、個別的世俗の時間）のうちに現れてくる。

エリアーデは、宗教的祝祭において、人々は「神々と同時代を生き」ると言っていたが、アンリにとっても、私の現在は絶対的〈生〉の現在の個別的な実現なのだから、私はたえず絶対的起源との同時性を生きていることになる。そして、私だけでなく、すべての人間が絶対的〈生〉の個別の実現であるかぎり、私は、自分の現在を生きつつ、他の人の現在、あるいは、過去の人の現在と同時に生きることになる。同じ永遠の現在が、すべての人間において反復されるなら、すべての人は同時代者だと言えよう。先に、「生にとっては、昨日も数千年まえも現在であり、したがって、過去はすべて現在と同時だ」と述べたのは、こうした意味である。個々の生ける自己はすべて、絶対的〈生〉の永遠の現在の反復を生きるのだから、それらがいつ、どこに生きていようが、みな同時に生きていることになる。

アンリが、現象学的時間を退けて、非現象学的な時間として見いだしたのは、人類の原初の時間観念[30]とも言われる反復的な時間と同型の時間だったのではないか。そして、やはりそれと同型の時間観念が木村のうちにも見いだされたのだった。その意味で、生の現象学は、反復的な時間と同型の時間観念でプロト現象学を乗り越えようとしたと言えるだろう。

ところで、アンリと木村がともに反復的な時間と同型の時間観念を構想していたのは単なる偶然の結果なのだろうか。それとも、そこにはなんらかの必然性があるのだろうか。もし必然性があるとするなら、その要因とは何だろうか。こうした疑問が湧いてくるが、それについては第一四章で確認することにして、その前に、次章では、生の現象学における他者関係、および共同体の問題について考えてみたい。

第一三章　他者関係・共同体と同時性（木村敏&アンリ）

時間観念と共同体の関係を考える

第Ⅲ部はここまで、自己の存在の時間規定という問題から出発して、生の現象学が、反復的な時間と同型の時間観念にもとづいて、自己の存在をその起源（絶対的〈生〉やゾーエー的〈生命〉）との関係で（つまり、起源の反復としての永遠の現在として）理解していることを確認してきた。

だが、自己はたえず他者とともにある。他者なしに考えられた自己は単なる抽象物にすぎないだろう。では、生の現象学において、他者との関係とは、そして、自己が他者とともに生きることとしての共同性・共同体[1]とはどのようなものとして理解されているのだろうか。本章ではこうした問題を考えてみたい。

原始社会や宗教的世界において確認される反復的な時間は、単に自己の現在を起源の反復として理解するだけでなく、のちに見るように、自己のうちに同じ起源の反復を感じる人々を互いに結びつけるものとされる。つまり、起源との垂直の関係という時間観念が原始的・宗教的共同体の基軸をなすのである。

近代化とともに、そうした起源との垂直の関係は忘却されるが、アンダーソンによれば、近代においても共同体の基軸は時間観念のうちに求められる。つまり、垂直的な時間に代わって、水平的・直線的・形式的な無限の時間が共同体の基軸をなすようになるのである。

ここでは、こうしたアンダーソンの着想を出発点にして、時間観念と共同体の関係を考え、そこから、生の現象学が考える他者関係、共同体について検討していくことにしたい。

同時性と共同体

第一〇章では、アンダーソンが、中世と近代以降における「同時性」観念の意味の相違について指摘していることを紹介した。中世では、そのつどの現在は、起源にあった永遠の現在の反復として、その起源と、あるいは、他の現在とつねに同時だとされたが、近代以降では、ふたつの時間系列のあいだに見られる時間位置の偶然の一致が同時として理解される。しかも、ふたつの時間系列の比較が可能であるためには、両者に共通のひとつの普遍的な時間が想定されなければならないから、結局、近代以降の同時性とは、普遍的・形式的・直線的時間のなかのふたつの時間位置の偶然の一致ということになろう。

アンダーソンは、同時性の意味がこのように中世的なものから近代的なものに変わったことが、近代的な共同体の観念を生みだすきっかけになったとしている。また、この近代的な同時性の観念は、「一八世紀ヨーロッパにはじめて開花した二つの想像の様式」(2) である小説 (novel) と新聞によって形成されたとも言う。だが、同時性の観念が小説と新聞によって形成されたとはどういうことだろうか。ここでは——小説の方は省略して——アンダーソンが新聞について語っていることに耳を傾けてみよう。

新聞の時間性

アンダーソンによれば、一八世紀に開花した近代の新聞はその時間構造においてある特異性をもっている。彼は、ある日のニューヨーク・タイムズの一面の記事として次のようなものをあげている。「ソヴィエトの反体制活動家、マリの飢饉、残忍な殺人、イラクのクーデター、ジンバブエで発見された珍しい化石、ミッテランの演説など」[3]。もちろん、これらの事件は相互になんの関係もなく、それぞれの事件の当事者だってお互いのことを何も知らない。では、何がこれらの事件を並置し、結びつけているのだろうか。

アンダーソンによれば、それらを結びつけているのは新聞の日付である。日付とは「ゆるぎなく前進する均質で空虚な時間」[4]、形式的な時間の一単位であり、これらの事件は、同じひとつの形式的時間のなかに位置づけられ、偶然、日付が一致したこと、つまり、同時に生じたことから互いに結びつけられているのである。また、読者も、新聞を読むことで、みずからを同じ形式的時間のなかに位置づけると同時に、自分がそれらの事件と同時に存在していることを感じることになる。

さらに、読者は、まわりを見れば、誰もが自分と同じように毎日新聞を消費していることに気づく。地下鉄にも床屋にも新聞があふれかえっている。読者は、毎日の新聞の消費を通して、自分が、会ったことも、話したこともない人々とともに、新聞の日付が象徴する均質的で空虚な時間のなかを生きていることを感じ、紙面の事件同様、彼らとも同時に存在していることを知るのである[5]。

近代的共同体の時間構造

アンダーソンによれば、こうした時間構造は近代の共同体、とりわけ「国民（nation）」を構成する時間構造によく似ている[6]。彼は次のように言う。

ひとりのアメリカ人は、二億四千万余のアメリカ人同胞のうち、ほんの一握りの人以外、一生のうちで会うことも、名前を知ることもないだろう。まして彼には、あるとき、かれらが一体何をしようとしているのか、そんなことは知るよしもない。しかし、それでいて、彼は、アメリカ人のゆるぎない、匿名の、同時的な活動についてまったく確信している(7)。

近代の共同体の成立のためには、構成員のそれぞれが、自分が会ったこともなく、名前すら知らない人が自分と同時に活動していると想像できなければならない。そして、そのように同時を観念できるためには、自分にも、隣のアメリカ人にも、そして、会ったことのないすべてのアメリカ人にも共通の普遍的な形式的時間が存在していると確信できなければならない。アンダーソンは、一八世紀に登場した新聞(と小説)こそ、そうした想像力、そうした時間観念を人々に醸成するものとして機能したと言うのである(8)。

普遍的・形式的な時間観念はいかに生まれたか

ところで、アメリカの言語学者、ベンジャミン・ウォーフ(Benjamin Lee Whorf, 1897–1941)は、『言語・思考・現実』のなかで、「[アメリカ・インディアンの]ホーピ族の形而上学では、遠くの村のものごとが自分の村のものごとと同時に現に存在しているかどうかというような問題は提起されない(9)」と述べている。これは、先に見たアンダーソンの主張に対応していて興味深い。アンダーソンは均質で空虚で形式的な時間観念を前提した同時性の観念が近代に固有のものだと言っていたが、ホーピ族にそうした同時性の観念がないということは、アンダーソンの主張を裏付けるものだろう。では、近代的な同時性の観念はいかに生まれ、また、そうした同時性の観念をもたない原始共同体とはどのようなものだったのだろうか。

真木悠介は、『時間の比較社会学』のなかで、近代的な意味での同時性観念の前提となる普遍的・形式的な時間観念をもたない共同体が、いかにしてそうした時間観念をもつようになるのかをシュミレーションしている。

例えば、アフリカ先住民のヌアー族は、牛を生業の中心としており、「牛時計」と呼ばれる時間観念をもっている。それは均質で形式的な時間（例えば二四時間制）で一日を計るのではなく、具体的な牧畜作業が一日の時間を刻む（例えば、牛舎から家畜囲いへ牛をつれ出す時間、搾乳の時間、等々）ような時間観念である。これは先に形式的時間に対して実質的時間と呼んだものの範疇に入ると言える。(10)

だが、このヌアー族が、ある動物Xを生業とし、X時計を時間観念とする他の共同体と交易するようになると、交易の時刻や期日を計るためには牛時計もX時計も使えないので、双方に共通の「第三の時計」が必要になる。そして、さらに複数の共同体を交えて交易がなされるようになると、この共通の時間は、それぞれの共同体の生業にかかわらず、あらゆる共同体に適用できるような抽象性を獲得しなければならなくなる。こうして、どの共同体も採用可能な無限に抽象化された時間観念、つまり、普遍的・形式的・均質的で空虚な時間観念が形成され、それをもとに各共同体間の同時が計られるようになるのである。(11)

原始共同体・宗教的共同体の基軸となる同時性とは

だが、例えばヌアー族は、普遍的・形式的な時間観念、および、近代的な同時性観念をもたずに共同体を形成しているのであり、そうした原始共同体の基軸をなす時間観念とはどのようなものなのかが問題となるだろう。共同性・共同体の形成には構成員のあいだの共同意識が必要であることを考えると、やはり、なんらかの同時性の観念が共同体の基軸をなすと考えるのが妥当だろう。では、近代的な同時性観念とは別の同時性とは何か。

思い当たるのは、アンダーソンが同時性の近代的な意味に対置した中世的意味での同時性、つまり、永遠の現在としての起源との同時性という観念、言い換えれば、反復的な時間における同時性の観念である。

第一〇章で確認した例を再度取りあげてみても、（レヴィ゠ストロースが言うように）チューリンガは、祖先が現存の子孫と同じ肉体をもつこと、つまり、起源が現在と同時であることを証拠づけるものだし、（エリアーデが言うように）宗教的人間にとって、祝祭は人々が神々と同時代を生きることを意味するし、さらに、（アンダーソンが言うように）中世の人々にとっては、世俗の出来事は普遍的宇宙の出来事の反復であり、それと同時だと考えられていた。つまり、反復的な時間には「起源と現在の同時性」という観念が含まれているのである。

ならば、原始共同体・宗教的共同体の基軸をなす同時性とは、起源との同時性を介して結びついた相互の同時性ということにならないだろうか。つまり、〈祖先、神々、起源と同時に生きる者どうしは、相互にも同時に生きている〉という同時性の観念である。そしてその場合、共同体は、近代的な意味合いで「同時」に生きる人々だけでなく、過去に生きた人々をも、彼らが起源を共有するかぎり、そのうちに含むことになるだろう。

オーストラリアの先住民であるアランダ族のなかに生まれ育った人類学者のストレーロウ（Theodor George Henry Strehlow, 1908–1978）によれば、アランダ族は自分たちを取り巻く景観のなかに「敬愛する不滅の存在〔祖先〕の功績を読みとる」。彼らにとっては土地全体が「一つの家系図のようなもの」であり、同じ景観のなかに生きることは同じトーテム祖先（起源）を共有することを意味する。[12] つまり、彼らにとって、同じ景観のなかで生きてきたし、現に共に生きているということは、帰するところ、みなが〈起源との同時性〉を生きているということにほかならないのである。

原始的・宗教的思考において、人々を結びつけ、共同させるのは、起源との同時性を介した相互の同時性の観念である。原始社会、宗教的世界においては、このような同時性の観念、すなわち、反復的な時間における同時性の観念が共同体の基軸をなしていたと考えることができよう。

合奏の喩え

さて、このあたりで、生の現象学へと議論を戻すことにしよう。本章の主題は、生の現象学における他者関係・共同体の理解だった。第一一、一二章では、生の現象学が反復的な時間と同型の時間性にもとづいて自己の現れ／存在を理解していることを確認したが、ここで確認したいのは、生の現象学が、他者関係・共同体に関しても同様に、つまり、反復的な時間と同型の時間性にもとづいて理解しているということである。まずは木村の議論から見ていこう。

木村における他者関係・共同体に関する思想を分かりやすく示してくれるものとして、木村が頻繁にとりあげる合奏の例がある。木村によれば、熟練した演奏者による合奏（特に少人数編成の室内楽など）の場合、各演奏者は、それぞれが自分のパートだけを演奏しつつも、同時に、それぞれのパートを総合した合奏音楽の全体をもみずから奏でているような意識をもつ。しかも、演奏者たちは、みずから自発的に演奏しているにもかかわらず、この音楽全体に導かれ、支配されているような印象すらもつという。木村は、こうした状況をさして、合奏音楽の全体が演奏者個人の意志を超えた大きな意志、ひとつの自律的な生命体として「自己生産的に」音楽を産み出し、各演奏者はみずからの行為によってその音楽を実現している、と言う[13]。

もし、この例が分かりにくければ、木村があげる別の例も紹介しよう。例えば、私が友人と会話をしているとする。話がはずんでくると、私は自分の意志で会話し、意見を述べているにもかかわらず、会話の状況全体から話の内容や調子にいたるまで導かれ、支配されているように感じる。友人との会話そのものが私個人の意志を超えたひとつの主体的な意志をもち、その無名の意志が私の発話行為のなかで実現されてくるように感じられるのである[14]。

さて、こうした大きな意志と私の意志の関係、先の合奏の例で言えば、音楽全体と演奏者個人の関係は、第一一章でみた「おのずから」と「みずから」の関係に合致すると言えるだろう。「おのずから」は根源的自発性であり、それが「いまここ」において身に引き受けられ、現実化されたのが「みずから」だとされた。ただ、合奏の例の場合、自律的な音楽全体は複数の演奏者によって奏でられ、それぞれの場所において現実化されている。つまり、この例は唯一の「おのずから」と複数の「みずから」の関係を構成しているのである。熟練した演奏者たちのそれぞれは、音楽全体の自律的生命をみずからの自発性とひとつのものと感じ、演奏を通して、音楽全体の大きな意志を実現しているのである。

だが、この「おのずから」としての音楽全体は、同時に、それぞれの演奏者の「あいだ」にあるものでもある。実際、この音楽は演奏者たちの合奏によって実現されているのであって、演奏者たちは、音楽全体の自律的生命に従っているという意識と同時に、共に一つの音楽を作りあげているという意識をもつ。演奏者たちは、それぞれが各自のパートを奏でつつも、それぞれの演奏によって同じ一つの音楽全体を共に現実化していることで、互いに強く結びつくのである。

他者関係の本質としての私的間主観性

ところで、こうした合奏や会話の例にみられる他者との結びつき、これを木村は「私的（な）間主観性」[15]と呼んでいる。木村はこの語を「公共的（な）間主観性」と対立的に用いている。木村が公共的間主観性と呼ぶのは、フッサールが『デカルト的省察』の「第五省察」で解明しようとした間主観性に該当する。[16]フッサールは、それぞれの主観が世界を独自に意識しているにもかかわらず、すべての主観に共通の客観的世界が成立しうるのはなぜかと問い、それを可能にするものとして間主観性の概念を提唱した。つまり、それは公共的な仕方で現れてくる世界のあり方を説明するための間主観性であった。

それに対して、木村が私的間主観性と呼ぶのは、なんら公共性を可能にするようなものでなく、決して第三者が入りこむ余地などないのに、それにもかかわらず、「私的な意味での主観的意識が個別性や各自性の壁を越えて他者にまで広がっているという経験[17]」である。それは例えば、眼の前で子供が転んで怪我をし、痛がっているのを見た母親が、子どもが痛がっているその箇所に、つまり、自分の身体ではない子供の身体に主観的な激痛を感じるような経験、あるいは、互いに見つめあう恋人どうしが、各自の主観的経験など入りこむ余地のないほどに完全な一体感を共有しているような経験である[18]。同様に、先の合奏や会話の例もこの私的間主観性の例に加えることができる[19]。合奏の演奏者たちは、ともに演奏することで、何か公共的なもの、客観的なものを実現しているというより、いわば自分たちがひとつの主観になって合奏音楽全体を奏でている、あるいは、音楽そのものに導かれているように感じることだろう。これは第三者が入りこむ余地など決してありえない経験である。

木村は、こうした私的な間主観的経験のうちに他者関係の本質を見いだしている。木村は次のように言う。

> まず、各自の身体の個別性にともなって、私は私の個別化した主観的な意識をもち、彼は彼の個別化した主観的な意識をもっている。これが混じり合って一つになることは絶対にない。しかしそれとともに――それに先立ってでもその後にでもなく、それとまったく同時に――彼と私は私的な間主観性というかたちで、単一の、それなりにまとまった主観性を共有している。そして彼と私のこころは、具体的でエクスプリシット〔明瞭〕な経験としては比較的稀な機会にでしかないかもしれないけれど、インプリシット〔暗黙〕にはつねに、この共通の私的な間主観性を通じて、互いに交わり合うことができる[20]。

つまり、合奏の演奏者たちが、それぞれ独立して主体的に演奏しつつも、同時に、ひとつの主観になって――私的間主観性というかたちで――合奏音楽全体を奏でているように、人々は、それぞれ固有の主観性をもち、個別化し、独立していながらも、つねに同時に——明瞭にでなくとも、暗黙のうちに——他者との私的な間主観性を生き、互いに交わり合っているのである。

ゾーエー的生命の共有と間主観性

だが、人々はなぜ私的間主観性を通じて互いに交わり合うことができるのか。合奏の例はその根拠を明確に示してくれている点ですぐれている。合奏において、個々の演奏者は、それぞれが主観でありつつ、同時に、私的間主観性を通じてひとつの大きな主観になっているのだが、このひとつの大きな主観は、音楽全体を奏でるものであると同時に、音楽全体の自律的生命が自己を産出する運動がそこで実現される場でもある。つまり、演奏者たちは、ひとつの音楽的生命体がそこで実現される共通の場において根源的に交わり合っているのである。

同じことは私的間主観性によって結びついた人々についても言える。木村は、先の引用に続いて、「インプリシットな間主観性」が「生命一般の根拠」に、つまり、ゾーエー的生命に根ざしていると言っている[21]。つまり、私的間主観性の根拠は、それぞれの主観が、有限なビオス的生命として、ひとつのゾーエー的生命を共に生きていることのうちにあるとするのである。再び木村の言葉を引用しよう。

私は自分が個としての有限な生命を生きることを通じて、無限の生命一般との関係に参入することになる。この関係は、一方では私自身の生命の根拠との関係であると同時に、他方では私と同様にゾーエー的生命に参与している他の生命体との、とりわけ他人たちとの根底的な——根拠を通じての——関係でもある[22]。

「他人たちとの根底的な関係」と言われているのがインプリシットな私的間主観性だが、これは私が他者とともにゾーエー的生命に参与することによって成り立つとされている。つまり、ゾーエー的生命と個々の主観との「垂直のあいだ」がそのまま私的間主観性という「水平のあいだ」をなすとされているのである。[23]

私的間主観性の時間性

では、こうした木村の思想をあえて時間の言葉で語るとどうなるか。ゾーエー的生命は個々の主観の起源にあるのだから、その意味では「過去」である。だが、それは個々の主観のもとで実現され、そのつど個々の主観を成り立たせているのだから、その意味では「現在する過去」であり、「永遠の現在」である。それぞれの主観は、この永遠の現在を反復することでゾーエー的生命と（アンダーソンが言う、中世的な意味合いで）同時に生きている。そして、右に見たように、個々の主観がともにゾーエー的生命に参与することが私的間主観性を成り立たせるのなら、この私的間主観性の時間性としての「同時性」[24]とは、結局、個々の主観がみな起源との同時性を生きていることを意味することになろう。

私たちはここに、反復的な時間におけるのと同型の同時性が木村の間主観性理論のうちに、つまり、他者関係論のうちに生きているのを確認する。木村において、こうした間主観性理論は、共同体だけに限定されず、動物や昆虫の群れにも適用されうる「集団主体性」というテーマへと広く展開される。しかし、人間の集団・共同性・共同体もこの集団主体性の一形態であるかぎり、こうした理論を共同体形成の本質を論じたものと解釈することは十分に可能だろう。

アンリにおけるパトス的間主観性

さて、次はアンリにおける他者関係・共同体について検討してみよう。アンリは『実質的現象学』第三章「共‐パトス」に収められたふたつの論文で他者経験について語りだすが、そこでまず批判の対象にされているのが、やはり木村と同様に、フッサールの「第五省察」における間主観性である。

アンリが、フッサールを批判してまず言うのは、他者経験とは、客観的世界の構成の条件であるより前に、まずもって「現前もしくは不在の感情、孤独、愛、憎しみ、怨恨、倦怠、許し、高揚、悲しみ、喜び、感嘆」(25)などだということである。つまり、アンリは、他者経験の本質を、公共的なものの可能性としてではなく、感情的なもの、パトスとして、すなわち、「共にあるパトス（pathos avec）」、「共‐感（sym-pathie）」(26)として理解する。アンリが「生けるパトス的間主観性」、「一人称の間主観性」(27)などと呼ぶのは、こうした他者経験にほかならない。

これは木村における「私的間主観性」に相当すると考えていいだろう。(28)一般に、感情は私的で、一人称的なものだとされるが、アンリは、感情がそうした「個別性や各自性の壁をこえて他者にまで広がっている経験」を間主観性の本質として理解するのである。では、アンリにおいて、そうしたパトス的間主観性、一人称の間主観性の成立条件はどのようなものと理解されているのだろうか。

パトス的間主観性の成立条件

『受肉』のなかで、アンリは、パトス的間主観性の成立条件について次のように語っている。

> 或る〈自己〉から他の〈自己〉へのあらゆる関係が、その出発点として要求するのは、この〈自己〉それ自

身、つまり、或るひとつの自我——私の自我や他人の自我——ではなく、それらの共通の超越論的可能性なのであって、この超越論的可能性とは、それらの関係それ自身の可能性、すなわち絶対的〈生〉にほかならないのである。(29)

いきなり難しい引用で恐縮だが、ここでアンリは、私と他者の関係の出発点、すなわち、間主観性の出発点を問題にしている。通常、私たちは、私と他者の関係を、ここに私がいて、そこに他者がいて、そのうえでふたりが関係する、と考える。つまり、両者の関係の出発点をここにいる私やそこにいる他者のうちにみる。しかし、アンリはここで、間主観性の出発点とは、そもそも私や他者、つまり自己や他の自己を可能にしているもの（超越論的可能性）にほかならないと言うのである。どういうことだろうか。

前章でみたように、アンリは自己の成立を徹底的な受動性として理解していた。私は、私の自己を、決して他者の自己と混同することなどないある絶対的なものとして感じとっているが、しかし、私自身は、この自己感受、自己触発の根拠ではなく、それを否応なしに受けとる以外になかった。私の自己触発とは、そこにおいて絶対的〈生〉の絶対的自己触発が現実化する場所であり、私の自己とは、この絶対的自己触発を徹底的に被ることで成立するものだとされたのである。アンリが自己の「超越論的可能性」と呼ぶのは、こうした事態を意味している。

だが、言うまでもないが、こうした自己の超越論的可能性は、単に私の自己にかかわるだけではない。それは自己一般の、自己性一般の可能性なのだから、私以外の他者も、それが主観であり、自己であるかぎり、やはり同じ超越論的可能性に与っていなければならない。つまり、私の自己と他者の自己は「共通の超越論的可能性」によって成立しているのである。

そして、アンリは、先の引用にあるように、この共通の超越論的可能性こそが、私と他者の、私の自己と他者の自己の「関係それ自身の可能性」だと言う。つまり、絶対的〈生〉との関係こそが、他者経験の、間主観性の可能性（成立条件）だと言うのである。「各々の超越論的〈自己〉は、それがそれ自身に与えられるところにおいて、他の超越論的〈自己〉と共に有る[30]」、というわけである。

絶対的〈生〉において、私は他者に到来し、他者は私に到来する

こうした思想をアンリが端的に表明している箇所を引用してみよう。やはり『受肉』にみられる文章である。

絶対的〈生〉は、〔……〕私自身にとっての私の〈自己〉への通路であるのと同様に、他の〈自己〉への現象学的通路である〔……〕。すなわちそれ〔絶対的〈生〉〕は、そこにおいて私が私に与えられ、私のうちに到来するような、そこにおいて他人が彼自身に与えられ、彼のうちに到来するような、〈自己性〉なのである。そこにおいて私が彼に到来することができ、そこにおいて彼が私に到来することができるような。したがって、このような意味においてこそ、〈生〉は「共‐存在」としての「共‐存在」であり、あらゆる共同体の、すなわち共同‐存在や共有されているものの、本源的な本質なのである[31]。

あいかわらず難解な文章だが、少しずつ読み解いていこう。引用の前半は先に説明したことの反復と考えていいだろう。絶対的〈生〉とは、私が私に到来する〈自己性〉であり、他者が彼自身に到来する〈自己性〉である。問題はそのあとで、アンリは、こうした絶対的〈生〉において、私は他者に到来でき、他者は私に到来できると結論するのである。

これは、木村の言葉で言えば、私と他者との「水平のあいだ」が、私と〈生〉、他者と〈生〉との「垂直のあいだ」に根拠づけられているということだろう。絶対的〈生〉は、私の自己性だけでなく、あらゆる自己性の根

拠であり、したがって、あらゆる自己性は、その絶対的〈生〉というそれらの「〈基底〉(Fond)」[32]において原初的・根源的に結びついているのである。

一人称の間主観性の意味

だが、この〈基底〉において、おのおのの自己はどのように結びついているというのだろうか。右の引用の後半を検討する前に、先にそれを確認しておこう。

実は、『実質的現象学』の時期には、まだ「絶対的〈生〉」という言葉が概念として定着しておらず、この時期、アンリは、絶対的〈生〉に相当する思想を〈基底〉と表現している。そして、この〈基底〉を使って次のように述べている。

> 生きる者が感受するものとは、同一的な仕方で、彼自身でも生の〈基底〉でもあり、やはりこの〈基底〉であるかぎりにおいての他人でもある——それゆえ、生きる者は、他人を、他人が〈基底〉についてなす固有の感受として、他人自身においてではなく、〈基底〉において感受するのである。[33]

これも容易には理解しがたい文章だが、要するに、生きる者(私の自己)は自己自身、絶対的〈生〉(〈基底〉)、そして、絶対的〈生〉であるかぎりの他者を同じ仕方で感受するのだから、他者の感受とは、絶対的〈生〉を感受しているかぎりでの他者を、絶対的〈生〉において感受することにほかならない、ということである。言い換えれば、他者とは、自己が絶対的〈生〉を感受することにおいて、それと同時に、この絶対的〈生〉において感受されてくるものなのである。

こうした他者の感受、つまり、絶対的〈生〉のなかでの他者の感受、これこそアンリがパトス的間主観性、一人称の間主観性と呼んだものだろう。自己は、絶対的〈生〉との関係のなかではじめて自己として成立するのだから、この関係は一人称の確立にほかならないが、しかし、こうした一人称の確立はそのまま他者の感受、すなわち、間主観性であることになる。アンリにおいて、自己の確立とはとりもなおさず間主観性の成立だとされるのである。

共同体の本質と個体間の差異

さて、このように考えてくれば、先の『受肉』からの引用の後半において、絶対的〈生〉が共‐存在であり、共同体の本質だと言われていることの意味も納得できるだろう。自己の根拠である絶対的〈生〉はつねに同時に間主観性の、延いては、共同体の本質でもある。だからこそ、アンリは個人と共同体を対置することはバカげたことだと言う。個人と共同体は相互に内在的であり、両者の関係とは結局、生ける者たちと絶対的〈生〉の関係そのものなのである。[34]

ただし、ここでひとつ付け加えるのを忘れるべきではないだろう。個人と共同体を相互に内在的なものと理解したからといって、それは決して個人を共同体に解消することを意味しない。たしかに生ける者たちは絶対的〈生〉との関係を共有するかぎりで同じものだと言えるが、しかし、それぞれの生ける者がこの絶対的〈生〉を身に引き受ける仕方は相互に還元不可能であって、その意味で、生ける者たちはあくまでも互いに他者なのである。[35]

キェルケゴールの同時（代）性

以上から、アンリの他者関係論・共同体論と木村のそれとの同型性は明らかだろう。したがってまた、アンリの議論のうちに反復的な時間におけるのと同型の同時性を認めることも容易だろう。実際、アンリは、絶対的〈生〉と生ける個人の関係を「同時（代）性（contemporanéité）」と呼んでいる。それは、絶対的〈生〉が決して過ぎ去らず、永遠の現在として、そのつどの現在においてあらゆる自己性を成立させていることを意味している。つまり、いかなる生ける自己も、自己であるかぎり、つねに絶対的〈生〉と同時なのである。

アンリは、こうした「同時（代）性」の概念をキェルケゴール（Søren Aabye Kierkegaard, 1813–1855）から引きだしている。キェルケゴールは、『哲学的断片　或いは　一断片の哲学』のなかで、「キリストと同時代の弟子」という問題を取りあげ、キリストと同じ時代に生き、実際にキリストの姿を眼にした者がキリストの同時代者なのではなく、真に信仰をもつものこそがキリストの同時代者であり、たとえキリストを実際に見たとしても、信仰を欠くなら、その人はキリストと同時に生きるのではないと述べている。[36] また、だからこそ、間接の弟子など存在しないとも述べ、キリストの直接の弟子から間接的に教えを受けた者であっても、真の信仰のうちにある者は、直接の弟子と同じキリストの同時代者であり、キリストとの実際の関係が直接であるか間接であるかは信仰において本質的な意味をなさないとするのである。[37]

アンリは、間主観性や共同体について語るとき、こうしたキェルケゴールにおける同時（代）性の概念を参照している。アンリは、お互いに会ったことのないカンディンスキーの鑑賞者どうしの共同体というものを想定し、彼らが互いに結びつくための条件とは、鑑賞者たちがみな、絵画の鑑賞をとおして、カンディンスキーがそこに表現したのと同じパトス（感情）を感受すること、すなわち、すべての鑑賞者がカンディンスキーの同時代者であることを通して、互いに同時代者であることだとするのである。[38]

また、このように同時（代）性を共同体の本質とみなすアンリにとっては、「死者たちとの共同体」も可能であることになる。いや、可能であるどころか、アンリにとっては、それこそ共同体の本質を純粋な形で表現したものだとも言えよう。キェルケゴールが「弟子に直接、間接の違いはない」と言っていたように、信仰のうちにある者はどの時代に生きようとみな同時代者である。ならば、現代に生きる者たちも、過去に生きた者たち、つまり、死者たちと共に生き、共同体を形成しうることになろう。生者も死者も絶対的〈生〉と同時であるかぎりにおいて、互いに同時代者なのである。[39]

起源との結びつきの断絶

さて、こうして私たちは、原始的・宗教的共同体の思想、木村の間主観性論、そして、アンリの共同体論のあいだに構造的な同型性が認められること、そして、そうした同型性の核に反復的な時間における同時性の概念が、すなわち、〈起源との同時性＝起源を反復する者たちの同時性（共同性）〉という思想があることを確認してきた。さらに、第一一、一二章における議論もあわせるなら、こうした起源との同時性は個々の生ける者、個々のビオス的生命の自己性の可能性としても理解されていたのである。

しかし、アンリと木村は、こうした議論のいっぽうで、起源との結びつきからの自己の疎外という事態をも視野に入れており、さらに、そこに危機を見いだしてもいる。次の第一四、一五章ではこうした危機を問題にしたい。私たちは、本書を、フッサールが危惧していた学問の危機、理性の危機、人間性の危機というテーマから出発させたのだったが、その最終段階にいたって、再び危機に向き合うことになるのである。

第一四章　生の危機と救済（アンリ）

〈生〉から疎外された人間の危機的状況

前章で見たように、ストレーロウは、オーストラリア先住民のアランダ族が景観のうちに共同体の起源との結びつきを、また、起源を共有する人々との結びつきを感じとっていると言っていた。同じことは、アフリカ先住民出身のムビティ（John Mbiti, 1931–）によっても報告されている。ムビティによれば、「アフリカ人の土地との結びつきは緊密」であり、彼らにとって「土地は神秘な仕方で人間と死者を結び、人間生活の基盤を提供する。人々は祖先の墓の上を歩き、祖先とのつながりをたえず更新してゆく。[1]」だから、アフリカ人をその土地から引き剝がすことは重大な帰結をもたらすことになる。その時、彼らはその生活の基盤を失い、「個人として生きても、祖先伝来の共同生活を生きることはできない[2]」。つまり、彼らは自分たちの起源と共同体から疎外された生を生きることになるのである。

人間から土地を奪うことは起源を奪うことを意味する。その時、人はもはや反復的な時間を生きることはできず、過去–現在–未来という水平的な時間のうちにみずからと共同体を位置づけることになる。ムビティも、アフリカ人からの土地の収奪が、彼らの意識に未来という次元を植え付けたと言っている[3]。未来の導入とともに、過去や現在も意味を変え、彼らはもっぱら水平的な時間のうちに生きることになる。真木は、ここに近代化の意味を見いだしている[4]。

もちろんこれは原始共同体の近代化の話なのだが、しかし、アンリや木村の思想のうちには、こうした近代化の意味と類比的に理解することのできる議論がみられる。つまり、彼らは、現代の人間を、絶対的・ゾーエー的〈生〉からの疎外を生きるものと理解し、そうした人間が抱える危機的状況を考察の主題にしているのである。本書も残すところあと二章を残すのみとなったが、最後の二つの章でこうした問題を検討してみよう。

絶対的・ゾーエー的〈生〉との出会いはひとつの危機である

ムビティは、「伝統と生活の基盤から遠去けられた」[5]アフリカ人が、一方では現代的な生活様式のなかで個人として生きつつも、他方では「昔ながらの団結を通じて土地、慣習、倫理、通過儀礼、慣習法、宗教への参加をえ、歴史の深みに身をつけ」[6]て生きつづけると言っている。つまり、人間は、土地から、生活の基盤から切り離されても、伝統や起源との結びつきを完全に失ってしまうわけではない。

アンリや木村のうちにも同様の発想を読みとることができる。たしかに、現代の人間は、絶対的・ゾーエー的〈生〉の疎外を生きるのだが、かといって、〈生〉の次元が現代人の生から完全に消失することはない。どのような仕方で生きるにしろ、人間は、生きているかぎり、〈生〉との結びつきを失うことはない。

しかし、いったん〈生〉から疎外され、近代的な水平的時間のうちに生きることを日常とするようになった現代人にとって、〈生〉との出会いは危機の体験となってあらわれる。アンリにとって、絶対的〈生〉とは自己性の、自己感受の根拠だったが、彼は、そうした自己に内在的な根拠との結びつきに「個人を内部から脅かす危険」を見てとり、「最大の危険は生である」[7]と言っている。

また木村も、現代人の日常性をつかさどる合理的思考の統制力が弱まるとき、「日常性の真只中に非合理性という形での非日常性が姿を現す」ことになり、「日常性はその成立の基盤から危機に曝される」[8]と言っている。

つまり、水平的時間のなかで日常を生きる人間にとっては、たとえゾーエー的〈生命〉がその日常的生を支えているとしても、この起源・根拠としてのゾーエー的〈生命〉との直接の出会いはひとつの危機として体験されるのである。

このように、アンリと木村はともに、現代人の日常が起源からの疎外であること、そして、この日常のうちでの起源との直接の出会いが危機の体験であることを認め、そこに現代人の生の特徴をとらえている。第一二章の最後で、アンリと木村がともに反復的な時間と同型の時間観念を構想していたことが偶然か必然かという問いを立てたが、もちろん、こうした共通の構想は偶然ではなく、両者が現代人の生の状況に対して共通の観点をとっていたことに由来するものだと言えるだろう。

では、現代人の生における危機の体験という契機をめぐって、アンリと木村のそれぞれはどのような考察を展開しているのだろうか。本章ではアンリについて確認し、次章で木村について論じることにしよう。

自己受苦の意味

第一二章で、アンリが自己性を、つまり、自己が自己自身を徹底的に受動的な仕方で被らざるをえないことを自己受苦として理解していることを確認した。だが、実は、アンリが自己性を苦しみとして理解する理由というのは、必ずしも明瞭な仕方で説明されているようには思われない。アンリは、自己が永遠の自己到来から決して逃れられず、たえず自己の重みを背負わなければならないことに苦しみをみるのだが、しかし、自己到来が苦しみでありうるためには、その前提として、自己がそのうちに自己逃亡の衝動を含んでいなければならないように思われる。では、この衝動とはどのようなものだろうか。

アンリがこうした問題を論じているわけではないのだが、次のように推論することができないだろうか。先にも述べたように、現代の人間はかつてのように絶対的〈生〉と緊密に結びついた生を生きられるわけではない。水平的な時間のうちに生きることを日常とし、過去や未来から合理的な仕方で自己規定することを常識とした現代人にとっては、絶対的〈生〉そのもの、あるいは、それとの結びつきは、日常を超えた非日常、合理性を超えた非合理性として現れてくる。それは、日常の生の合理的な秩序を破る暴力であり、戦慄を引き起こす対象である(9)。だからこそ、水平的時間を生きる自己は、この絶対的〈生〉との垂直の関係から逃れようとするのではなかろうか。

しかし、すでにみたように、自己は決してそれ自身の自己性の根拠たりえない。自己は、絶対的〈生〉の絶対的自己触発をみずからの「いまここ」に抱え込むことによってはじめて固有の自己触発を実現できるのである。したがって、自己が自己であるためには、自己は絶対的〈生〉の暴力を、その非合理性を引き受けざるをえない。つまり、自己は、自己であるために、それが逃れようとするものを被らざるをえず、だからこそ、自己にとっては、自己到来、その自己性が苦しみとして現れてくるのではないだろうか。

アンリにおける自己受苦の意味をこのように考えてみたい。自己受苦とは、日常的な合理的生を脅かす、非日常的で非合理的な絶対的起源の現出という危機的状況を生きざるをえない自己の様態を指していると考えられよう。

危機的状況を生きる人間の三つの類型

アンリは、こうした危機的状況を生きる人間のあり方として三つの類型を考えている。ひとつは自己を被ることの苦しみ、自己の重みに耐えて、自己を引き受け、自己であること、そして、自己を成長させることの喜びへ至るあり方である。つまり、自己受苦を自己享受へと転換するのである。

それは同時に、他者とのパトス的な共同体のうちに生きることにもつながるだろうし、さらには、本書の第II部で論じたように、生の世界を生きること、つまり、情感的調性、あるいは手ごたえ・抵抗としての世界を生きることにもつながるだろう。なぜなら、生の世界とは、絶対的〈生〉との関係という垂直軸を根拠として広がる水平軸だからである。

ふたつめの類型はこの危機的状況からの逃亡を企てるというあり方である。だが、すでに述べたように、生の永遠の自己到来というのは、そこから逃れることができないからこそ危機的状況になりうるのだった。よって、危機的状況から逃れようとする企ては、当然のことながら、不可能な企てだということになる。つまり、決して成功することのない企てである。しかし、この類型を生きる人は、あくまで危機的状況から逃れようとするかぎり、こうした不可能な企てを繰り返さざるをえない。アンリは、こうした不可能な自己逃亡を際限なく繰り返す生のあり方を、ニーチェ（Friedrich Wilhelm Nietzsche, 1844–1900）の言葉を使って、「生の病」[10]と呼んでいる。

三つめの類型は絶対的〈生〉の忘却というあり方である。先にも述べたように、現代人の生は絶対的〈生〉からの疎外として特徴づけられる。それは絶対的〈生〉を離れ、もっぱら過去－現在－未来という水平的時間のなかを生きることだと言える。だが、絶対的〈生〉は、たとえ起源としての過去であったとしても、こうした水平的時間のうちにない以上、決して思い出すことのできないものである。つまり、水平的時間のうちにある人間にとっては、それは忘却されざるをえない。そして、このようにみずからの起源である絶対的〈生〉を忘却した人間は、自分自身を自己の存在、自己の力の起源だとみなすようになる。アンリは、こうした事態をエゴイズムと呼んでいる。

これら三つの様態のうち、ひとつめの様態についてはすでにここまでで確認してきたので、ふたつめ、および、三つめの様態についてさらに詳しくみていくことにしよう。

生の自己否定としての科学

アンリが生の病として取りあげるものには科学、技術、経済活動、メディアなどがあるが、ここでは、いわば生の病の典型とも言える科学について見ていこう。

現代人の生活にとって科学の成果はなくてはならないものだろう。二一世紀に生きる私たちは、その生活の基盤にいたるまで科学に依存していると言っていい。ならば、科学は、生の病であるどころか、むしろ生を健康で、健全なものにしてくれていることにならないだろうか。

アンリはそのようには考えない。彼は、私たちの生活がまさにその基盤にいたるまで科学に支配されてしまっていることに警鐘を鳴らす。なぜなら、アンリにとって、科学とは「生それ自身に対して牙を向ける生」、「自分自身を否定する生」にほかならないからである。彼は、科学が私たちの生活の基盤を支配することについて、「これほど危機的な出来事はない」[11]と言うのである。だが、なぜそう言えるのか。

いうまでもなく、科学だって人間の生の営みである。したがって、それは芸術や文学や他の学問などと基本的には異ならない。科学は人間の文化のひとつだと言えよう[12]。だが、アンリによれば、科学には他の文化と異なる特異な点がある。それは、科学が、先に見た生の自己逃亡の企てにもとづいているということである[13]。

アンリにとって、文化とは基本的に「さまざまな力の成長〔増大〕を完遂せしめる」[14]ことを意味する。第一二章で、アンリが生のたえざる自己感受を生の成長、力の増大として理解していることの意味を探って、それを、より以上に生の世界を感じとろうとし、より以上に生の世界にみずからの力をおよぼそうとすることだと解釈した。アンリはこうした生のあり方に文化の本質を見いだしている。アンリにとって、すべての文化は「生の文化」[15]なのである。

だが、アンリによれば、「科学は生の世界のみならず生それ自身をも捨象する」[16]。科学は基本的に生の世界の排除、生の排除として性格づけられる。ここでアンリが考えている科学とは、私たちが第一章でも確認したガリレイ的な客観的科学である。第一章では、ガリレイが、自然を数学化することで自然から感性的性質を排除してしまったことを確認した。ところが、そうした感性的性質の本質を生の自己感受のうちに見る（第五章を参照）アンリにとっては、感性的性質を排除することは、生を排除し、生の世界を錯覚にしてしまうことを意味する。[17] ガリレイ的な客観的科学にとっては、絶対的・数学的に理解可能なものこそが真理なのであって、そうした真理のうちには、たえず成長し、生成していく生や生の世界が占める場所はないのである。

したがって、科学とは本質的に生の否定であることになる。だが、この生の否定である科学もひとつの生の様態にほかならない。科学とは「己れ自身に対して牙を向ける生の様態」[18]、生の自己否定であり、その意味でまったく矛盾した生の営みなのである。

では、この矛盾はどこから来るのか。アンリはそれを生の根本様態、つまり、受苦のうちにみる。先に述べたように、受苦とは、絶対的〈生〉の暴力に曝されること、つまり、ひとつの危機であり、それゆえに、そこから逃亡しようとする企てが生じる。だが、自己逃亡する生の運動は、それが生のあり方であるかぎり、たえずそれ自身を感受し、それ自身を被らざるをえない。よって、生は決して受苦から逃れることができない。にもかかわらず、この生はたえず自己逃亡を企てる。これが生の病という矛盾した生である。

したがって、自己自身に対して牙を向ける生の様態としての科学は、受苦という危機から逃れようとして、生の自己否定というよりいっそうの「危機的な出来事」に突き進む生を意味している。アンリは、科学に代表されるこうした生の様態を、文化に対して「野蛮」とも呼ぶ。アンリにとって、現代人の生は、たえず野蛮に曝され、あるいは、すでに野蛮に陥っているものとして理解されているのである。[19]

生の自己忘却としてのエゴイズム

受苦という危機を生きる人間の三つめの様態は絶対的〈生〉の忘却であり、エゴイズムである。先にも述べたように、絶対的〈生〉は水平的時間といわば垂直的に交わるかぎり、決して水平的時間のうちに位置をもつことはない。よって、もっぱら水平的時間のなかに生きる人間にとっては、絶対的〈生〉とは思い出せないものであり、忘却せざるをえないものである。この自己による絶対的〈生〉の忘却がエゴイズムを生むことになる。

自己の生は、身体をもつことを本質とするかぎりで、可能力として、つまり、〈世界にはたらきかけることができること〉として理解されていた。生とは努力、力、能力であって、そうした身体的生の自己感受をアンリは、フッサールに倣って、「私はできる（Je Peux）」[20]と呼ぶ。つまり、可能力としての私は「私はできる」という仕方でつねに自己自身を感受しているのである。

だが、自己が決してそれ自身の自己感受、自己触発の根拠ではありえなかったように、私は私自身の「私はできる」の、つまり、私自身の力の根拠ではありえない。竹内整一は、日本語の「できる（出来る）」が「出で来る」に由来し、したがって、それは、「おのずから」の結果が「みずから」の主体的な努力として成立するという意味をもつと言っていたが（第一一章を参照）、同じことは、アンリにおける「私はできる」にもあてはまる。私の「私はできる」は、絶対的〈生〉の能産的な力に由来するのであり、その「いまここ」における実現として成就するのである。私の力とはみずからを根拠づけることのできない力、根拠づけられることを必要とする力であり、そのかぎりで、受動的な力、あるいは、根源的な無力にほかならない[21]。

だが、先にも言ったように、水平的な時間のうちで生きるものにとって、絶対的〈生〉とは思い出せないものであり、忘却されるものである。そこから、私自身の「私はできる」をその根拠である絶対的〈生〉から切り離して理解することが生じてくる。つまり、私は、「私はできる」をとおして、みずからの受動性、無力を自覚するのではなく、むしろ、私自身を「私はできる」の根拠として、自分の力、自分の存在の源泉として理解するようになるのである。[22] 竹内の言葉で言い直せば、「できる」を「出で来る」から切り離して、もっぱら私に固有の能力として理解するようになる、ということである。

だが、これは錯覚にほかならない。たとえ絶対的〈生〉から疎外され、もっぱら水平的時間のうちに生きることになったとしても、自己は決して絶対的〈生〉から切り離されない。にもかかわらず、この自己は、みずからの根拠を忘却し、隠蔽して、自分自身が自己の力の、自己の存在の源泉だと錯覚してしまうのである。アンリはここに「エゴイズム」[23] をみる。本来、受動的である自己が、みずからを能動的だと錯覚すること、[24] これがエゴイズムであり、アンリは、そこに現代人がかかえる倫理的な意味での危機をみるのである。[25]

生に内在する危機

結局、アンリにとって、人間の生を襲う危機とは、水平的時間のなかを生きる者が、その合理性や日常性を破る非合理・非日常としての絶対的〈生〉から逃れるために、絶対的〈生〉にもとづくみずからの生を否定し、忘却しようと企てることだと言える。だが、そうした自己否定や自己忘却も生の営みであって、そのかぎりでそれは絶対的〈生〉に負っている。よって、この自己否定・自己忘却は挫折に終わらざるをえない。しかし、人間は、この挫折に終わらざるをえない自己否定や自己忘却を永遠に繰り返さなければならない。アンリは、こうした事態こそキェルケゴールが「絶望」と呼んだものだとし、[26] この絶望を生きざるをえない生こそが、生にとっての最大の危機だとするのである。

したがって、アンリにとって、危機とは人間の生の外部から人間を襲うものではない。生の自己否定は生が受苦であることに由来し、生の自己忘却は生が思い出せないものであることに由来する。つまり、いずれの場合も、危機は生の本質に由来し、生に内在的なのである。生に内在的な危機は、生の外部にある危機より危険である。なぜなら、それは決して逃げられない危機であり、危機から逃げることが危機を深めるような危機だからである。危機が生に内在的であるかぎり、生きるとは「危機を生きる」ことになる。人間の生は多かれ少なかれつねに危機のなかにあるのだろう。

では、こうした危機としての生をいかに生きるべきか。アンリは、一方で、ニーチェが「運命愛」の思想によって徹底的に、何度でも肯定しようとしたのがこの〈危機としての生〉であるとしつつも[27]、みずからは、この危機からの救済の道を探っている。そして、その救済を文化のうちに見いだすのである。

危機の救済としての文化

ただ、文化と言っても多様である。実際、先に見たように、生の病として規定される科学もひとつの文化にほかならない。アンリにとって、文化とは、生が自己を増大させ、成長させる運動、生がその可能力の展開によってみずからの欲求を成就させる運動なのだが[28]、そのように定義される文化のカテゴリーのうちには、低次のレベルから高次のレベルまでもろもろの実践が含まれる[29]。

では、そうした多様な文化のなかで、アンリが危機からの救済を託すのはどのような文化だろうか。それは、アンリが「文化の高次の形態」[30]と呼ぶ倫理、芸術、宗教である。といっても、これら倫理、芸術、宗教は、それらが文化の高次の形態だから危機を救済しうるというよりも、むしろ、それらが危機を救済しうるからこそ高次の形態と規定されていると考えたほうがいいだろう。

では、なぜこれら倫理、芸術、宗教は危機の救済になりうるのか。それは、これらの文化が、とりわけ強く個別的生を絶対的〈生〉に結びつけるからである。アンリの言葉で言えば、これらの文化が、絶対的〈生〉から切り離されて一度死んだ生を再び誕生させることができるからである。では、これら文化の高次の形態はそれぞれいかにして一度死んだ生を再び誕生させることができるのだろうか。

生の成長という絶対的価値にもとづく倫理

まずは倫理について見ていこう。通常、倫理とは社会のなかでの行為の問題として、とくに規範・目的・価値に適った行為のあり方の問題として理解される。それはアンリにおいても同じことで、彼にとって「倫理は行為の理論」(31)であり、とりわけ、規範・目的・価値との関係で理解された行為の問題だとされる。

だが、一般に、こうした規範・目的・価値は、行為の外にあって行為を導くもの、行為を規制するものと理解されるのに対して、アンリはそのようには考えない。彼はむしろ、規範・目的・価値が行為を規定するのではなく、逆に、行為が規範・目的・価値を規定すると言うのである(32)。どういうことだろうか。

先にも見たように、アンリは、生の可能力を、力を増大させることで生の世界をたえず拡大し、豊かにしているものと理解していた。アンリにおいて、こうした生の運動は「生に内在的な目的論」と呼ばれるが、アンリは、そこに「あらゆる倫理が根を下ろしている(33)」と言う。つまりアンリは、生にとっての目的は、生の外部にあるのではなく、生のうちに、生の自己成長のうちにあり、それこそが生にとっての唯一の規範・価値をなすとするのである。

したがって、あらゆる他の価値は、生の目的という絶対的価値から測られることになる。アンリは次のように言う。

諸事物に価値を与えるのは（それらの諸事物はそれ自体としてはなんらの価値も持たない）、それらの価値が生に適合するものであるかぎり、つまりはそれらが生の諸々の欲望のひとつを満足させるものであるかぎり、生である。しかし、このような生の実施する自発的な価値付与もまた、生が自ら自分自身を感受するのでなければ不可能である。たとえ、それがどんなに控えめな欲求であっても、その欲求を通して生が自らを、そうあるものであり、またそうあるべきものとして、すなわち絶対的価値として感受しているからこそ、そのような自発的な価値付与も存在しうるのである。[34]

諸事物が価値をもつのは、それらが生の欲求を満たすからだが、生の欲求は、生の目的論から生じてくる。生の目的、絶対的価値とは自己の成長にほかならず、生は根本的にそれ自身の成長を欲求するのである。諸事物の価値にかぎらず、諸々の行為の価値に関しても同じだろう。個々の行為が倫理的価値をもつのは、それらが生の自己成長という生の欲求を満足させるからだと言える。

だが、生はいかにして成長するのか、生の成長の構造とはいかなるものか。それは右の引用にもあるように、生の自己感受にほかならない。そして、生の自己感受が絶対的〈生〉の個別的自己への到来であることはすでにみた。したがって、生の成長とは、絶対的〈生〉の能産力を個別的自己の身体において引き受け、それをみずからの可能力（できる）として遂行し、この可能力をより増大させていくことにほかならない。そこにこそ絶対的価値が見いだされ、この絶対的価値に適合するものが「価値あるもの」、「倫理的なもの」とされるのである。

ならば、倫理的な行為とは、絶対的〈生〉の能産力と結びついた個別的行為であり、人は、倫理的行為をなすことで、絶対的〈生〉の能産性を反復していることになる。つまり、倫理とは、生ける者と絶対的〈生〉との結びつきを生きることにほかならないのである。[35]

だが、先にも見たように、水平的時間のなかに生きる現代人は絶対的〈生〉から疎外されており、したがって、生ける者と絶対的〈生〉との絆はしばしば否定され、忘却されている。だからこそアンリは、絶対的〈生〉との結びつき欠いた人、絶対的〈生〉を否定し、忘却した人は、倫理的行為をとおして、この絶対的〈生〉を再び生きることができ、絶対的〈生〉との結びつきを回復できるとするのである。

絶対的〈生〉の自己現実化を担う芸術家

次に芸術についてみていこう。水平的時間のうちに生きる人間にとって、芸術とは少なからず非日常の経験の場だと言えるだろう。たしかにアンリは、日常的な生の世界がそっくり美学のカテゴリーのうちに入ると言っていた（第六章を参照）。しかし、それは生の世界の諸対象がすべからく情感的に与えられるからで、芸術作品はそのなかでも特に強い感情を喚起するものとして、特別の存在だと言うことができる。私たちは、芸術作品を前にして、日常を超えた非日常、合理性を超えた非合理性に出会い、強く心を揺すぶられる。だが、いったいなぜそのようなことが生じるのだろうか。

芸術的体験の意味については、芸術家の側と鑑賞者の側とのふたつの方向から考察できる。まずは芸術家の側から見ていこう。第六章では、アンリがカンディンスキーの創作活動を対象にして、抽象画の意味について考察していることを確認した。カンディンスキーは点、線、面といった絵画的フォルムを用いて絵画を描く。彼にとって、それらの絵画的フォルムは、対象・意味・有用性から切り離されて、情感的調性にまで還元されていた。情感的調性とは生の自己感受のあり方にほかならず、そこから、カンディンスキーは、絵画的フォルムを用いて生の自己感受を、つまり生の様態そのものをありのままに描く手法を手に入れたとされた。

こうした考察はもちろん、カンディンスキーの抽象画をめぐって展開されたのだが、しかし、アンリは「あらゆる絵画は抽象絵画なのである」[36]とも言う。つまり、アンリにとって、抽象画の考察はそのままあらゆる絵画にあてはまるし、さらには、芸術一般にもあてはまる。音楽にとっての音、文学・詩・演劇にとっての言葉、ダンスにとっての運動も、絵画にとっての色や形と同様、その情感的調性に、さらには、生の自己感受に還元されている。[37] つまり、芸術的表現とは一般に、諸々の感覚的な要素を用いて、生がみずからを表現することだとされるのである。

だが、生はすでにそれ自体で自己感受、自己到来であり、自己に知られているのだから、そうした生をさらに芸術において表現することになんの意味があるのだろうか。[38] こうした問いに対して、アンリはやはり生の目的論で答えている。アンリによれば、芸術とは「生の本質の実現[39]」である。では、「生の本質と何なのか」。この問いに対してアンリは、それは「自己を感受することだけでなく、その直接的帰結としての自己の成長である[40]」と述べている。[41] 生の本質とは、その自己成長、自己増大という生の目的論の運動であり、生はこの運動をとおしてつねに生の世界の拡張、その豊饒化をめざすのである。そして、芸術とは、こうした生の目的論の実現の手段にほかならない。したがって、生が、その本質からして、単なる自己感受でなく、自己成長でもあるかぎり、芸術と生は別のものではない。「生はその固有の本質にしたがって芸術の中に存在しているのである[42]」。

もはや繰り返すまでもないが、個別的生が自己を感受し、自己を成長させる運動というのは、絶対的〈生〉の能産性を個別的生の「いまここ」において引き受け、それをみずからの可能力として発揮することだった。したがって、芸術家が、彼自身の生の本質にしたがって創作活動することは、彼を強く絶対的〈生〉に結びつけることになる。こうした観点からすれば、芸術とは、単なる生の本質の実現ではなく、絶対的〈生〉の現実化としての生の本質の実現ということになろう。芸術家とは、いわば絶対的〈生〉の自己現実化の運動を際立った形で担うものだということになる。

芸術家との同時性を生きる鑑賞者

では、鑑賞者はどうだろうか。鑑賞者は、芸術家が体現する絶対的〈生〉の自己現実化の運動にいかにかかわるのだろうか。アンリは次のように述べている。

〔絵画的要素としての〕ある形を見つめる者は、その形を考えだした者と同じパトスを感受する。〔……〕もしこれこれの線がこれこれのパトスを表現するなら、その線を見て、主観的力でそれをなぞり、再現する者は、その線を描いた者と同じパトス的状態のうちに身をおくことになる。ポール・クレーの描線は、彼のデッサンのひとつを見つめる者が、ポール・クレーが体験したものを再び生きるように暗黙のうちに強いるのである。(43)

前章では、アンリが、カンディンスキーの鑑賞者どうしの共同体について述べていることを確認したが、ここでアンリは、同じ間主観性理論を芸術家と鑑賞者のあいだに見いだしている。観賞者は、ある芸術家の作品を通して、その芸術家の体験と同じ体験を生き、そのパトスと同じパトスを感受するのであり、芸術家と「同時代者」(44)になるのである。もちろん、こうした理想的な観賞が成立する場合というのは決して多くはないかもしれないが、しかし、アンリは、程度の違いはあれ、あらゆる芸術鑑賞が作者とのパトスの共有をふくむと考えているのだろう。

ならば、鑑賞者は、芸術作品の鑑賞をとおして、芸術家と同じ体験を生き、同じパトスを感受することで、芸術家が作品のうちに体現した絶対的〈生〉に、芸術家と同じように結びつきうることになるだろう。鑑賞者が芸術家と同時代者でありうるのは、ともに絶対的〈生〉という起源・根拠の同時代者であるからにほかならない。

鑑賞者と芸術家は、同じ絶対的〈生〉の同時代者であることによって、相互に同時代者になるのである[45]。

芸術作品を前にした鑑賞者が、作品によって強く心を揺すぶられ、日常を超えた非日常、合理性を超えた非合理性を体験するのは、芸術鑑賞のうちにひそむこうした同時（代）性の構造によってだと言えよう。芸術においては、芸術家も鑑賞者もともに、みずからの生の起源としての絶対的〈生〉に強く結びつけられるのであり、だからこそ、芸術が生の病やエゴイズムからの救済を可能にすると言われるのである。

生ける者を絶対的〈生〉に結びつける宗教

水平的時間に生きる人間が非日常、非合理として経験するものには宗教も含まれる。宗教的経験というのは、しばしば日常から切り離された彼岸の経験、合理的説明を拒絶する非合理性の圧倒的現前として体験されることだろう。つまり、人は、そうした経験において、絶対的〈生〉と強く結びつけられるのである。

アンリによれば、そもそも西洋語の religion / Religion（宗教）という語自体が、宗教のこうした性質を表わしている。これらの語は、ラテン語の religio に由来するが、アンリは、この religio の語源が「結びつき（lien）」を意味しており、これは生ける者と絶対的〈生〉との結びつきを指していると言う[46]。

こうしたアンリの理解は、religio の語源を religare（再び結ぶ）とする解釈に依拠したものだと思われる。バンヴェニストによれば、この解釈はキリスト教の著作者たちにみられるもので[47]、彼は、そうした解釈の代表者であるラクタンティウス（Lucius Caecilius Firmianus Lactantius, c. 240–c. 320）の次のような言葉を引用している。「*religio* という用語は信仰心の絆から導き出された。神が人間を自分と結び、信仰心によって繋いだからである[48]」。religio を生ける者と絶対的〈生〉との結びつきとするアンリの理解は明らかにこうした解釈に由来するものだろう。

ただし、バンヴェニストによれば、religio の語源については、もうひとつキケロに由来する解釈があり、それはreligere（再び集める）をreligioの語源だとしている。そして、実を言うと、バンヴェニストは、解釈として正しいのはこちらであって、アンリが依拠していると思われるreligare説は誤りだと断じている。[49]だが、アンリもその点は留意していて、「結びつき」がreligioの語源として正しいか誤りかは重要な問題ではないと言っている。[50]つまり、アンリのこうした解釈は、語源学的な立場に立つものというよりも、哲学的な立場から採用されたものだと考えた方がいいだろう。

いずれにしろ、アンリにとって、宗教とは生ける者を生に結びつけるもの、個別的な生を、それの起源である絶対的〈生〉に結びつけるものだとされる。それは、これまでみてきた時間の観点からすれば、起源から疎外されて、もっぱら水平的な時間のうちに生きる個別的生に対して、その起源との垂直的な絆を取り戻させるものだと言えよう。つまり、宗教とは、疎外を生きる個別的生に生の基盤、生活の基盤を取り戻させるものだとされるのである。

だからこそ、アンリは、個々の生ける者が、生の病に陥って生を否定したり、エゴイズムに陥って生を忘却したとき、宗教をとおして再び生を見いだすことが可能だとする。つまり、宗教は、人間の生が陥っている危機からの救済をもたらしうるとするのである。危機にある生が、絶対的〈生〉から切り離されて死んだ生であるなら、宗教とは、そうした一度死んだ者が再び誕生することを可能にするものだということになろう。[51]アンリは、こうした思想を「第二の誕生」という言葉で概念化し、その具体的表現をキリスト教のうちに探究しているのである。[52]

死者の再生としての倫理・芸術・宗教

以上が、アンリにおいて、文化のうちに、とりわけ、文化の高次の形態としての倫理、芸術、宗教のうちに、人間の生を襲う危機からの救済が見いだされている理由である。アンリはたしかに、水平的な時間を生きる人間が、絶対的〈生〉の永遠の自己到来を徹底的に受動的な仕方で被り、それに苦しまなければならないことのうちに危機を見いだしているのだが、しかし、アンリにとって、真の意味での人間の危機はそこにはない。むしろ、この受苦が生の本質であり、したがって、決してそこから逃げることができないにもかかわらず、受苦から逃れようと企てずにいられない人間の状態こそが、真に人間の生を襲う危機なのである。

　アンリが、文化の高次の諸形態に託すのは、こうした危機的状態に陥った人間を再び絶対的〈生〉に結びつけることだった。そして、アンリは、この「再び結びつける（religare）」はたらきを宗教のうちに見いだし、さらに、宗教的な結びつきを生きることを倫理として、[53]また、宗教的な結びつきを感覚的な仕方で実現する営みを芸術として理解した。[54]アンリは、これら倫理、芸術、宗教こそが、絶対的〈生〉から切り離されることで一度死んだ人間を再び誕生させると考えたのであり、だからこそ、これらを文化の高次の形態として、文化の本質として理解したのである。

第一五章　精神病という危機——「死」と「絶対の他」の体験（木村敏）

自己性の不成立という危機

この最終章では、前章で示唆した問題、つまり、木村が、ゾーエー的〈生命〉との出会いという危機の体験をめぐっていかなる思索を展開しているかを確認していきたい。

前章では、アンリが、決して逃れることのできない絶対的〈生〉の到来から逃れようとする自己のあり方に危機的状況を見いだし、そこからの救済の道を探っていることを確認した。アンリにおける自己は、たしかに生の否定や生の忘却に陥るのだが、アンリによれば、こうした自己否定や自己忘却そのものが、生の本質に由来するかぎり、自己は決して絶対的〈生〉から切り離されることはない。自己は絶対的〈生〉と矛盾した関係を結ぶことはあったとしても、関係が途絶えることはない。その意味では、自己はたえず絶対的〈生〉の自己到来によって自己性を保証されていると言える。

それに対して、木村は、一方で、「おのずから」としてのゾーエー的〈生命〉を「みずから」の、つまり、自己の自己性の根拠と理解しつつも、他方で、このゾーエー的〈生命〉と自己の関係のうちに、自己性の崩壊という危機をもみてとっている。精神病理学者である木村は、とりわけ精神病という事象のうちに、この自己性の不成立という危機を見いだすのである。

こうした問題に関する木村の考察のうち、ここではおもに癲癇発作と統合失調症に関する木村の議論を検討してみたい。木村において、前者は、自己の個別性がゾーエー的〈生命〉によって吸収されてしまう経験として、後者は、ゾーエー的〈生命〉の自己限定としての自己性が不全に陥り、自己が他者性によって簒奪されてしまう事態として理解されている。そして、こうした考察をとおして、木村は、アンリがみずからの思想のうちに決して位置づけることのなかった「死」と「絶対の他」というテーマに出会うことになるのである。

起源との一体化の欲望

いま、木村における癲癇発作および統合失調症に関する研究について確認していくと言ったが、実は、木村において、ゾーエー的〈生命〉と自己の関係の不全は様々なレベルに見いだされている。そこでまずは、精神病とまでは言えないレベル、日常性のなかに非日常性が顔をのぞかせるほどのレベルにおいて、どのような事象が考察されているかをみておきたい。

前章では、アンリも木村も、絶対的・ゾーエー的〈生〉からの自己の疎外を問題にしていると述べたが、実は、両者において、この疎外に対する自己の対応は異なった観点から論じられている。アンリは、戦慄すべき絶対的〈生〉の感受から逃れようとする自己の対応に焦点を当てたが、木村は、ゾーエー的〈生命〉を魅惑的なものと理解し[1]、そこへと没入していく自己の傾向を論じているのである。

すでに見たように、人がもっぱら水平的時間のうちに生きることの背景には、反復的な時間におけるような起源との垂直の関係からの断絶があると言える。人は、垂直の関係から疎外されて、水平の関係のうちに移り住むのである。そして、木村はここに、アンリにおけるのとは異なった意味での苦しみを認める。それは〈生〉を背負わざるをえない苦しみではなく、むしろ、〈生〉から切り離されてしまった苦しみ、起源、根拠である〈生〉から引き剝がされ、個別的な自己として立たざるをえない苦しみである。人は、そこから、個別的自己を捨てて、再び起源と一体になることを欲望することになる。

谷川俊太郎の感受性

こうした木村の考察は、次のような谷川俊太郎（1931-）の感受性とどこか通じ合っているように思われる。

初め私は母親のからだの中にいた。私のからだと母親のからだは溶け合っていた。その快さはおそらく今も消え去ることのない意識下の記憶として、私のうちに残っている。私は母親のからだから出て、私自身のからだをもったが、そのからだはともすると、母親のからだの中へ帰りたがった。私は母に甘えた。／母はひとりの人間であるとともに、自然そのものでもあった。陽光に輝くなだらかな丘を見るとき、なまぐさい海へ歩み入るとき、肌のうぶげにそよ風を感ずるとき、はだしの足でぬかるみをかきまわすとき、私は満たされることのない憧れと渇き、畏れと親しみのまざりあった気持ちに、快楽と同時に苦痛を味わった。／母と一体になりたいという欲望は、自然に溶けこみたいという欲望と区別できなかった。(2)

母とは、もちろんひとりの人間だが、同時に、母胎であり、起源であり、「おのずから」としての自然でもある。それはゾーエー的〈生命〉の具現だと言ってもいいだろう。子供が、母から切り離されることに苦痛を感じ、母と一体になることを望むように、個別化された自己も、ゾーエー的〈生命〉からの切り離しを苦しみ、ゾーエー的〈生命〉と再び溶け合うことを欲望する。そして、そのような欲望が満たされたとき、人はこのうえない歓喜と高揚を味わうことになる。(3)

日々の生活のなかでこうした歓喜と高揚を味わうことのできる場として、例えば祭りをあげることができる。日本の民俗学では、柳田国男（1875–1962）以来、日常を意味するケと、非日常を意味するハレが対立する観念として立てられ、祭りはハレの行事の典型だとされてきた。祭りとはまさに日常のなかにあらわれる非日常の体験だと言えよう。

民俗学者の桜井徳太郎（1917–2007）は、日本の祭りの意味を、このケとハレにさらにケガレを加えた三つの観念から説明している。ただし、桜井は、ケとハレを単に日常と非日常を意味するものとは理解していない。彼は、ケガレという観念の独自の解釈にもとづいて、これらふたつの観念の意味をも新たに解釈しなおしている。

桜井によれば、ケとは農業生産をはじめ日常的な活動を支えるエネルギーを意味している。だが、日々の活動を続けていればエネルギーは消費され、ついには枯渇した状態になる。桜井は、こうした状態がケガレ（ケが枯れる）の意味だとする。ケガレに陥ると日常生活を維持できなくなるので、再びエネルギーを補給する必要が出てくる。そのために行われるのがハレの行事であり、ハレによってケ（エネルギー）が回復されて、再び日常生活の維持が可能になる。[4] このハレの行事の代表が祭りにほかならない。

ケガレの継続は死にいたる危険な状態である。[5] そこには苦しみすら伴うことだろう。だからこそ人は、ケガレを取り除き、苦しみから解放されるために、ハレを欲望する。つまり、ケガレた俗から聖なるハレへ移行することを欲望するのである。祭りにおける歓喜と高揚とは、俗なる時間のうちでケガレ（ケ枯れ）、エネルギーを欲望する人間が、ゾーエーとしての生命力に包み込まれた状態だと言えよう。

日常性のなかでの祝祭的陶酔

だが、ケガレが危険な状態だとしても、祝祭的な歓喜と高揚もまた日常性の解体、個別性の解消、非合理性の席捲という危機的な状況にほかならない。それは熱狂であり、陶酔であって、狂気にさえ近いものだろう。だからこそ木村は、「このような陶酔における日常性の解体に、日常性は長時間耐えうるものではない」とし、「短期間の灼熱の後に、祝祭は再び健全な日常性にその場所を明け渡す」(6)と言うのである。桜井もまた、ハレによってケ(エネルギー)を補給された人間は再び日常生活を継続すると言っていた。

祭りという、日常のなかの非日常は、水平的な時間のなかで生きる人間、ケのなかを生きる人間にとって、苦しみを逃れ、生命を維持するために欠かせないものだが、同時に、日常的な合理性から一歩外に出る経験でもある。人はそこで起源への回帰というみずからの欲望を満たし、自己の個別性から離脱して、ゾーエー的〈生命〉と一体化し、永遠の現在のうちに溶け込む。祭りにおいて、人は、個別的な自己を滅却して、〈生命〉そのものとの融合を生きるのである(7)。

これは、自己が、その日常性のなかで、みずからの個別性を解消させて、ゾーエー的〈生命〉との一体化を生きる経験だと言えるが(8)、木村は、そうした日常的経験を、祭り以外にも、「愛の法悦、自然との合体感、美や神秘への沈潜」、「酒や麻薬への耽溺、ギャンブルへの熱中、放火や窃盗に伴う快感、理由のない狂暴な殺人」などにもみており、さらにまた、集団心理的なものとして、「音楽の合奏や合唱における自我意識の解消、ある種の宗教の集団催眠的な効果、デモや災害時の群集心理」、「革命や戦争の心理」(9)などもあげている。人は、これらのうちで「祝祭的な気分」(10)を、つまり、忘我的な陶酔を味わうのである。

癲癇という病

さて、木村は、以上のような日常のうちにみられる受苦と陶酔の経験のいわば延長線上に精神病を位置づけている。木村にとっては、癲癇発作も、個別的自己が〈生命〉と一体化する経験の極端な形態だとされるのである。だが、そもそも癲癇とはどのような病気であり、どのような症状をもつのだろうか。『てんかん事典』における癲癇の定義は次のようなものである。

種々の成因によってもたらされる慢性の脳疾患であって、大脳ニューロンの過剰な発射に由来する反復性の発作（てんかん発作）を主徴とし、それに変異に富んだ臨床ならびに検査所見表出がともなう。[11]

つまり、癲癇とは、種々の原因で、大脳の神経細胞が異常に活発に活動し、発作的に痙攣や意識障害などをもたらす症状である。

こうした癲癇の規定をみると、癲癇は神経学の研究対象であって、精神医学や精神病理学の研究対象ではないようにみえる。実際、木村も、一九七〇年代にすでに、研究対象としての癲癇は精神医学から神経学へと移動し、その移動はほぼ完了したと言っている。[12]

だが、木村による癲癇の研究は、単に精神医学的、精神病理学的なものにとどまらず、その人間学的な意味の探究に向かっている。つまり、それは、癲癇という病の研究をとおして、癲癇という症状を発症しうる人間存在の本質構造を問うのである。こうした研究は、およそ神経学でカバーできるものではない以上、木村の考察は、癲癇の研究が精神医学から神経学へ完全に移動してしまった今でも、十分に価値あるものだと言えよう。

癲癇発作の時間性格

癲癇というのは、ひとつの病気というよりも、様々な原因によって引き起こされる病気の総称であって、その症状も多様である。よって、木村は、癲癇を論じる際に、大発作を伴う真性癲癇を考察の対象にすることを断っている。「大発作というのは、意識が突然失われ、患者は両眼を見開いて全身を強直させ、数秒から十数秒後に今度は全身のリズミカルな屈曲伸展の痙攣に移行し、これが十秒から二十秒ぐらい続いて急に停止し、その後数分間の昏睡状態や朦朧状態を経て深い睡眠に入るという全経過をまとめて指す概念である」(13)。また、「真性癲癇」とは、過去の脳疾患や脳外傷の後遺症など外的な原因が認められない癲癇を意味する(14)。

こうした大発作を伴う真性癲癇を問題にするに際して、木村がまず着目するのが発作の意味である。発作は、日常生活を送っていた患者に突然襲来し、意識の消失、全身の強直、痙攣、昏睡などを引き起こすが、それが終了すると、患者は以前と変わらぬ日常生活を継続する。つまり、発作は、日常の生活、日常の時間の連続を突然中断させ、再びそれが回復されるというように作用する。木村は、発作の継続時間が患者本人はもとより、それを目撃した第三者にも正確に見積もられないことを、発作の現象がもつ特異な時間性格を反映したものと理解している(15)。

私たちにとっての日常的な時間とは、過去‐現在‐未来が連続する水平的時間だと言える(16)。したがって、発作は、こうした水平的時間の突然の断絶として、時間のなかへの「無時間の空白」の突然の出現として現れる。発作において、「時間の中に永遠が稲妻のように侵入してくる」(17)のであり、患者は、癲癇発作において、永遠の現在を生きるのである。こうした水平的時間のうちへの異次元の時間の侵入が、発作に特異な時間性格を与えている(18)。

永遠の現在の経験としてのアウラ体験

では、永遠の現在としての発作の襲来を受けているあいだの患者の体験とはどのようなものだろうか。実は、患者は発作時の記憶をまったく残さないので、第三者だけでなく、患者本人でさえもそれを知ることはできない。しかし、発作が始まってから意識が消失するまでのわずかな時間を記憶している患者もおり、そこから発作時の体験をかいま見ることができる。こうした体験は一般に「アウラ」と呼ばれる[19]。

みずからアウラ体験を有する癲癇者で、その経験を作品のなかに克明に再現している作家にドストエフスキー（Fyodor Mikhailovich Dostoevskii, 1821–1881）がいる。木村はこのドストエフスキーの描写を引きながら、アウラ体験がどのようなものかを説明している[20]。木村がドストエフスキーの描写のなかから取りだしているアウラ体験の特徴はおもにふたつである。ひとつは、個別的自我が自然との無限の合一のなかに吸収されていく体験であり、もうひとつは、死の体験、死の側から生を見る体験である。

ドストエフスキーのアウラ体験

これらの体験のうち、前者は、先に祭りにおいて確認した歓喜や高揚感の際立ったものだと言えよう。加賀乙彦（1929–）は、その著書『ドストエフスキイ』で、ドストエフスキー自身がみずからのアウラ体験について友人に語った言葉を引いている。

ほんのわずかの瞬間、ぼくは正常な状態では起りえないような幸福、ほかの人々には理解できないような幸福を体験するのです。ぼくはじぶんのなかにも、全世界にも、完全な調和を感じます。それに、その感じはとても強烈で、甘美なものなので、あの快楽の数瞬間のためなら、十年、いやもしかしたら全生涯を捧げてもかまわないくらいです。[21]

木村によれば、こうした「正常な状態では起りえない」幸福感、恍惚感、歓喜、高揚感のなかで、患者は、ドストエフスキーが「完全な調和」と言い表わすような、自然との無限の合一を実感する。

この合一感のなかで、患者は、自分が有限な個我としては解体し、自然の全体へと拡大されていくのを感じる。つまり、「個別化の原理に支配された小なる個我が大なる自然に吸収解体され[22]」るのであり、「宇宙大に拡大した自己が、根源的一者としての自然との和解の祝祭に酔いしれる[23]」のである。

この「大なる自然」、「根源的一者としての自然」とは、「おのずから」としての自然、つまり、ゾーエー的〈生命〉のことと理解できよう。実際、木村は、癲癇者においては、「個別的自己(=みずから)が宇宙全体の超個人的な生命力のようなもの(=おのずから)に完全に吸収され[24]」るのだと言っている。つまり、アウラ体験とは、自己の個別性が解体され、自己が没我的一者としてのゾーエー的〈生命〉のうちに飲み込まれ、吸収される体験だと言えるだろう。[25]

死の体験とアウラ体験の酷似

木村がアウラ体験のうちに見いだす第二の特徴は、死の体験、あるいは、死から生を見る体験である。木村は、ドストエフスキーがみずからの経験をもとに描写した死刑執行直前の死刑囚の体験とアウラ体験との類似性に着目している。[26] ドストエフスキーは、二八歳のとき、国事犯として死刑の判決をうけ、銃殺のための処刑台にまでのぼったが、刑の執行直前に特赦によって死刑を免れたという経験をもっている。彼は、そうしたみずからの経験をもとに、たとえば『白痴』において、死刑執行直前の体験を描写しており、木村は、そうした描写がアウラ体験の描写と酷似していると言うのである。[27] その描写とは次のようなものである。

いよいよ残り五分ばかりで、それ以上命はないというときになりました。当人のいうところによりますと、この五分間が果てしもなく長い期限で、莫大な財産のような思いがしたそうです。〔……〕刑場からほど遠からぬところに教会堂があって、その金色の屋根の頂きが明らかな日光に輝いていたそうです。彼はおそろしいほど執拗にこの屋根と、屋根に反射して輝く日光をながめていて、その光線から目を離すことができなかったと申します。この光線こそ自分の新しい自然である。いま幾分かたったら、なんらかの方法でこの光線と融合してしまうのだ、という気持ちがしたそうです。[28]

確かに、「果てしもなく長い五分間」という表現は永遠の現在を思わせるし、その時間のなかで自分が「新しい自然」と融合するという感覚もアウラ体験に酷似している。そして、描写の全体から滲み出ている恍惚感、歓喜、高揚感も……。木村は右のドストエフスキーの描写について次のように言っている。

これは死の直前の、生から死への参入の体験というよりは、むしろ死の世界へ一歩足を踏み入れた人が、死の側から生を見ている体験だといってもよいだろう。アウラ体験もそれと同じく、すでに開始された発作によって否応なく永遠の非日常性の世界へ拉致されようとしている人が、非日常性の側から日常性の世界を見ている光景である。[29]

意識喪失発作は、意識を広大な闇のなかに飲み込み、暗黒のなかにたたき落とすのだから、ひとつの死である。[30]

ならば、意識喪失発作の直前のアウラ体験が、死刑執行直前の体験に似ていても不思議はない。しかも、木村は、死刑執行直前の体験、そして、アウラ体験も、すでに死の側に足を踏み入れ、そこから生を見ている経験だとするのである。

大いなる死の体験としての癲癇発作

だが、このときの死とはいかなる死だろうか。それは誕生の対極にある死、個別的な生命の終焉としての死だろうか。木村はそのようには考えない。彼は次のように言う。

癲癇発作は、生の只中での死の顕現である。もちろんこの死は、個別的生命の終焉としての個別的な死ではない。それは、いかなる個別的生もそこから生まれそこへ向って死んでいく、個別の生死を超えた一つの次元である。それは発作患者自身にとっては意識の瞬時的な解体を通じて身をもって到達する永遠の次元であるけれども、日常性の側からそれを眺める者にとっては怖るべき死の原理のときならぬ出現を意味することになるだろう。[31]

癲癇者が発作において没入している死とは「個別の生死を超えた一つの次元」だとされる。それは、個別的生がそこから生まれそこへ向かって死んでいく死である。木村はこれを「一切の個別的な生がそこから生まれ出て来る生の源泉としての大いなる死[32]」とも呼んでいる。

だが、「一切の個別的な生がそこから生まれ出て来る生の源泉」とはゾーエー的〈生命〉にほかならない。実際、先には、アウラ体験において個別的自己がゾーエー的〈生命〉に吸収されると言われていた。ならば、ここで木村は、ゾーエー的〈生命〉を「大いなる死」と呼んでいることになろう。つまり、木村にとって、「ゾーエー的な生命というのは、個々のビオス的な生命がそこから生まれてきて、そこへ向って死んでいく場所[33]」であり、その意味で、それは（山括弧付きの）〈死〉でもあるとされる。[34]木村において、〈生命〉はそのまま〈死〉を意味する。

癲癇者が、発作において、永遠の現在を生き、ゾーエー的〈生命〉のうちに埋没する経験とは、大いなる死の経験でもあり、だからこそ発作は、永遠に飲み込まれた患者にとっては歓喜、高揚感、幸福感をもたらすものでありつつも、水平的時間のうちに、日常のうちにとどまる者にとっては「身も縮まるような恐怖の源[35]」になるのだろう。

自己の自己性の成立不全としての統合失調症

さて、次には木村の統合失調症論を見ていこう。木村においては、統合失調症もゾーエー的〈生命〉との関係で自己の個別化の原理が危機に陥る病として理解されている。木村は、基本的に、統合失調症を「自己の自己性の成立不全[36]」、「自己の自己性の障害[37]」として理解するのである。

自己性という言葉については第一二章ですでに確認した。私だけでなく、他の人もすべて自分のことを「私」と呼ぶが、私は私の「私」と他者の「私」を混同することはない。この私の「私」に固有な絶対的性格こそが自己性と言われるものだった。したがって、これは健康な人なら誰にでもあたりまえに備わっているものなのだが、統合失調症患者においては、この自己の自己性の成立が不全に陥っているのである。

「させられ体験」と「つつぬけ体験」

統合失調症患者に比較的よく見られる症状としては、幻覚、幻聴、被害妄想、関係妄想などがあるが、そのなかでも、患者の自己性の成立不全と関連が深い症状として木村が着目するのが、いわゆる「させられ体験」(被影響体験、作為体験)と「つつぬけ体験」(思考奪取、思考伝播、思考察知)である。

「させられ体験」とは、「自分の意志や感情や思考が自分自身の主体性を離れて、他者の意志によってあやつられるという体験」である。しかし、「あやつられる」と言っても、外部からあやつられるというより、むしろ、「患者の内面そのものが最初から他者性をおび、患者の意志や感情や思考がそのまま他者の心の動きとして体験される」のである。木村によれば、患者は例えば次のように言う。「こうやって字を書いているのはぼくではなくて、T先生、M先生なのです。この人たちがぼくの手を使って書いているのです[38]」。

いっぽう、「つつぬけ体験」とは「自分の内面的な思考や感情や意志の動きが、言語や表情などによって伝達されなくてもひとりでに周囲の他者に伝わってしまい、内心の秘密が保てないという体験」である。これも、木村によれば、患者の内面が外部に漏れるように体験されるにしても、「実際には患者の内面が最初から外面性をおびて、公開的なものとして成立する[39]」と考える必要がある。

健康な人なら、自分がしていること、自分が考えていることが、他者の「私」ではない、私の「私」、「この私」に属しているというアクチュアルな実感をもつことができ、「この私」は決して他者の「私」と混同されない絶対的な性格をもって現れてくるのだが、統合失調症患者においてはそうした「この私」の成立が不全に陥っている。木村は、こうした統合失調症患者の状態を「他者性による自己の主権簒奪の事態[40]」と規定する。

だが、ここで気をつけなければならないのは、「自己の主権簒奪」が、「他者による」ではなく、「他者性による」と表現されていることである。つまり、自己の主権、自己の自己性を簒奪するのは、決してこれこれの具体的な他者ではなく、自己性と反対の他者性、つまり、この私ではないという絶対的性格だとされているのである。何度も言うように、健康な人なら、その内面に、決して他者性と混同されることのない自己性をもつのだが、統合失調症の場合には、「患者の意識の内部で自己性が他者性にとってかわられている」[41]のであり、患者の自己は、他者性の実現の場になってしまっているのである。

だれもが統合失調症患者になりうる

こうした統合失調症の症状はもちろん病的な事態にほかならないが、しかし、病的な事態もあくまで人間的な事態であることを忘れてはならない。特に、木村は、統合失調症が「人間以外の動物には絶対に見出されない事態[42]」だと言っているのだから、統合失調症とは際立って人間的な事態だとさえ言えるだろう。するど、際立って人間的な事態のうちに、自己性が成立する状況と同様に、自己性が成立しない状況が存在するということになろう。自己性の成立も不成立も、ともに等しく人間的な事態なのであって、人間であるかぎり、誰でもがどちらの状況にもなりうるのである。

健康な者は自己性の成立をなんの不思議もないあたりまえのことだと思いがちだが、しかし、右のことを考えるなら、自己性の成立が偶然の賜物にすぎないことがわかるだろう。木村は、健康な人が「私は私である」という自己同一性の意識をもちうるのは「まことに当てにならない僥倖[43]」によってだとし、「だれもが分裂病者〔統合失調症者〕となりうる可能性をもって[44]」いると言うのである。

自己性の不成立の根拠としてのゾーエー的〈生命〉

こうした事態は、木村の思想のうちでは、「みずから」と「おのずから」の関係のうちにも暗示されていると言える。第一一章でみたように、木村は、「みずから」を「おのずから」に根拠づけられたものとして理解している。言い換えれば、自己性の成立、中動態的自己の成立の根拠を「おのずから」としてのゾーエー的〈生命〉の根源的自発性のうちに見いだしているのである。

第一一章では、ゾーエー的な根源的自発性を中動態的自己の成立の根拠としてしか焦点化しなかったが、しかし、木村の思想の特徴は、この根源的自発性のうちに、自己性の不成立の根拠をも見いだしているということにある。木村にとっては、自己がその自己性の根拠をゾーエー的〈生命〉に負っているということは、自己性の成立だけでなく、その不成立の根拠さえもゾーエー的〈生命〉に負っていることを意味するのである。

「絶対の他」としてのゾーエー的〈生命〉

木村において、自己とは、ゾーエー的〈生命〉の自発性が現実化される「いまここ」という場所だとされていた。したがって、自己性とは、このゾーエー的〈生命〉の現実化が内在的に感じとられること、その直接的な現れだと言える。自己は、その自己性の根拠をゾーエー的〈生命〉の自発性のうちにもつのであり、決してそれ自身が自己の自己性の根拠たりえないのである。

すると、個別化された自己の側に立つならば、このゾーエー的〈生命〉というのは、自己を越えた他なるものということになるだろう。それは確かに自己性の成立の根拠ではあるが、自己を超過した自己性の根拠として、他なるものであり、また、過剰なものだとされる(45)。

木村は、この他なるもの、過剰なものとしてのゾーエー的〈生命〉を、西田幾多郎（1870–1945）の言葉を使って「絶対の他」[46]と呼んでいる。当然、この「他」とは、私の隣にいる他者のことではなくて、私を私として、また、他者を他者として存立させつつ、どちらにとっても過剰なる根拠としての「絶対の他」である。よって、この「絶対の他」は、自己の自己性の根拠でもあるかぎり「絶対の自」[47]でもあるのだが、しかし、それは、基本的に「自」のうちに収まらない過剰を含むものとして、やはり「絶対の他」だと言わねばならないだろう。

統合失調症の根源的な病因

「絶対の他」が「絶対の自」として現れてくるのは、自己の自己性がうまく成立している場合だと言えよう。健康な人の場合がそれに該当する。だが、これは「僥倖」にすぎないのであって、「絶対の他」が、自己のうちに、他なるものとして、他性として立ち現れてしまう場合がある。木村は、そこに統合失調症の根源的な病因を見いだしている。木村は次のように言う。

分裂病〔統合失調症〕が人間関係の病態、「あいだ」の病であるということは、なによりもまず、分裂病患者〔統合失調症患者〕においては「絶対の他」が、患者の自己を自己として成立させる場所としての機能を十分に営んでいないという意味に解さなければならない。自己の根拠として機能しなくなった「絶対の他」は、たちまちその絶対的他性、絶対的未知性を露呈して、自己の主体性をその根底から脅かす「恐るべき他者」の姿で立ち現れることになる。[48]

木村が「他者性による自己の主権簒奪の事態」と表現していたのはこのことにほかならない。「絶対の他」としてのゾーエー的〈生命〉は、私が私として、他者が他者として存立することの根拠であった。したがって、私がその根拠をみずからの「いまここ」に吸収して、自己の自己性として引き受けられればいいのだが、そうした吸収がうまくいかないと、いわば「絶対の他」が「絶対の他」のまま自己のうちに立ち現れてくることになり、それが統合失調症の症状だとされる。統合失調症とは、ゾーエー的〈生命〉の自発性が、自己性の根拠としてではなく、反対に、自己性を奪い、自己性を他者性に置き換えてしまう不気味で破壊的な力として現れてくることを意味すると言えよう。

だからこそ、統合失調症患者は、健康な人が自己性を感受するところに、過剰で、不気味で、暴力的な根源的他者性を感受してしまうことになる。そして患者は、そうした自己の内部で感受される根源的他者性を対象化し、表象することで、それを具体的な他者として、例えば、T先生、M先生として思い描くことになるのである。

ふたつの生の現象学の違い

さて、こうして私たちは、水平的な時間のなかで日常を生きる人間がゾーエー的〈生命〉との出会いという危機をいかに体験するかを、日常性のなかの非日常性の現れという事例——とりわけ祭りの事例——、そして、癲癇発作や統合失調症といった精神病の事例にそくして考察してきた。

これらの考察をとおして見えてきたのは、木村が、こうした危機を自己性の成立の不全(大なる自然のうちへの自己の吸収、あるいは、他者性による自己性の簒奪)として理解するとともに、そのうちに「死」や「絶対の他」の体験を見いだしているということである。

すでに述べたことだが、自己性の不成立、あるいは、「死」や「絶対の他」の体験といった事態は、アンリの思想にはみられないテーマであり、まさにこうした観点のうちにアンリと木村の違いを確認することができる。

両者は、「自分が自分であること」の謎、自己性の謎をその思想の根本テーマにしている点で、また、この謎に答えるために、あらゆる生ける者の根拠をなす生命一般を探究している点で共通性をもつと言えるが、それにもかかわらず、両者のあいだにこうした観点の違いが存するのは、結局のところ、両者における自己性の規定そのものに違いがあったからであるように思われる。

その違いとは、一言で言えば、アンリにとっては自己性が生そのものを意味するのに対して、木村にとっては自己性が〈生＝死〉のひとつのあり方として理解されたということである。木村が生を自己性の範囲を超えるものとして理解する（だから、「生＝死」と言える）に対して、アンリは自己性こそ生の本質だとするのである。

もちろん、アンリも死について語らないわけではない。しかし、アンリにとって、死とは〈もはや自己感受しないこと〉、すなわち、自己性（＝生）の終焉であって[49]、したがって、生ける自己、自己感受する自己にとって死の体験はありえないことになる[50]。また、生＝自己であるなら、生ける自己は生きているかぎり、「絶対の他」に襲われることもないだろう。

これはふたつの生の現象学の決定的な違いである。よって、より深く考察しなければならないテーマに違いない。だが、生の現象学の輪郭を描き出そうとする本書の意図からすれば、この問題はもはやその射程を超えていると言わざるをえない。本書は、ふたつの生の現象学の決定的な違いを浮き彫りにしたところで閉じることにしたい。この違いをどうとらえ、さらに、そこからどのように問いを展開するかについては、また別の機会に検討することにしたい。

注

はじめに

（1）ルノー・バルバラス（Renaud Barbaras, 1955–）というフランスの哲学者もみずからの哲学を「生の現象学（phénoménologie de la vie）」と名づけているが、ここでは、このバルバラスの生の現象学は扱わない。

（2）『木村敏著作集』第八巻、弘文堂、二〇〇一年、所収（木村敏『分裂病の詩と真実』、河合文化教育研究所、一九九八年、所収）。

第一章　現象学誕生の背景——学問の危機

（1）ミシェル・アンリ『受肉——〈肉〉の哲学』、法政大学出版局、二〇〇七年、四七頁。

（2）この点については、例えば、谷徹『意識の自然——現象学の可能性を拓く』、勁草書房、一九九八年、一〇〇頁以下、木田元『現象学』、岩波新書、一九七〇年、一八—三四頁、および、川瀬雅也『経験のアルケオロジー——現象学と生命の哲学』、勁草書房、二〇一〇年、六一—一一頁を参照。この問題の詳細については右の文献を参照してもらうことにして、ここでは、この点についてごく簡単に解説しておこう。初期のフッサールにとって問題であったのは、数学のような理念的・普遍的なものが、いかにして心の作用という心理学的なもののうちに起源をもちうるかということだった。もし、「心の作用」を個々人が心のなかで「数を数える」というはたらきとして理解してしまうと、どうして理念的・普遍的なものと、数える行為という経験的・実在的なものが結びつくのかが説明できなくなってしまう（理念性・普遍性と経験性・個別性は本質的に相容れないものだから）。そこでフッサールは、この「心の作用」を超越論的なものとして、つまり、理念性・普遍性をも含んだ広い意味での経験一般を構成しているものとして理解することで、理念的・普遍的な客観性と超越論的主観性の心的体験との相関関係を考察しようとしたのである。

（3）より正確に言えば、フッサールが「学問の危機」を論じたのは晩年であったが、その初期から「学問の危機」という事態を認識しており、だからこそ、彼は「学問の基礎づけ」という課題をみずからに課したと言えよう。谷は次のように述べている。「初期のフッサールは、数学から哲学に向かい、数学を哲学的に根拠づけようとした。〔……〕しかしながら、そもそも、なぜ数学を根拠づけねばならなかったのか。その要因のひとつには、一九世紀後半の数学における『成立基盤の危機』があったと考えられる。」（谷『意識の自然』、前掲書、二〇七頁）

（4）これらはいずれも知性的なレベルの知識であろうが、これ以外にも身体的なレベルでの知識を数え上げることができる。それは例えば、「特に何も考えなくてもボールペンを使える」というレベルの知、身体的なレベルで「使い方を知っている」という実践的な知識のあり方である。しかし、とりあえずここではこの実践知は問題にしない。

（5）rationalism は「合理主義」「合理論」とも訳されるが、ここでは「理性」の語を強調するために「理性主義」の訳語を採用する。

（6）ヘーゲル『法哲学講義』、作品社、二〇〇五年、六一七頁。

（7）フッサール『ヨーロッパ諸学の危機と超越論的現象学』、中公文庫、二〇一六年、第六節参照。

（8）同前、三二頁。

（9）同前、三八頁参照。

（10）フッサール「ヨーロッパ的人間性の危機と哲学」、『30年代の危機と哲学』、平凡社ライブラリー、一九九九年、七三頁参照。

（11）したがって、フッサールは理性主義そのものが学問の危機をもたらしたとは考えていない。フッサールにとって、危機は「合理主義〔理性主義〕の外見上の挫折」（同前、九四頁。〔 〕内は筆者の補足）に由来する。

（12）ここに挙げたのはいわば通説である。例えば、コイレ（Alexandre Koyré, 1892–1964）は、ガリレイは「慣性の原理の戸口に立っていた」が、しかし、「そこを超えようとはしなかった」（アレクサンドル・コイレ『ガリレオ研究』、法政大学出版局、一九八八年、二五〇頁）と述べて、真の意味での慣性の法則の発見をデカルトに帰している。（同前、二六六頁参照）

（13）フッサール『ヨーロッパ諸学の危機と超越論的現象学』、前掲書、四九頁参照。

（14）コイレの次の言葉を参照。「ガリレオは経験から出発すると語った。しかしこの『経験』は感覚的な生《なま》の経験ではなかった。」（コイレ『ガリレオ研究』、前掲書、一四三頁）

（15）フッサール『ヨーロッパ諸学の危機と超越論的現象学』、前掲書、九三、九四頁。

（16）しばしば引かれるこの言葉は『偽金鑑識官』の次の一節に由来する。「哲学は、眼のまえにたえず開かれているこの最も巨大な書〔すなわち、宇宙〕のなかに、書かれているのです。しかし、まずその言語を理解し、そこに書かれている文字を解読することを学ばないかぎり、理解できません。その書は数学の言語で書かれており、その文字は三角形、円その他の幾何学的図形であって、これらの手段がなければ、人間の力では、そのことばを理解できないのです。」（『世界の名著21　ガリレオ』、中央公論社、一九七三年、三〇八頁）

なお、こうしたガリレイの自然観はしばしば宗教性を排した近代科学的な精神にもとづくものだと言われることがあるが、村上陽一郎（1936– ）によれば、ガリレイの自然観をそのように理解するのは性急である。ガリレイは、聖書に対する第二の「神の書物」としての自然・宇宙を解読しようとした。つまり、右の引用中の「最も巨大な書」としての宇宙とは、第二の「神の書物」にほかならない。ガリレイはキリスト教を排して自然を純粋に科学的に観察したわけではなかった。（村上陽一郎『科学史からキリスト教をみる』、創文社、二〇〇三年、二四、二八—三〇、五〇—五一頁を参照）

(17) ミシェル・アンリは『受肉』のなかで、こうした還元を「ガリレイ的還元」と呼んでいる。（アンリ『受肉』、前掲書、第一七—一九節参照）

(18) フッサール『ヨーロッパ諸学の危機と超越論的現象学』、前掲書、九五頁。

(19) コイレは次のように言っている。「彼〔ガリレオ〕は自然法則は数学的法則であるという理念——むろん予断にすぎなかったが、ガリレオの自然哲学の根本をなす理念——から出発した。現実は数学を具現している。したがってガリレオには経験と理論との乖離はない。理論や定式は外界の現象に適用されるのではなく、現象を『救う』のでもなく、それらの本質を表現するものなのである。」（コイレ『ガリレオ研究』、前掲書、一四二—一四三頁、〔 〕内は筆者の補足）

(20) こうした逸脱した理性主義は、実は近代においてすでに、ヒュームによって危機に瀕することになったと言えよう。ヒュームは、経験主義的懐疑論の立場に立って、物事の理、合理的世界の原理としての因果性や実体を、意識による構成の産物にすぎないとして疑い、その客観性を否定した。カントは、そうしたヒュームの懐疑論によって「独断論の微睡から眼ざめさせ」（カント『プロレゴメナ』、岩波文庫、一九八六年、一九—二〇頁）られ、『純粋理性批判』を書いたわけだが、フッサールによれば、カントは逸脱した理性主義を抜け出していない。彼は、世界が理性的なものとして存在することを前提した上で、その可能性を主観性のうちに求めたにすぎなかった。また、フッサールは、ヒュームの観点を高く評価しはするが、しかし、ヒュームも、意識による構成を経験的な感覚の寄せ集めとして理解してしまったとして批判している。

(21) フッサール『経験と判断』、河出書房新社、一九八九年、三六—三七頁参照。

(22) この事例は、木田元、須田朗編『基礎講座　哲学』、ちくま学芸文庫、二〇一六年、一三八—一三九頁の記述から着想を得た。

(23) ミシェル・アンリは、数学化され、感覚的な諸性質を排除された世界を「生きることのできない一世界（un monde invivable）」（アンリ『受肉』、前掲書、一九六頁）と呼び、フッサールは、こうした世界に生きる人間の状況を「生の崩壊」（フッサール「ヨーロッパ的人間性の危機と哲学」、前掲書、九三頁）と呼んでいる。

(24) 野家伸也「現象学の近代科学批判——『危機』を中心として」、『フッサールを学ぶ人のために』、世界思想社、二〇〇〇年、九九頁参照。

(25) 谷徹『これが現象学だ』、講談社現代新書、二〇〇二年、三七頁。

(26) こうした考え方はフッサールの次の言葉にもうかがえる。「アインシュタインの革命は、観念化された、そして素朴に客観化された自然が取り扱われる際の形式に関してのことです。しかし、形式一般や数学的客観化一般が、いかにして、生活や具体的周囲世界に基づいた意味を獲得するのかということについては、われわれは何事も学んでいません。アインシュタインが変革したのは、われわれの生きた生活が行われて

いるこの時間や空間ではないのです。」(フッサール「ヨーロッパ的人間性の危機と哲学」、前掲書、八四—八五頁)

(27) 谷『これが現象学だ』、前掲書、三七頁。

(28) 木田『現象学』、前掲書、五七—五八頁参照。

(29) この例は、佐藤勝彦監修『相対性理論を楽しむ本——よくわかるアインシュタインの不思議な世界』、PHP文庫、二〇一五年、二〇八頁の記述から着想を得た。

(30) 木田『現象学』、前掲書、三九頁。

(31) フッサール『ヨーロッパ諸学の危機と超越論的現象学』、前掲書、三一頁。

(32) 川原栄峰『哲学入門以前』、南窓社、二〇〇三年、一一七頁参照。

第二章　現象学の根本構造

(1) フッサール『経験と判断』、前掲書、三三頁。

(2) フッサール『ヨーロッパ諸学の危機と超越論的現象学』、前掲書、九二頁。

(3) フッサールにとって生活世界とは感性的に経験される世界だが、理念の衣を剝ぎ取って、この感性的世界に立ち戻ろうとするフッサールの態度は、いっけんすると、前章で確認したフッサールの理性主義、つまり、理性を重視する立場と相容れないように思われるかもしれない。だが、フッサールが「学問を理性的に根拠づける」と言うとき、それが意味するのは、学問をその最終的な基盤である経験的世界——超越論的主観性によって構成された経験的世界——から出発して根拠づけるということであり、そこからすると、経験的・感性的な生活世界に立ち戻ろうとするフッサールの態度は、決してその理性主義と矛盾するものではなく、むしろ、それを条件づけるものだと言えよう。

(4) ベルクソン『意識に直接与えられたものについての試論』、ちくま学芸文庫、二〇一六年、六四—六五頁参照。

(5) ベルクソンによれば、(光源についての先入観をまじえず、) 見られているがままの色の変化と、光源の光量の変化とは対応していない。見られている色合いが変化しても、その変化が新しい質を作り出すのに十分な程度になるまで、光量の変化はとらえられない。つまり、光量の変化に気づいた時には、見られた色合いは、すでに変化をはじめているのである。(同前、六五頁参照)

(6) 同前、六三頁。

(7) この喩えを、前章で論じたミュラー・リヤーの錯視についての解釈と同じ観点から考えることもできるだろう。もし、ここで、ロウソクについて知らない人が、知的な先入観をまじえずに、「紙の色がだんだん変わっていった。徐々に灰色がかってきた」と語ったならば、この人は、自分に見えているがままを表現しているだけなのに、まわりからは「それは錯覚だよ。光が弱くなったから、紙の色が変わったように見えただけだよ」と言われてしまうだろう。つまり、知的に理解された世界のあり方が「真理」だとされると、感性的な印象はすべて「錯覚」にされてしまうのである。

（8）このことは、次の注9で説明する世界の既知性や親密性の意味と関連している。

（9）『経験と判断』緒論の第八節では、この他にも、世界の「既知性」および「親密性」という性格について論じられている。これらについてもここで簡単に紹介しておこう。

まず既知性について。私が注意を向ける個々の対象については、私はそのつど、それについて知っていたり、知らなかったりする。例えば、シジミは知っているが、ホトトギスガイは知らないというぐあいである。だが、こうした個々の対象に関する既知や未知は、世界という地盤の上ではたらく認識の様態だから、既知や未知が可能であるためにも、この地盤としての世界については知られているのでなければならない。そもそも世界について知らなければ、シジミやホトトギスガイについての知を問題にすることさえできない。

だが、もちろん、この世界の知はシジミやホトトギスガイについての知とは本質的に異なる。それは知っていたり、知らなかったりできず、常にすでに知ってしまっており、しかも、まったく未規定な知、つまり、何について知っているとも言えない知である。

（ちなみに、こうした世界についての知は決して（前章で紹介した）エピステーメーではない。それはある意味ではドクサだが、しかし、エピステーメーと対比されるようなドクサではない。エピステーメーとドクサは「学的な知か、素朴な知か」という観点から対比されうるが、いずれも何かについての主題的な知であるという点では同じである。だが、世界の既知性は世界を主題にした知ではない。それはそうした主題的な知一般の地盤としての非主題的・未規定的な知である。そうしたことからフッサールは、これを、ドクサではあるが、〈通常の意味のドクサ、あるいは、エピステーメーの地盤をなすようなドクサ〉という意味で「原ドクサ」と呼んでいる。）

次に親密性だが、既知性についての説明がほぼそのまま親密性にもあてはまる。シジミは良く食べるので親しみがあるが、ホトトギスガイはなんだか馴染みがないということはある。しかし、こうした個々の対象に対する親密さや疎遠さが、世界という地盤の上での経験の様態であるかぎり、この世界そのものは根本的に馴染まれたものでなければならない。そもそも、世界と馴染んでいるという関係がなければ、シジミやホトトギスガイに対する親密さや疎遠さは問題にさえならない。だが、世界の親密性と、シジミに対する親密性とは本質的に異なる。この点も既知性と同じである。

なお、こうした世界の根本性格（本文で論じた地盤性と類型性も含めて）については、川瀬『経験のアルケオロジー』、前掲書、一七―一九頁を参照。

（10）フッサール『経験と判断』、前掲書、二三頁。

（11）フッサールの地平概念には、「外部地平」のほかに「内部地平」もあるが、この内部地平の考え方も以上のことから説明できる。内部地平とは、例えば、私がある家を全体として眺めているときに、そのまなざしにとって主題化されずに現れてきている家の細部のことである。私がぼんやりと家全体を見ているときには、その家の玄関、窓、屋根などは注意されずに曖昧なままとらえられている。しかし、そうした内部地平は、私が注意を向け変えることで顕在的になりうるものの地平である。私の注意が家全体から、その玄関、窓、屋根へと移っていくことによって、内部地平のうちに沈んでいた諸対象が次々に顕在化するのである。なお、このように、フッサールの地平概念には内部地平という意味もあるが、ここで着目したいのは世界地平なので、この世界地平の概念と親和性の高い外部地平に考察をしぼった。

(12) こうした観点は、フッサールにおける「超越論性」という概念と密接に関連している。なお、フッサールにおける超越論性という概念の起源については、谷『意識の自然』、前掲書、一四五―一七二頁を参照。

(13) フッサール『ヨーロッパ諸学の危機と超越論的現象学』、前掲書、二七三―二七四頁参照。

(14) 第六章で、フッサールの志向性概念について検討する際に、こうした分析の一端にふれることになる。

(15) フッサール『デカルト的省察』、岩波文庫、二〇〇一年、六八頁。

第三章　生の現象学の必要性――離人症とアクチュアリティ（木村敏）

(1)『木村敏著作集』第七巻、弘文堂、二〇〇一年、二九一―二九二頁（木村『分裂病の詩と真実』、前掲書、一三二―一三三頁）。

(2)『DSM－5　精神疾患の診断・統計マニュアル』、医学書院、二〇一六年、三〇〇頁。

(3)『木村敏著作集』第五巻、弘文堂、二〇〇一年、二八二、二八七頁（木村敏『自己・あいだ・時間――現象学的精神病理学』、ちくま学芸文庫、二〇一四年、一一三、一一九頁）、『木村敏著作集』第七巻、前掲書、二八九頁（木村『分裂病の詩と真実』、前掲書、一三〇頁）を参照。

(4)『木村敏著作集』第五巻、前掲書、二八一―二八二頁（木村『自己・あいだ・時間』、前掲書、一一二頁）。

(5)『木村敏著作集』第七巻、前掲書、二九一―二九二頁（木村『分裂病の詩と真実』、前掲書、一三二―一三三頁）。なお、この患者Aの証言は、『木村敏著作集』第五巻、前掲書、二七六―二七七頁（木村『自己・あいだ・時間』、前掲書、一〇五―一〇六頁）、『木村敏著作集』第一巻、弘文堂、二〇〇一年、五頁（木村敏『新編　分裂病の現象学』、ちくま学芸文庫、二〇一二年、四三四―四三五頁）、一一一―一一二頁などでも紹介されている。

(6)『木村敏著作集』第五巻、前掲書、二七八頁（木村『自己・あいだ・時間』、前掲書、一〇七―一〇八頁）。

(7)『岩波講座　精神の科学』別巻、「諸外国の研究状況と展望」、岩波書店、一九八四年、四五、四七頁。

(8)『木村敏著作集』第七巻、前掲書、二九一―二九二頁（木村『分裂病の詩と真実』、前掲書、一三二―一三三頁）。

(9)『木村敏著作集』第五巻、前掲書、二七八頁（木村『自己・あいだ・時間』、前掲書、一〇七頁）。

(10)『岩波講座　精神の科学』別巻、前掲書、四九―五一頁。
(11)『木村敏著作集』第七巻、前掲書、二九一―二九二頁（木村『分裂病の詩と真実』、前掲書、一三二―一三三頁）。
(12)『岩波講座　精神の科学』別巻、前掲書、五〇頁。
(13)『木村敏著作集』第七巻、前掲書、二九五―二九六頁（木村『分裂病の詩と真実』、前掲書、一三八頁）。
(14)田端健人『学校を災害が襲うとき――教師たちの3.11』、春秋社、二〇一二年、九五頁。
(15)同前、九六頁。
(16)ちなみに、田端は、こうした教師たちの精神状態を、精神疾患としての「離人症」からは区別して、「離人症状（Depersonation）」と呼んでいる。（同前、九五頁、二四六頁参照）
(17)「離人症の世界」を説明するための「実例」として木村が挙げているものを紹介しておこう。ある漢字をじっと見ていると、やがてその漢字が見慣れない変な形に見えてくることがある。例えば、木村の「木」の字を見ていると、それが「木」という文字ではなくて、縦横斜めに線が引いてあるだけの図形に見えてくる。これが「離人症的な見え方」、つまり、離人症における現実感の消失に近い体験だというのである。この場合、「木」は、文字としての生き生きとした現実感を失ってしまって、縦横斜めの線からできた味気ない図形として現れてきているのである。（木村敏『臨床哲学の知――臨床としての精神病理学のために』、洋泉社、二〇〇八年、一二〇―一二一頁参照）
(18)『木村敏著作集』第七巻、前掲書、二九三頁（木村『分裂病の詩と真実』、前掲書、一三五頁）参照。
(19)『木村敏著作集』第二巻、弘文堂、二〇〇一年、一三〇頁（木村敏『時間と自己』、中公新書、一九九九年、五頁）参照。
(20)日本語では、「対象」と「客観」は別の言葉だが、欧米語ではどちらも同じobject（objet, Objekt）である。というよりも、同じ一つのobjectという語が、文脈によって「対象」や「客観」に訳し分けられていると言ったほうが正確だろう。また、このobjectは、ラテン語のobjectumを語源とし、ラテン語のobjectumは「前に投げられたもの」を原義としている。つまり、対象・客観とは、その原義からしてもやはり、〈前に投げられて距離をおいて現れてくるもの〉のことである。
(21)『木村敏著作集』第二巻、前掲書、一三〇頁（木村『時間と自己』、前掲書、六頁）。
(22)同前、一三二頁（同前、七頁）。
(23)同前、一三三―一三四頁（同前、九―一〇頁）参照。
(24)同前、一三四頁（同前、一〇頁）。
(25)同前、一三三頁（同前、九頁）参照。
(26)同前、一四一頁（同前、二〇頁）参照。

(27) 同前、一四三頁(同前、二二頁)参照。
(28) 同前、一四四頁(同前、二四頁)参照。
(29) 同前、一四四―一四五頁(同前)参照。
(30) なお、木村がなぜそれぞれをリアリティとアクチュアリティと名づけたかについては、第七章で説明する。
(31) 『DSM-5』、前掲書、三〇〇―三〇一頁。
(32) こうした考察は、とりわけ、メルロ=ポンティの現象学において豊かに展開されている。
(33) もちろん、『内的時間意識の現象学』という講義が、時間的な客観の構成や意識の時間的な統一をテーマにするものであるかぎり、そこに音楽の美しさについての考察が含まれないのはある意味では当然だとも言える。それに対して、フッサールは、例えば『イデーン』第二巻で、音楽の美しさなどを含む「人格的世界の構成」について詳細に分析している。その意味では、フッサールにおいても、アクチュアリティそのものが考察の対象にされているように思われるかもしれない。しかし、フッサールにおいて、人格的世界は、あくまで知覚的・直観的に与えられる世界にもとづけられたものとして理解されている。知覚的・直観的世界はそれ自体で自立しており、その上に世界の新たな相貌(表情)として人格的世界が上積みされている、といった構図である。そうであるならば、この人格的世界はやはりアクチュアリティの本質には触れていないと言えよう。なぜなら、離人症に見られるように、アクチュアリティとは、その欠落によって、経験そのものが病的な状態に陥ってしまうものだからである。
(34) この問いへは、次章で知覚の意味についてさらに深く考察したのちに改めて立ち戻ろうと思う。

第四章　ロゴスとしての知覚

(1) バークリ『人知原理論』、岩波文庫、一九九三年、四五頁。また、バークリ『人知原理論』、ちくま学芸文庫、二〇一六年、五六頁も参照。ちなみに、バークリのこの言葉は、直接的には、知覚されることとは独立に存在するとされる物質を否定しているのであって、自然の法則を問題にしているのではない。
(2) ヒューム『人性論』(一)、岩波文庫、一九九五年、第一篇第三部第六節参照。
(3) 第一章注20でもふれたように、カントは、ヒュームによる因果性否定の説によって、「独断論の微睡から眼ざめさせ」られたと語っている。
(4) カント『純粋理性批判』1、光文社古典新訳文庫、二〇一五年、一六頁。
(5) もちろん、カントの議論はもっと複雑で、例えば、受容的な感性と自発的な知性(悟性)という、その本質において全く異質な二つの能力がいかに関係しあえるかを検討するために、「演繹」や「図式論」などが準備されている。

（6）フッサール『経験と判断』、前掲書、一三七―一四一頁参照。

（7）同前、九八―一〇〇頁参照。

（8）メルロ＝ポンティ『知覚の現象学』2、みすず書房、一九九二年、三五一頁。

（9）同前、三五二頁参照。

（10）同前。

（11）同前、三三四頁。翻訳では「感性界のロゴス」と訳されている。

（12）ロゴス（logos）とは「取り集める」を意味するギリシア語の動詞レゲイン（legein）に由来する言葉。ばらばらなものを取り集めるには統一原理が必要であり、そこからロゴスは何らかの統一的原理、例えば、理由、原因、説明、理性、秩序、意味、根拠、比例、算定、言葉などの意味をもつ。

（13）感性的・知覚的経験のうちに世界の秩序付け・意味づけ・論理化を認めるという観点はベルクソンにも共通している。ただし、ベルクソンの場合、絶えざる質の変化である実在（純粋持続）を、輪郭を確定された同定可能な物質や、赤や青といった個別の感覚質へ固定化するところに知覚の役割が認められており、その点で、フッサールやメルロ＝ポンティとは観点が異なるとも言える。この点に関しては、川瀬『経験のアルケオロジー』、前掲書、第三章3節を参照。

第五章　知覚の本質・感情の本質（アンリ）

（1）ミシェル・アンリ『現出の本質』上巻、法政大学出版局、二〇〇五年、八八頁。また、『デカルト著作集』2、白水社、二〇〇一年、三五〇頁も参照。

（2）ガッサンディのこうした主張の背景を簡単に説明しておこう。ガッサンディは、このように言うことで、「精神は自分自身の観念をもつことができる」とか、「精神は物体よりも自分自身をいっそう容易に知ることができる」などとしたデカルトの主張に反論している。つまり、認識能力としての精神は、自分の外にあることはできないのだから、自分の観念をもったり、自分を知ることはできないとするのである。また、眼とは違って、精神にとっての鏡はないのだから、精神は鏡のなかに自分を見ることもできない。

（3）『木村敏著作集』第二巻、前掲書、一三〇頁（木村『時間と自己』、前掲書、五―六頁）。

（4）ベルクソン『物質と記憶』、ちくま学芸文庫、二〇一五年、六七頁参照。

（5）ベルクソンが知覚の本質を知覚される対象と身体のあいだの「距離」とみなす根拠を説明しておこう。ベルクソンにおいて、知覚は「可能的作用／行動（action possible）」だとされる。ベルクソンは身体を「感覚‐運動系」だと理解しており、外界から受けた感覚はたえず運動に引き延ばされているとする。つまり、感覚・知覚と行動を連続的に理解するのである。そこから知覚とは行動の素描だという発想が出てくる。例えば、一〇メートル先にライオンがいる場合と猫がいる場合を比べてみよう。一〇メートルという距離は変わらなくても、ライオンは「近く」に見え、猫は「遠く」に見える。ベルクソンによれば、これは知覚が可能的作用を反映しているからである。ライオンが「近く」に見えるのは、ライオンが私を襲う危険性（知覚の対象が身体に及ぼす作用）が切迫しているからであって、知覚はこの作用の実現の切迫度を反映している。猫の場合はその逆で、切迫した危険性がないために「遠く」に見えるのである。要するに、対象から私の身体への作用、あるいは、私の身体から対象への行動の切迫度を、作用／行動が実現されるのに先だって、可能的に映しだしているのが知覚なのである。作用が実現されるとき、つまり、ライオンが私に襲いかかるときは、対象（ライオン）と私の身体との距離がゼロになるときだから、そうした作用／行動がいまだ実現されていない可能性の段階としての知覚はつねに対象と身体のあいだに距離をおくことになる。知覚が可能的作用／行動であるかぎり、この距離は決して取り除くことはできない。距離がとりのぞかれたときというのは、可能的であった作用／行動が実現されたときであるから、そのときにはもはや知覚ははたらいていない。およそ、以上が、ベルクソンにおいて、知覚が対象と身体の「距離」を本質とすると言われるときの根拠である。

（6）ベルクソン『物質と記憶』、前掲書、六七―六八頁参照。翻訳ではaffectionを「感情」と訳している。

（7）『木村敏著作集』第二巻、前掲書、一三〇―一三一頁（木村『時間と自己』、前掲書、六頁）。

（8）ちなみに、ミシェル・アンリも、二〇歳の時の日記に、「この風景が私の肉でなければ、どうしてそれが私を感動させることがあろうか」と記している。（Cf. *Michel Henry, Dossier conçu et dirigé par Jean-Marie Brohm et Jean Leclercq*, Les Dossiers H, Edition L'Âge d'Homme, 2009, p. 8.）

（9）épreuve de soi（または、s'éprouver soi-même）はアンリ哲学の主要概念のひとつだが、翻訳書によって日本語訳にばらつきがあり、定訳が定まっていない。『実質的現象学』や『受肉』は「自己（の）体験（または、自己を体験する）」、『精神分析の系譜』や『現出の本質』は「自己感得（または、自己を感得する）」と訳している。本書ではépreuveやéprouverを「感受」、「感受する」と訳す。というのも、フランス語の動詞éprouverには「感じる」だけでなく、「苦難など受ける・被る」という意味があり、その名詞形のépreuveにも「試練、苦難」などの意味があるからである。つまり、アンリは、自己の受動的性格を表現するために、épreuveやéprouverを選んだと考えられ、その受動性の意味を、「感受」の「受」で表現したいと思うからである。第一二章も参照。

（10）サルトル『存在と無――現象学的存在論の試み』Ⅱ、ちくま学芸文庫、二〇一六年、二九一―二九六頁参照。

（11）サルトルにおけるこうした事例の思想的背景、および、その背景に照らしたこの事例の意味をごく簡単に説明しておこう。
サルトルの存在論は対自と即自の二元論をとる。ごく簡単に言えば、対自とは意識であり、即自とは事物である。この事例で問題にされている眼は身体の例として挙げられているが、サルトルは、この身体を人間存在のうちにある即自的なものだと考える。人間存在を特徴づけるのは意識という対自的あり方だが、同時に、人間は、あたかも物と同じように、この世界のうちに偶然投げ出されて存在しているという側面ももっている。サルトルはこれを偶然性や事実性と呼ぶ。サルトルにとって、身体とは、こうした人間存在の偶然性／事実性のひとつだとされる。

　こうした思想を背景として、サルトルがこの例で問題にしているのは、人間存在が世界と意識的に関わるときに、身体がいかに現れてくるかということである。サルトルによれば、このとき、身体は、意識の主題になっているわけではないし、かといって、意識されていないわけでもない。それは、意識が世界に向かう観点として、いわば意識によって飛び越されているが、しかし、それは飛び越しの出発点として、あるいは、世界の諸対象の現れ方から逆に照射されてくる意識の存在として、つねに、意識の飛び越しにつきまとうものだとされる。サルトルは、意識とはたえず世界へ向かう超越だが、それは決して〈世界のうちに存在している〉という偶然性／事実性から逃れられず、この偶然性／事実性は、超越のうちでつねに非主題的に感受されているとする。サルトルが、眼の痛みという事例で言い表わそうとしていたのは、この意識の偶然性の感受にほかならない。

　ちなみに、アンリは『現出の本質』の第五七節でまさにサルトルの「読書中の眼の痛み」という事例について考察している。そこでアンリは、サルトルが眼の痛みを読書する意識の存在と同一視している点で評価しつつも、この痛みが、サルトルの存在論的枠組みのなかで、対自の偶然性／事実性として解釈されてしまうことを批判している。つまり、痛みが、意識の存在そのものでありつつも、意識がそれに対して態度をとることのできるもの、距離をおくことのできるものとして解釈されてしまう点を批判しているのである。（ミシェル・アンリ『現出の本質』下巻、法政大学出版局、二〇〇五年、七二〇―七二二頁参照）

（12）読者のなかには、感情についてのこうした理解にとまどう人もいるかもしれない。確かに、それは感情についての一般的な理解とはだいぶズレているようにも思われる。

　例えば、感情心理学（psychology on emotions）では、感情は、基本的に、生体の、あるいは精神活動の一種の機能として理解されていると言える。単純な例をあげれば、「恐れ」とは元来、生命に危害を与えるものへの本能的反応であり、そうした機能によって生体は自分の身を護っている、と解釈される。ここでは、感情は、人類の本能的活動・精神的活動・社会活動においてそれが担う機能・役割という観点から考察されるのである。こうした感情の解釈は、比較的、感情についての一般的な理解と親和性が高く、その分、読者のとまどいも少ないかもしれない。

　しかし、こうした経験科学による感情の解釈は、基本的に、感情をものとして理解していると言える。つまり、感情が心理学的な眼の前に対象／客観として置かれたものとして扱われているのである。それに対して、生の現象学は、感情をこととして理解する。つまり、それは、主体がみずからの生を生きるときに、感情がその生をいかに構成し、また、生のなかで感情がいかにはたらくかを捉えようとする。したがって、生の現象学は、感情を決して外から眺めることなく、みずからが感情を生きつつ、生の内側から、感情の人間的意味を解明しようとするのである。もし、生の現象学による感情の解釈が読者をとまどわせるとしたら、それは、生の現象学が感情をこととして理解しているからだと言えよう。

なお、アンリも、『現出の本質』のなかで、感情をその機能と役割から定義しようとする心理学的な機能説（théorie fonctionnelle）の主張をとりあげ、それを批判している。（アンリ『現出の本質』下巻、前掲書、六九九—七〇一頁参照）

(13) 生の現象学における「自己」の問題については第九章で詳しく検討する。

(14) こうした感情のはたらきを考えるために示唆を与えてくれると思われるのが知覚能力を制限された人の経験である。次の一節は、一歳七ヶ月で視覚と聴覚を失ったヘレン・ケラーの言葉の引用である。「カヌーに乗るのも好きだ。『カヌーは月夜に限る』といったら、皆さんは笑うだろうか。月がマツ林のうしろから昇り、静かに夜空を移動していく。すると水面には月明かりで道ができ、その上を舟が進んでいく。もちろんその様子を目で見ることはできないが、月がそこに出ているのはわかる。カヌーの中で仰向けになり、片手を水の中に入れると、通り過ぎていく月の衣の、かすかな光のきらめきが感じられるように思う。時には、勇敢な小魚が私の指の間をすり抜けて行く。スイレンがそっと手に触れることもある。湖の入り江から船が出ると、急に周りが広々とひらけたのがわかる。光り輝くあたたかさが、私を包みこんでいるようだ。このあたたかさが、日差しに暖められた木々からきているのか、それとも水からのものなのか、見当もつかない。これと同じ感覚を、都会の真ん中で感じることもある。寒い嵐の日でも、夜でも起きる不思議な感覚。まるで、あたたかい唇が顔にキスをするような感じなのだ。」（ヘレン・ケラー『奇跡の人——ヘレン・ケラー自伝』、新潮文庫、二〇一三年、一六四頁）ヘレン・ケラーの知覚的世界は相当に限定されているはずである。にもかかわらず、彼女はこれだけ豊かに世界を経験できている。引用のなかに直接言及があるわけではないが、やはり、ここで彼女の制限された知覚を補って、それを世界の豊饒な経験にしているのは、アンリが言うところの感情、あるいは、木村が言うアクチュアリティではなかろうか。実際、彼女は、月夜にカヌーの上で感じるのと「同じ感覚」を、「都会の真ん中で」、または、「寒い嵐の日」に感じると言っている。それぞれの環境で受ける実際には異なった感覚を「同じ感覚」にしているのは、この感覚と共生関係にある彼女の感情なのではなかろうか。ちなみに、この最後の解釈は共通感覚の問題とも結びつく。共通感覚については第七章を参照。

(15) ミシェル・アンリ『見えないものを見る——カンディンスキー論』、法政大学出版局、一九九九年、一〇五—一〇六頁。なお、訳文に若干の変更を加えている。

(16) アンリは『現出の本質』において、こうしたことを次のような言葉で端的に表現している。「情感性が感性の条件なのだ。したがって、感じる「感覚する」（*sentir*）ことが感覚的内容を感じることとして、また感覚的内容の受容として原理的に可能であるのは、感じることを感じることと自身へと委ね渡し、感じることにそれが在るところのものの実在性を付与する〈自ら自己自身を感じること〉という感じることの内なる基底に基づいてでしかないのであり、感じることは情感的なものとしてしか原理的に可能ではないのである。」（アンリ『現出の本質』下巻、前掲書、六七五頁）

（17）アンリ『見えないものを見る』、前掲書、一〇六頁参照。

（18）「ものとことの共生関係」というのは木村の概念だが、これはアンリにおける「現れることの二重性（duplicité de l'apparaître）／現れることの二元性（dualité de l'apparaître）」という概念にほぼ該当すると考えていいだろう。例えば、アンリは次のように言っている。「テーブルの冷たさには、手の冷たさが対応し、テーブルの表面のざらざらした性格には、手のうちで体験されたざらざらの印象が対応している。手によって体験されたこれらの諸印象が、手の諸印象として、手のうちに位置づけられる［……］このような配置は、現れ方におけるひとつの根源的な差異へと、現れることの二重性へと、送り返すのである。」（アンリ『受肉』、前掲書、二九九頁）つまり、本章の例で言えば、壁の暖かさと手に生じた暖かさの実感の関係が「現れるのことに二重性／二元性」と呼ばれているのである。また、別の箇所では、同じ「現れることの二重性」に言及して、それは〈距離をおいて見られたものの現れ〉と〈距離をおかずに感情的に感受されたものの現れ〉との二重性だとも言われている。（*Cf.* Michel Henry, *Phénoménologie de la vie, Tome III, De l'art et du politique*, PUF., 2004, p. 289.）アンリにおいては、あらゆる事象は〈距離をおいた対象／客観としての現れ〉と〈距離をおかない体験・実感としての現れ〉との二重性のうちにあるとされ、また、この二重性はアプリオリであり、〈元－事実〉（Archi-fait）だと言われている。（アンリ『受肉』、前掲書、二九九頁、二七八頁を参照）

　なお、アンリにおいて、この「現れることの二重性／二元性」は、アンリがしばしば対立概念として使用する超越と内在、世界と生のそれぞれの現れ方としての「非実在性（irréalité）」と「実在性（réalité）」・「実質性（matérialité）」との差異を表わす言葉としても用いられている。そうした観点に立てば、アンリにおける「非実在性」と「実在性・実質性」の関係は、木村におけるものとこと、リアリティとアクチュアリティの関係に該当すると言えよう。

（19）なお、アンリにおいて、「情感性」とは、単に知覚の本質であるだけでなく、知覚を含めた感性的経験一般の本質であり、さらには、一般的には感情とは無関係とされる知性のはたらき（知解、認識、表象など）の本質でもあるとされる。つまり、知性のはたらきがもつ平然さや冷徹さも独特な感情のあり方であって、情感性の一様態だとされている。（アンリ『現出の本質』下巻、前掲書、六八一－六八二頁参照）

（20）したがって、アンリの「生」の概念は、科学における、例えば、生物学における「生命」の概念とはまったく異なる。アンリにとって、生とは〈自己を感受すること〉を意味しており、それは、みずからの生を生きるものが、その〈生きること〉の自己感受という仕方で、内的に捉えることしかできないものである。それに対して、生物学が考える生命とは、あくまで客観的世界（ものの世界）のなかに（アンリ的な「生」の外に）観察される電気信号やニューロンの連鎖といった物質的な内容であり、およそ内的に感受されるようなものではない。アンリは、生物学の発展によって、かえって、生についての無知が広がってしまったとも言っている。（*Cf.* Michel Henry, *C'est moi la vérité. Pour une philosophie du christianisme*, Seuil, 1996, pp. 49–50.)

（21）サルトル『存在と無』II、前掲書、三〇七頁。ただし、翻訳では「全身感覚的な気分」と訳している。また、これと同じ意味の概念を、サルトルは、「体感的なもの（le cœnesthésique）」（翻訳では「全身感覚」）、「非措定的な情感的調性（tonalité affective non thétique）」（翻訳では「措定的ならざる気分的な調子」）（同前、二九〇頁）、あるいは、「嘔き気（Nausée）」（同前、三〇七頁）などとも呼んでいる。なお、最後のNauséeは、有名なサルトルの小説『嘔吐』のオリジナルのタイトルでもある。

（22）同前、二九六―二九九頁参照。

（23）注11で説明したことと同様のことがこの場合にもあてはまる。サルトルが体感的情感性と呼ぶのは、やはり意識の偶然性／事実性の感受だと言える。

（24）アンリは、先の「読書中の眼の痛み」についての議論に引き続いて、このサルトルの「体感（cœnesthésie）」概念についても考察していて、この概念が、サルトルの存在論的枠組みのなかでは、意識の偶然性／事実性を意味し、したがって、意識が距離をおいて捉えることができ、なおかつ、自由に意味づけることのできるものとして理解されてしまっている点を批判している。（アンリ『現出の本質』下巻、前掲書、七二一―七二二頁参照）ただし、そうした留保にもかかわらず、アンリがサルトルの体感概念を考察の対象にしているのは、そこに彼の情感性概念とのある種の近さを感じとったからだとも言えよう。

（25）これはあくまでアンリにおける「生」の意味であって、木村における「生命」の解釈は決してこれと同じではない。木村における生命の概念については第一一章で詳しく論じる。

第六章　感情的な世界としての「生の世界」（アンリ）

（1）この語にもやはり「定訳」がなく、次のように翻訳書によって訳がバラバラである。『現出の本質』では「情感的気分」、『受肉』と『身体の哲学と現象学』（同じ訳者）では「情調性」、『マルクス』では「情動的な情調性」、『見えないものを見る』では「情動的（な）基調色」、『キリストの言葉』では「情動性」や「感情」。このように訳語が統一されていない状態に、さらに新たな訳語を付け加えることはためらわれるが、本書では、この語に「情感的調性」という訳語をあてることにした。アンリは「調性（tonalité）」だけでも使用しており、それにaffectiveという形容詞がついたものを「情感的調性」と訳すのが適当だろうと判断した。

なお、フランス語のtonalitéはハイデガーのStimmung（気分）の訳語としても使われるが、アンリは、『現出の本質』においてtonalitéとStimmungを使い分けており、必ずしもtonalitéをStimmungの訳語とはみなしていないように思われる。

また、前章注21では、サルトルが「体感的情感性（affectivité cœnesthésique）」を「非措定的な情感的調性（tonalité affective non thétique）」とも

呼んでいることを指摘したが、こうした語の使い方の点からも、両者のあいだにある発想の近さがうかがえるように思う（ただし、すでに説明したように、アンリは、サルトルによる体感の解釈を最終的には批判している）。

（2）カンディンスキー『芸術と芸術家――ある抽象画家の思索と記録』（カンディンスキー著作集3）、美術出版社、二〇〇〇年、二三九―二四〇、二四八、二六二頁を参照。なお、二六二頁で「具体絵画」と呼ばれているのがいわゆる「抽象画」のことである。

（3）アンリ『見えないものを見る』、前掲書、一七―三一頁参照。

（4）以下の考察はおもに、谷『これが現象学だ』、前掲書、五五―六六頁にもとづいている。なお、同様の問題についての谷の考察は、谷『意識の自然』、前掲書、四六―五一頁にも見られる。

（5）谷『これが現象学だ』、前掲書、五六頁。

（6）同前。

（7）同前。

（8）同前、六〇頁参照。

（9）同前。

（10）同前、六一頁参照。

（11）同前、六二頁参照。

（12）同前、六二―六三頁参照。

（13）ただし、後に述べるように、こうした「抽象」の意味は通俗的な意味であって、アンリはカンディンスキーの抽象画の「抽象」の意味をより根源的な観点から解釈している。

（14）サルトル『存在と無――現象学的存在論の試み』I、ちくま学芸文庫、二〇一七年、七二頁。

（15）例えば、カンディンスキーの次の言葉を参照。「これまでずっと、絵画とその表現手段とについて語ってきながら、私が一言も《対象》について触れていないことに、諸君はお気付きだろうか？　その理由は、甚だ簡単。私は本質的な、つまりは不可欠な、絵画的手段について語ったのである。／《色彩》と《図形》とを抜きにして絵を造ることなど、決してできはしないだろうが、対象ぬきの絵画は、今世紀では三十有余年前から存在している。従って対象は、絵画において、用いられても用いられなくてもよいものである。」（カンディンスキー『芸術と芸術家』、前掲書、二四八頁）また、カンディンスキーは、この《対象》を用いない絵画を「具体絵画」と呼び、次のようにも言っている。「具体絵画の場合、芸術家は対象から解放される。対象は、純絵画的な手段のみによって表現する妨げとなるからである。」（同前、二六二頁）

（16）アンリ『見えないものを見る』、前掲書、四一頁。また、カンディンスキー『回想』（カンディンスキー著作集4）、美術出版社、二〇〇〇年、三一頁も参照。

(17) 谷は〈現出・現出者〉関係に絡んで絵画についても論じている。谷によれば、もっぱら感覚される現出を描こうとしたのが遠近法と印象派である。遠近法は感覚される形(現出)を描き、印象派は感覚される色(現出)を描こうとした。それに対して、キュービスムはキューブ、つまり、立方体・立体を描こうとした。立体は現出を媒介して(突破して)、その向こうに知覚される現出者である。つまり、遠近法・印象派とキュービスムとは、現出を描き出すか、現出者を描き出すかという違いだとされる。(谷『これが現象学だ』、前掲書、六四—六六頁、および、『意識の自然』、前掲書、四九—五一頁を参照)この観点からすると、カンディンスキーは現出を描き出そうとした点で前者、つまり、遠近法や印象派に近く、キュービスムに対立することになろう。しかし、後に見るように、カンディンスキーは単に現出を描いたのではなく、現出の本質としての情感的調性を、そして、それと一体になった生そのものを描こうとした。この点で、カンディンスキーは遠近法や印象派とも異なると言えよう。

(18) アンリ『見えないものを見る』、前掲書、四九—五〇頁、および、カンディンスキー『芸術と芸術家』、前掲書、四〇頁を参照。なお、アンリは、こうした事態を説明するために、観光客がエジプトの寺院を訪問して、そこに彼が判読できない文字を見る場合という例を挙げている。その際、その文字は、文字としての役割から解放されて、一つの形として捉えられ、そこに情感的調性が感じ取られるはずだと言う。(アンリ『見えないものを見る』、前掲書、五〇頁参照)

(19) これら以外に、アンリはダンスにも言及している。例えば、教室で腕を上げるのは、先生の質問に答えるためであり、掌を横に振るのは、誰かにさよならを言うためであり、足を大きく開いて走るのは、目的地に少しでも早く到達するためである。しかし、アンリによれば、ダンスにおける運動とは、そうした合目的性から切り離された運動そのものにほかならない。運動は、合目的性から切り離されることで、その運動そのものがもつ躍動、その力の純粋な展開を示すのであり、そうした力の展開のうちに情感的調性が響きわたるのである。(以下を参照。アンリ『見えないものを見る』、前掲書、六四—六六頁、Henry, *Phénoménologie de la vie, Tome III, op. cit.*, pp. 305-306.)
また、カンディンスキーも、ダンスにおける運動を何をめざすのでもない運動(目的をもたない運動)として理解し、そうしたダンスにおいてこそ運動そのものの力とエネルギーが発揮され、運動が「純粋な響き」としてはたらきだすとしている。(カンディンスキー『抽象芸術論——芸術における精神的なもの』(カンディンスキー著作集1)、美術出版社、二〇〇〇年、一三二—一三五頁参照)

(20) ダッシュについてはカンディンスキー『芸術と芸術家』、前掲書、四二—四三頁を参照。ピリオドについては、カンディンスキー『点・線・面——抽象芸術の基礎』(カンディンスキー著作集2)、美術出版社、二〇〇〇年、二五—二七頁、および、アンリ『見えないものを見る』、前掲書、六九—七〇頁を参照。

(21) 高村光太郎『緑色の太陽』、岩波文庫、二〇〇二年、二一四—二一五頁。また、書家の石川九楊も次のように言っている。「書はその言葉の意味内容から離れてもひとつの表現として成立しており、またひとつの固有の表現である」、「書はその言語的な意味を超えて、それ自体の表現世界を有している。」（石川九楊『書く——言葉・文字・書』、中公新書、二〇〇九年、八、一八〇頁）

（22）石川九楊は、書に関するその著作において、言わば「書の現象学」とでも呼びうるような思想を展開している。石川によれば、書の芸術性の本質は、文字を書くときの一点、一画、一筆のうちに、さらには、その一点、一画、一筆を書く際の筆と紙の接触にある。書は、今では、筆と紙の接触から生み出されるが、初めは石に刻まれたのであり、そうしたことから石川は書の本質を「筆蝕」と表現する。筆先による紙の刻みによって一点、一画、一筆が生まれるのであり、この刻みのうちにある力と抵抗の力動的・接触的関係が書の美の源泉をなすとするのである。石川の解釈においても、書の美は文字の実用性から切り離されたものとして理解されていると言える。（石川九楊『書く——言葉・文字・書』、前掲書、『書とはどういう芸術か——筆蝕の美学』、中公新書、二〇〇九年、『筆蝕の構造——書くことの現象学』、ちくま学芸文庫、二〇一二年を参照）

ちなみに、石川は「文字は点と線からなる一種の図形ではなく、書は、その点や線と図形の美学ではない」（石川『書く——言葉・文字・書』、前掲書、一八二頁）とも述べていて、これはいっけんすると対象を点や線や形に還元することに美を見いだしたアンリ&カンディンスキーの主張と対立するようにも思われる。しかし、後に論じるように、アンリ&カンディンスキーも決して対象を点・線・形に還元することだけに美を見いだしているのではない。ここで石川が言わんとするのは、点や線はそれを刻み込んだ力動的な触覚から理解されなければならないということだが、アンリ&カンディンスキーも、形や色は感情から、生の情感性から理解されなければならないと述べて、点・線・形を生み出すはたらきのうちに美の源泉をみている。さらに、アンリにおいては、第八章で論じるように、この情感性が〈力‐抵抗〉関係との密接な関わりのなかで考察されている。

（23）カンディンスキーによれば、児童画がしばしば大きな感銘を与える理由もここにある。彼は「形態の問題」という論文のなかで次のように言っている。「内面の響き独自の作用ということから、とりあえず必要な結論を抽きだすとすれば、内面の響きを抑圧する外面的な実用的意味が除かれるばあい、その響きの強さは高まる、ことが判る。児童画が、因襲に捉われぬ公平な観者に大きな感銘を与える理由の一端が、ここにある。実用性など児童にとっては無縁のもの。児童は一切のものを新鮮な目で眺める上に、ものを有りのままに捉えるという清純な能力を具えているからである。実用性というものは、のちになって、幾多の、往々にして悲しむべき経験を経て、徐々に習得されるものである。だから、児童画はどれをみても例外なく、対象の内面の響きが自然と顕われているのだ。」（カンディンスキー『芸術と芸術家』、前掲書、四九頁）

（24）アンリ『見えないものを見る』、前掲書、一二一—一二三頁参照。

（25）アンリ自身が認めているように、この「生の世界」という概念は、フッサールの「生活世界（Lebenswelt）」の取りあげなおしである。だが、第二章で確認したように、フッサールの生活世界が基本的に感性的・知覚的経験の世界を意味するのに対して、アンリの生の世界は生の情感性にもとづく感情的世界、そして、第八章でみるように、努力に対する抵抗としての世界を意味する。アンリは、「生の世界（*Lebenswelt*［生活世界］）――これはフッサールの表現だが、われわれはこの表現に、フッサールが与えているよりいっそうラディカルな或る意義を、認めることになろう」（アンリ『受肉』、前掲書、一七七頁。訳語を若干変更している）と述べている。

（26）カンディンスキー『芸術と芸術家』、前掲書、四九頁。アンリ『見えないものを見る』、前掲書、二〇七頁も参照。ただし、『見えないものを見る』では「宇宙」と訳されている。

（27）カンディンスキー『回想』、前掲書、一六頁。『芸術と芸術家』、前掲書、二三六頁。アンリ『見えないものを見る』、前掲書、二〇一頁も参照。

（28）ミシェル・アンリ『野蛮――科学主義の独裁と文化の危機』、法政大学出版局、一九九〇年、四六頁。

（29）同前、七七頁。

（30）Rolf Kühn, *Individuation et vie culturelle. Pour une phénoménologie radicale dans la perspective de Michel Henry*, Éditions de l'institut supérieur de philosophie Louvain-la-Neuve, Peeters, 2012. p. 145.

（31）アンリ『現出の本質』下巻、前掲書、六八〇頁。

第七章　手ごたえと共通感覚（木村敏）

（1）『木村敏著作集』第六巻、弘文堂、二〇〇一年、二六〇頁（木村敏『心の病理を考える』、岩波新書、一九九九年、二九頁）。

（2）同前（同前）。

（3）別の箇所で木村はアクチュアリティという言葉をドイツ語のWirklichkeitから着想したと述べている。離人症における現実感消失について、英語やフランス語では「reality / réalitéを失う」と表現するのに対して、ドイツ語では「Wirklichkeitを失う」と表現する。そこで、木村は、reality / réalité（または、それらに該当するドイツ語のRealität）とWirklichkeitとはどこが違うのかを考え、Wirklichkeitに「作用する、はたらく」という意味のwirkenが含まれているのに対して、Realität（reality / réalité）はラテン語で「もの」を意味するresに由来していることに気づく。そこから、木村は、ふたつの語が同じ「現実」を指していても、「はたらき」としての現実と「もの」としての現実とは違うはずだと考え、このWirklichkeitに該当する語を、ラテン語のactio（はたらき、活動、行為）に由来するactualityと呼ぶことを着想した。（木村敏、野家啓一監修『空間と時間の病理――臨床哲学の諸相』、河合文化教育研究所、二〇一一年、三八頁参照）

また、木村は「離人症の現象学」（『木村敏著作集』第一巻、前掲書、および、『新編　分裂病の現象学』、前掲書、所収）で、のちにアクチュアリティと呼ぶことになる現実を、ドイツ語でTatsache（行為的事実）と呼んでいる。Tatsacheは辞書的には「事実」という意味だが、そのうちにTat（行為）の語が入ることから、木村は、その「行為」を強調して「行為的事実」と訳している。こうした語の選択――この語の選択には西田幾多郎からの影響も強いのだが――からも、木村がアクチュアリティとしての現実を行為や行動との関わりで理解していることがうかがえる。

（4）ベルクソン『物質と記憶』、前掲書、一三頁参照。

（5）同前、一四頁。

（6）ベルクソンにおける「可能的な作用／行動」という概念の意味の射程はもっと広いので、当然、これだけの説明では、この概念の定義としてはまったく不十分だが、とりあえず、ここでの問題だけにかぎれば、これで十分だろう。

（7）木村は「リアリティとアクチュアリティ」という論文で、アクチュアリティという概念について説明する文脈のなかで次のように述べている。「ベルグソンにとって知覚とは、静観的に外界の刺激を受容するだけの知的・思弁的な認知作業ではなかった。知覚とは、動物が自身の生存に直接関わる利害的関心を持って環境に向かって行動するとき、この行動に適切な方向を与える指針だと彼は考える。」（『木村敏著作集』第七巻、前掲書、三〇二頁／木村『分裂病の詩と真実』、前掲書、一四六頁）これは、例えば、ワシに襲われそうになったウサギにとって、単なる潅木の繁みが「身を隠す場所」として現れてくるように、知覚された現実がなすべき行動の指針として現れてくることを意味している。だが、これは言い方を変えれば、ウサギがワシから身を隠そうとするから、単なる潅木の繁みが「身を隠す場所」として現れてくるとも言え、結局、本文で述べた〈可能的な作用／行動を反映した知覚的現実〉と同じことを述べている。木村も、アクチュアリティの概念とベルクソンにおける知覚的現実のあいだにある種の近さを認めていると言えよう。

（8）『木村敏著作集』第六巻、前掲書、九九頁（木村敏『異常の構造』、講談社現代新書、一九九八年、一五一頁）。

（9）同前（同前、一五一―一五二頁）。

（10）同前、一〇〇頁（同前、一五二頁）。

（11）同前、一〇一頁（同前、一五四―一五五頁）参照。

（12）木村は、この努力感をショーペンハウアー（Arthur Schopenhauer, 1788–1860）の言葉を使って、「存在への意志」「生への意志」と呼び、こうした意志がたえず求めている「みずからが生きており存在していることの確かな証し」こそが抵抗感だと述べているが（同前（同前、一五四頁）参照）、こうした議論はさらに具体的に展開されずに終わっている。

（13）視覚、聴覚、触覚、嗅覚、味覚に共通な感覚が、再び、手ごたえ・抵抗感という触覚的な言葉で表現されることに違和感をもつ読者もいるかもしれない。これはたいへん興味深い問題で、深く考察するに値すると思われるが、いまそれについて論じる準備はない。ここでは、石川九楊が触覚の特権性について論じている議論を紹介するにとどめておこう。（前章注22でも説明したが、書家である石川は、筆先と紙との接触のうちに書の美の本質があるとして、この接触、および、そこで生じる触覚について深く考察している。）石川は「触覚は他とは異質な水準の感覚である」とする。例えば、「山を見る」、「音楽を聴く」、「木犀の香りを嗅ぐ」、「コーヒーを味わう」など、視覚、聴覚、嗅覚、味覚はいずれも「……を……する」と助詞の「を」を用いる。それに対して、触覚だけは「瓶に触れる」と助詞の「に」を用いて、決して「瓶を触れる」とは言わない。この理由を石川は、触覚には「主客逆転の境界」があるからだとしている。触覚の場合、触れるものは触れることで抵抗・手ごたえ（手ごたえは「手応え／答え」、つまり、対象が手にさしだす「こたえ」である）を覚える。つまり、触れるものが同時に対象によって触れられることになる。主体が客体になり、客体が主体になる。「主客逆転」が生じる。こうしたあり方を示しているのが助詞の「に」だとする。つまり、こちらからの働きかけに対する抵抗（対象からのこたえ）を感じることが「に」によって表現されているとするのである。こうしたことは、他の感覚には起こらない。「木犀の香りを嗅ぐ」ことが同時に「木犀の香りに嗅がれる」ことにはならない。「触覚」はこうした〈触れ合い〉としての「触」、「『に』の相互関係性」を含んでおり、その意味で、石川は触覚のうちに特権性を認めるのである。（石川『書く——言葉・文字・書』、前掲書、六五—六七頁参照）こうした石川の議論をもとにして、本文でこのあと論じる共通感覚の問題を考えてみれば、共通感覚とは、（触覚も含めた）個別感覚に先立って、対象との根源的な触れ合い・出会いを可能にするものだと言えよう。

（14）木村敏『臨床哲学講義』、創元社、二〇一二年、五〇—五一頁、『あいだと生命——臨床哲学論文集』、創元社、二〇一四年、一五四頁（ちなみに、この箇所で、木村は共通感覚の（2）の観点がミシェル・アンリの自己触発と同じことを意味すると指摘している。）、『木村敏著作集』第六巻、前掲書、二六—二七（木村『異常の構造』、前掲書、四一頁）、一五七頁（木村敏『あいだ』、ちくま学芸文庫、二〇一五年、六九頁）を参照。また、中村雄二郎『共通感覚論』、岩波現代文庫、二〇〇〇年、八—九頁も参照のこと。さらに、（1）については、アリストテレス『心とは何か』、講談社学術文庫、二〇一六年、一三八—一三九頁、（2）については、アリストテレス「睡眠と覚醒について」、『アリストテレス全集』6、岩波書店、一九六八年、所収、二四五頁を参照。

（15）このことに関連して、木村は興味深いエピソードを紹介している。木村には、若いころ卓球の全日本学生チャンピオンだった伯父がいたが、普段はとても歯が立たないこの伯父とも、伯父が愛用するラバー無しのラケット（これは球を打つと甲高い大きな音がする）でなく、厚いラバーを貼った音のしないラケットを使って手合わせをすると、「結構いい勝負になった」と言うのである。ここから木村は、「卓球の速い球を打ち返す際の運動感覚を、伯父はかなりの部分、聴覚に頼っていたのである」と結論している。（『木村敏著作集』第六巻、前掲書、二四七—二四八頁／木村『心の病理を考える』、前掲書、一一頁参照）また、石川九楊は、書かれた書には「速度」が定着していると述べている。例えば「流れるような筆跡」といった表現があるが、これは私たちが筆跡を見て、そこに速度、つまり、動きを感じていることを意味していよう。（石川『書とはどういう芸術か』、前掲書、五一頁参照）こうした例から、私たちが日常的に動きを聞いたり、見たりしていることが分かるだろう。

（16）岡田暁生『音楽の聴き方——聴く型と趣味を語る言葉』、中公新書、二〇一五年、六一頁。

（17）『木村敏著作集』第六巻、前掲書、一五八頁（木村『あいだ』、前掲書、七一頁）参照。

（18）『木村敏著作集』第二巻、前掲書、一三四―一三五頁（木村『時間と自己』、前掲書、一一頁）参照。

（19）岡田『音楽の聴き方』、前掲書、六一頁。

（20）第五章で、サルトルの体感的情感性（affectivité cœnesthésique）という概念がアンリの情感性とある種の類縁性をもつこと――ただし、サルトルの哲学体系に従って体感的情感性の概念を理解した場合には、アンリの情感性とのあいだにかなりの開きがあると言わざるをえないが――を指摘したが、ここで、この「体感的（cœnesthésique）」という形容詞の名詞形 cœnesthésie（英語で coenesthesia）（体感）の語源が「共通感覚」（ギリシア語で koiné aisthesis、ラテン語で sensus communis）であることに注意をうながしておきたい（coen = communis, esthesia = sensus）。（『木村敏著作集』第六巻、前掲書、二四九頁／木村『心の病理を考える』、前掲書、一三頁、中村『共通感覚論』、前掲書、一一四頁を参照）こうした概念の絡み合いも、共通感覚と情感性のある種の近さを物語っていると言えよう。また、中村雄二郎は、『共通感覚論』の注で次のような木村敏の言葉を引用している。「そこでは〔離人症においては〕どうしても人間と世界との根源的な交り（ミンコフスキーのいう〈現実との生命的接触〉）を可能にする一種の〈感覚〉が問題となってこざるをえない。そして、のちにわれわれが〈共通感覚〉として問題にするようなこの種の〈感覚〉は、見方によっては一種の身体感覚（体感）とみられぬこともない。」（中村『共通感覚論』、前掲書、三三九頁。〔　〕内は筆者の補足。また、『木村敏著作集』第五巻、前掲書、二九二―二九三頁／木村『自己・あいだ・時間』、前掲書、一二六頁も参照。木村はここでの「身体感覚」が Koenästhesie, cénesthésie を意味すると注記している。）つまり、離人症においては、ありありと現実をつかみとる「一種の感覚」が欠如しているが、それが（このあと、本文でも確認するように）共通感覚であり、この共通感覚とは「一種の身体感覚（体感）」とみられる、とされているのである。このように、情感性、体感、共通感覚には根本的な類縁性があり、離人症においては、これらのはたらきが欠如することで、「人間と世界との根源的な交り」が不可能になって、現実感の消失が生じるのだろう。

なお、アンリも『現出の本質』のなかで、共通感覚としての体感と感情との同一性について語っている。しかし、そこでアンリは、この体感がもっぱら感覚的なものとしてのみ理解されてしまうことから、感情が感覚と混同されてしまうと指摘している。（アンリ『現出の本質』下巻、前掲書、七〇五―七〇七頁参照）

（21）『木村敏著作集』第六巻、前掲書、二七頁（木村『異常の構造』、前掲書、四一―四二頁）参照。

（22）同前、二八頁（同前、四三頁）。

（23）『木村敏著作集』第五巻、前掲書、三二三頁（木村『自己・あいだ・時間』、前掲書、一六六頁）、『木村敏著作集』第七巻、前掲書、二九九頁（木村『分裂病の詩と真実』、前掲書、一四二頁）を参照。

第八章　努力する身体・抵抗する世界（アンリ）

（1）『木村敏著作集』第七巻、前掲書、二九四頁（木村『分裂病の詩と真実』、前掲書、一三六頁）。

（2）コンディヤック『感覚論』上巻、創元社、一九四八年、七五頁参照。

（3）同前、一七二―一七三頁参照。

（4）同前、一七三、一七五頁参照。

（5）同前、一七四―一七五頁参照。

（6）ミシェル・アンリ『身体の哲学と現象学――ビラン存在論についての試論』、法政大学出版局、二〇〇〇年、八四頁。

（7）ちなみに、アンリもメーヌ・ド・ビランも決して主観的身体を道具として理解しているわけではない。（同前、八五―八七頁参照）

（8）同前、八三―八五頁参照。また、アンリ『受肉』、前掲書、二五七―二五八頁も参照。

（9）「可能力」と訳したle pouvoirは、フランス語の動詞pouvoirを名詞にしたものである。動詞pouvoirは英語の助動詞canのように、動作が可能であること、つまり、「……できる」を表わす。したがって、le pouvoirは可能性（possibilité）という意味を含む。また、アンリはこのle pouvoirに、動詞pouvoirと同じ語源をもつpuissance（力）という意味も込めている。それはアンリにとっては、主観的身体の力、努力、運動を意味している。要するに、le pouvoirには「可能性（possibilité）」と「力（puissance）」というふたつの意味が込められており、そこからこの語を「可能力」と訳した。読者は、この「可能力」という訳語に「できる、可能性、力」といった意味を読み込んで理解していただきたい。

ちなみに、このle pouvoirは、アンリの日本語訳では以下のように訳されている。『身体の哲学と現象学』、『受肉』、『マルクス』、『精神分析の系譜』では「力能」、『現出の本質』、『見えないものを見る』では「能力」、そして、『キリストの言葉』では「力」および「能力」。なお、『精神分析の系譜』では、puissanceというフランス語に「可能力」の訳があてられているので注意が必要。

（10）アンリ『身体の哲学と現象学』、前掲書、一三九―一四〇頁。強調は筆者。

（11）同前、一一一頁参照。なお、翻訳ではacte de sentirは「感覚する作用」と訳されている。

（12）L・ラントグレーベ『現象学の道』、木鐸社、一九九六年、一八七頁参照。

（13）アンリ『身体の哲学と現象学』、前掲書、一一三―一一七頁参照。なお、聴覚がはたらくために発話運動が必要だという主張に首をかしげる人がいるかもしれない。しかし、実際にメーヌ・ド・ビランはそのように考えている。メーヌ・ド・ビランを解説した北明子の言葉を引用しておこう。「意志的に耳を傾けて聴くとき、私は同時に聴きかつ発声しているのです。」「私は、ある一連の何かしらの音を聴きながら『パチパチ』や『ギー』と自らまねることによってはじめて、それをはっきりとした特定の音として聴くことができるのです。」「小枝が燃える音はそれを聞く人に『パチパチ』という発声を呼びかけるがゆえに、またその時にのみ、『パチパチ』と聞こえます。別の人には、『ピシュピシュ』

と発声することを誘うかもしれません。その人にはその発声の運動ゆえに『ピシュピシュ』と聞こえます。」(北明子『メーヌ・ド・ビランの世界――経験する〈私〉の哲学』、勁草書房、一九九七年、一五五、一五六頁) また、ベルクソンも聴覚と発話運動の関係を同様に理解している。ベルクソンは、生体においては感覚は必然的に運動と連携しており、感覚はつねに運動に引き延ばされていると考える。聴覚の場合も同様で、聴覚はつねにその運動的側面である発話へ引き延ばされているとする。だから、聴かれた音はつねに内的な発話(発声をともなわない発話)に引き延ばされ、発話の形で反復されており、それによって、この音は発話運動がそれを反復する通りに分節化されて聴こえてくるとするのである。それは北明子がメーヌ・ド・ビランについて説明しているのとまったく同じで、例えば、ある音は、私がそれを聴きつつ、内的発話で「パチパチ」と反復するから、「パチパチ」という音として分節化されて聴こえてくるのだと説明される。(ベルクソン『物質と記憶』、前掲書、一四六―一五三頁参照。また、川瀬『経験のアルケオロジー』、前掲書、七七―七八頁も参照)

(14) これは、〈一般に世界に関わる能力〉が〈個別的な行為や感覚〉に対して時間的に先立つという意味ではない。そうではなくて、〈個別的な行為や感覚〉がその条件として〈一般に世界に関わる能力〉を前提しているという意味である。

(15) 注9を参照。

(16) アンリ『身体の哲学と現象学』、前掲書、一〇八―一〇九頁参照。

(17) ちなみに、メーヌ・ド・ビラン自身は、この概念をライプニッツから借用している。

(18) アンリ『身体の哲学と現象学』、前掲書、一〇八―一〇九頁参照。

(19) 同前、一一九頁。

(20) 同前、一一九―一二〇頁。直前の引用と重なる部分を括弧に入れた。

(21) 同前、一二〇頁。

(22) 同前。〔 〕内は筆者の補足。

(23) 第七章注14でも述べたように、木村は、共通感覚の概念がアンリの自己触発と同じことを述べていると言っている。また、アンリの自己触発の概念は、基本的には、自己感受の概念と同様の事態を指していると考えてよい。

(24) 第三章で紹介した離人症患者の証言を思い出してもらいたい。例えば、次のようなものがあった。

患者A:「以前は音楽を聞いたり絵を見たりするのが大好きだったのに、いまはそういうものが美しいということがまるでわからない。」「鉄のものを見ても重そうな感じがしないし、紙切れを見ても軽そうだと思わない。とにかく、なにを見ても、それがちゃんとそこにあるのだということがわからない。色や形が目に入ってくるだけで、実際にある、という感じがちっともしない。」

患者B:「この間は病院から遠足に行きました。本当に久し振り、十年振りのことでしたがやはり別に感慨はありませんでした。別に少しも面白くも楽しくも嬉しくもなかったし、そうかといって反対につまらなくも面白くなくも楽しくもないとも感じませんでした。」「温度の高低はわかりますが、暑い寒いといった感じはどうもピンと来ません。」
患者C：「雪が降っても、雪が降っていることがわかりません。」「犬が吠えるのが聞こえます。でもそれは私とは無縁の世界です。」「鐘が鳴っています。でもその響きはまだピンとこないのです。」
患者D：「この病気になってから、まったく車に乗れなくなりました。他の車との間隔がつかめないのです。目測で何メートルぐらいというのはわかるけれど、距離が実感としてつかめない。」
これらの証言のうちには、患者たちが、健康な人と同じように物や事柄を見たり、聴いたり、触ったりできていながら、そこに何かをつかみとったり、しみじみと感受したりできずに困惑している様子がよく表れている。このように知覚・感覚以外のところで、つかみ、感受されている現実こそ、「情感的現実、手ごたえ・抵抗としての現実、共通感覚的な現実」だと言えよう。

第九章　中動態としての自己（アンリ＆木村敏）

（1）ここでは、離人症の中核的特徴（1）の「自己の体験や行動に関する自己所属感ないし能動性意識」と言われているものも、この「自我や自己に関わる問題」に含めて理解する。
（2）『木村敏著作集』第七巻、前掲書、二九四―二九五頁（木村『分裂病の詩と真実』、前掲書、一三六―一三七頁）参照。
（3）もちろん、身体と自己では事情が異なるとも言えよう。身体には事物的側面（見える側面）と行為的側面（見えない側面）（手は見えるが、触ることは見えない）というふたつの側面があるが、自己にはそうしたふたつの側面はない。自己はその外部から事物として見られるようなことはない。もちろんその通りなのだが、しかし、身体のこうしたふたつの側面も、その本質においては、主観‐客観の関係であり、その意味では、〈主観‐思う私〉と〈客観‐見ている私〉の関係と同じだと言える。〈主観‐思う私〉と〈客観‐見ている私〉のあいだには、触る手と触られた身体のあいだにあるような物理的距離はないが、そのかわり内的な距離があると言えよう。
（4）デカルト『省察』、ちくま学芸文庫、二〇一七年、五〇―五一頁。訳文を一部変更し、強調を付した。
（5）ミシェル・アンリ『精神分析の系譜――失われた始源』、法政大学出版局、一九九三年、二四頁参照。
（6）同前、三一頁。
（7）同前、三〇頁。
（8）同前、三一頁。
（9）かつて「精神分裂病」と呼ばれていた病気は、二〇〇二年以来「統合失調症」に呼称が変更されているが、長井がこの論文を執筆した時期にはいまだ「精神分裂病」が使用されていた。

（10）長井真理「精神分裂病者の自己意識における『精神分裂病性』」、木村敏、松下正明、岸本英爾編『精神分裂病――基礎と臨床』、朝倉書店、一九九〇年、三六五頁。

（11）木村敏は、論文「自分が自分であるということ」のなかで、ここで参照した長井真理の論文「精神分裂病者の自己意識における『精神分裂病性』」に触れて、次のような注を付している。「長井はアンリを引用していないが（当時はまだ邦訳が出ていなかった）、彼女がこの論文を執筆しているとき、私はちょうどこのアンリの書物〔『精神分析の系譜』〕を読んでいる最中だったので、彼女との会話ではいつもこのことが話題になっていた。彼女の思索がそれによって触発されたであろうことは十分に考えられる。ただし、このvideorが能動態でも受動態でもなく、中動態という特別な態であることを――バンヴェニストを引用して――問題にしたのは、アンリではなく、長井のオリジナルである。」（木村『あいだと生命』、前掲書、一八六頁。〔　〕内は筆者の補足）

（12）例えば、國分功一郎『中動態の世界――意志と責任の考古学』、医学書院、二〇一七年、第2章、第3章、森田亜紀『芸術の中動態――受容／制作の基層』、萌書房、二〇一三年、第三章などを参照。

（13）國分『中動態の世界』、前掲書、四一―四二頁、および、エミール・バンヴェニスト『一般言語学の諸問題』、みすず書房、一九八三年、一六五―一六六頁を参照。ちなみに、中動態という名称は、能動態と受動態の「中間」を意味するが、能動態‐受動態という対立に先立って能動態‐中動態という対立があったという事実からすると、「中動態」という名称は不適切だということになる。そこから、バンヴェニストは能動態・中動態の代わりに外態・内態という表現を用いることを提唱している。（同前、一七二頁参照）

（14）木村『あいだと生命』、前掲書、一二六―一二八、一七六―一七七頁を参照。

（15）同前、一二七、一七七頁を参照。

（16）『現代言語学辞典』、成美堂、一九八八年、三九二頁参照。

（17）バンヴェニスト『一般言語学の諸問題』、前掲書、一六九頁。

（18）同前、一七二頁。

（19）同前。

（20）もし視覚的対象について感触・手ごたえを語ることに違和感をおぼえるなら、第七章で、木村が音楽や花の色からも手ごたえ・抵抗感を感じうると言っていたことを思い出してほしい。

（21）実際、木村は、アンリによる「私には……思われる」の解釈が共通感覚的な感受を意味すると理解している。木村『あいだと生命』、前掲書、一二四、一五四頁を参照。

(22)『木村敏著作集』第一巻、前掲書、一二二頁。
(23) 木村は、ハウクによる離人症症状の分類として、(1) 主として自我存在の実在感が失われる「自我意識性」のもの、(2) 主として自分の身体の自我所属感が失われる「身体意識性」のもの、そして、(3) 主として外界の実在感が失われる「外部意識性」のもの、という三つをあげて、「典型的な離人神経症ではそのすべてが出現するが、躁鬱病の離人症状では『外部意識性』のものが、分裂病〔統合失調症〕の離人症状では『自我意識性』のものがとくに出現しやすい」(『木村敏著作集』第七巻、前掲書、二九〇頁/木村『分裂病の詩と真実』、前掲書、一三〇頁。〔 〕内は筆者の補足)と述べている。

第一〇章 「反復的な時間」の構造

(1) ただし、フッサール自身は、意識を「流れ」と呼べるのは「比喩的に」だとしている。なぜなら、フッサールは一般に構成された客観的時間を「流れ」と呼んでいるからである。フッサール『内的時間意識の現象学』、ちくま学芸文庫、二〇一六年、三〇五頁、および、谷『意識の自然』、前掲書、三九五―三九六頁を参照。
(2) フッサールは、この二つの把持のうち、〈音の把持〉を「横の志向性(Querintentionalität)」、〈把持している自己の把持〉を「縦の志向性(Längsintentionalität)」と呼んでいる。あるいは、前者を「外的把持」、後者を「内的把持」とも呼ぶ。フッサール『内的時間意識の現象学』、前掲書、三一三―三二〇、五一七頁を参照。
(3) 谷『意識の自然』、前掲書、三九六、三九七頁。
(4) フッサール『内的時間意識の現象学』、前掲書、三二〇頁。
(5) 同前。
(6) 同前。
(7) 同前、五三〇頁。
(8) 同前参照。
(9) 同前、四一〇頁参照。
(10) 縦の志向性および原意識をめぐる問題については、川瀬『経験のアルケオロジー』、前掲書の第五章第一節、および、第七章第一、二節を参照。また、本文では、原意識について、「プロト現象学では整合的に説明できない」と述べたが、もちろん、プロト現象学のなかにはそれを整合的に説明しようとする試みがみられる。その代表的なものはクラウス・ヘルト(Klaus Held, 1936–)が『生き生きした現在』のなかで行った解釈だろう。ヘルトが、こうした問題をいかに引き継ぎ、いかに展開したかの詳細については、『経験のアルケオロジー』の第七章第三、四節を参照。

（11）*Cf.* Henry, *C'est moi la vérité, op. cit.* p. 201.

（12）*Cf. Ibid.* pp. 201–202.

（13）アンリ『野蛮』、前掲書、二〇一頁参照。

（14）Henry, *Phénoménologie de la vie, Tome III, op. cit.*, p. 307.

（15）アンリ『野蛮』、前掲書、二〇一頁。なお、パトス（pathos）とは「受ける」「被る」を意味するギリシア語の動詞paschein に由来する言葉で、心が被る情態としての情念、情動、感情、情緒などを意味する。

（16）Henry, *C'est moi la vérité, op. cit.* p. 201, *Phénoménologie de la vie, Tome III, op. cit.*, p.307.

（17）フッサール『内的時間意識の現象学』、前掲書、一九六頁参照。

（18）客観的時間の構成については、同前、一九六—一九八頁を参照。また、〈把持-原印象-予持〉という志向性の構造から出発して、客観的時間が構成されるまでのプロセスの詳細については、谷『意識の自然』、前掲書、三八二—三八八頁を参照。

（19）谷『意識の自然』、前掲書、三八六、三八七頁、および、フッサール『内的時間意識の現象学』、前掲書、一九八頁を参照。

（20）谷『意識の自然』、前掲書、三八六—三八七頁参照。なお、こうした形式的時間は、そのうちで生じる活動や出来事の枠組みをなしているだけで、ある時点で実際に何が行われるか、何が起こるかには関わらないものとして表象されるが、時間をそれとは違ったものとして表象する仕方もある。例えば、ムビティはアフリカ先住民の時間観念を記述して次のように言っている。「日の出は地域社会の全員が見る出来事である。日が昇るという現象が問題で、午前五時だろうが七時だろうがかまわない。同じように、寝るのが九時でも一二時でも違いはない。重要なのは寝るという行為である。時間は数字のうえでなく、ある事柄とのかかわり合いで意味をもつのである。」（ムビティ『アフリカの宗教と哲学』、法政大学出版局、一九七八年、二〇—二一頁）さらに、エリアーデも古代文化の宗教的人間について次のように述べている。彼らとっては「或る物が存在する以前には、その物に固有な時間もまた存在し得ない。宇宙が成立する以前には、宇宙的時間は存しない。しかじかの種類の植物が創造される前には、今それを成長させ、実を結び、やがて枯死させている時間もまた成立していなかったのである。」（エリアーデ『聖と俗——宗教的なるものの本質について』、法政大学出版局、二〇一四年、六七頁）これらは活動や出来事が刻む時間、いわば実質的時間と言えるだろう。

（21）フッサール『内的時間意識の現象学』、前掲書、一一三頁。

（22）真木悠介『時間の比較社会学』、岩波現代文庫、二〇一五年、一六三頁参照。なお、「線分的な時間」と「直線的な時間」については、その違いが分かりにくいかもしれない。真木によれば、この二つの時間は不可逆的な直線として表象される点では同じだが、近代社会の「直線的な時間」があたかもニュートンの絶対時間のように無限に延びる均質な時間であるのに対して、ヘブライズムの「線分的な時間」が『始めと終わり』（アルケーとテロス）によって区切られた線分」としての時間である点に相違がある。つまり、ヘブライズムにおいては、世界の始まりと終わりが想定されているということである。ただし、真木は、両者の違いを単に無限か有限かという違いとして理解してはならないと言う。彼によれば、むしろ事の核心は、ヘブライズムの時間が目的論的な性格をもつ「質としての時間」であるのに対して、近代社会の時間が脱目的論的に抽象された「量としての時間」であるという点に存する。（同前、一六〇―一六三頁参照）

（23）中村雄二郎も『共通感覚論』のなかで次のように述べている。「水平で直線的な時間、とくにニュートン物理学の不可逆的な絶対時間は、近代世界のなかで唯一の客観的な時間として人々から厚い信頼を受けてきた。が、それは、決して人間にとって唯一の時間でも絶対的な時間でもなく、重層的な生きられる時間のうちの一つの極限概念にすぎないのである。」（中村『共通感覚論』、前掲書、二六九頁）もちろん、現象学の客観的時間をニュートン物理学の絶対時間と同一視できるわけではない。しかし、両者はいずれも、直線的、水平的、均質的、不可逆的などの共通性をもつ点で、真木の分類における「直線的な時間」に属すると言えよう。

　また、ベンジャミン・ウォーフはアメリカ・インディアンのホーピ族には、未来から過去へ、あるいは、過去から未来へと直線的に進む時間の観念がないと述べている。（ベンジャミン・ウォーフ『言語・思考・現実』、講談社学芸文庫、二〇一四年、一三頁参照）こうした証言からも、〈直線的、水平的、均質的、不可逆的な時間〉が普遍的・絶対的な時間ではないことがわかる。

（24）生の現象学における時間観念と反復的な時間のあいだに同型性が存するという主張の根拠については、これから生の現象学の時間観念について詳しく説明するなかでおのずと明らかになるだろう。そこには、レヴィ＝ストロースがベルクソンの思想とトーテミスムのあいだに見いだしている「奇妙な類似」のようなものがあると言える。つまり、生の現象学の時間観念は反復的な時間と「調べを同じくするもの」であるように思われるのである。（レヴィ＝ストロース『今日のトーテミスム』、みすず書房、一九八二年、一五九―一六一頁参照）なお、木村に関しては、単なる「奇妙な類似」ではない事実的な関係もある。木村は『時間と自己』のなかで真木の『時間の比較社会学』を引き合いに出し、反復的な時間についても言及している。（『木村敏著作集』第二巻、前掲書、二五一―二五二頁／木村『時間と自己』、前掲書、一六八―一七〇頁を参照）もちろん、木村が反復的な時間という観念からどれだけの影響を受けているかを測ることはできないが、少なくとも、木村がイントラ・フェストゥムと呼ぶ時間構造のうちには反復的な時間との同型性がみてとれる。なお、イントラ・フェストゥムについては、第一五章注8も参照。

（25）真木『時間の比較社会学』、前掲書、一九―二〇頁参照。なお、この箇所では、反復的な時間は、エドマンド・リーチ（Edmund Ronald Leach, 1910–1989）の言葉をうけて「振動する時間」と呼ばれている。

（26）同前、五四頁参照。

(27)同前、五七頁参照。
(28)同前。
(29)レヴィ＝ストロース『野生の思考』、みすず書房、一九九三年、二八六頁参照。
(30)同前、二八九頁。
(31)真木『時間の比較社会学』、前掲書、二四頁。
(32)レヴィ＝ストロース『野生の思考』、前掲書、二八六頁。
(33)同前、二七九頁参照。
(34)真木『時間の比較社会学』、前掲書、五〇頁。
(35)同前、五四頁。
(36)エリアーデ『聖と俗』、前掲書、六〇頁。
(37)同前。〔 〕内は筆者の補足。
(38)同前、九八頁。
(39)同前、六一、七九頁。
(40)同前、七九頁。
(41)同前、七八頁。
(42)同前、八二頁。
(43)ベネディクト・アンダーソン『増補　想像の共同体――ナショナリズムの起源と流行』、NTT出版、二〇〇六年、四七頁。
(44)同前、四八頁。
(45)旧約聖書の『創世記』(22:1–19)に記述されている逸話。神はアブラハムの信仰を試すために、その愛するひとり子イサクを供犠として捧げるように命じる。アブラハムは神の命令に従い、イサクを供犠に捧げようとするが、死の直前、イサクは間一髪のところで救われる。
(46)アンダーソン『想像の共同体』、前掲書、四九頁。アウエルバッハ『ミメーシス』上、筑摩書房、一九七五年、八四頁も参照。
(47)アンダーソン、同前。アウエルバッハ、同前も参照。
(48)アンダーソン、同前。アウエルバッハ、同前、八五頁も参照。
(49)アンダーソン、同前、四八頁参照。
(50)ちなみに、アンダーソンは、こうした「同時性」の観念が、ベンヤミン(Walter Benjamin, 1892–1940)の「歴史の概念について」における

「メシア的時間」に相当すると述べている。同前、四九頁参照。なお、「メシア的時間」については、『ベンヤミン・コレクション』I、ちくま学芸文庫、二〇一三年、六六三、六六四頁を参照。

(51) エリアーデのキリスト教解釈はこれとは多少異なるように思われる。彼にとっては、「福音書の中で呼び出されるそのかみ〔その昔〕、かのときは特定の歴史的時間、すなわちポンティウス・ピーラートゥスがユダヤの総督であった時代」であり、「時間の起源」としての「神話の時代」ではない。したがって、聖書の物語がただちに聖なる時間を意味するのではないことになる。だが、エリアーデは同時に、その歴史的時間が「キリストの現在によって浄められた」とも言っている。つまり、聖書の時間は、たしかに聖なる時間とは区別された歴史的時間ではあるが、それでもキリストの生誕と共に新しく始まった時間なのであって、その意味では、聖なる時間のように、「キリストの生涯の同一の事件を繰り返し再現する」ことが希求される「聖なる歴史」だとするのである。(エリアーデ『聖と俗』、前掲書、一〇四頁参照。〔 〕内は筆者の補足)

(52) 同前、五―六頁。

(53) 同前、六頁。

(54) ここでは、あえて「現在」という語を原印象的な位相だけに局限されたものという意味で用いているが、フッサールが理解する「現在」は「把持された位相－原印象的位相－予持された位相」の全体を指している。つまり、現在は幅をもつものとして理解されている。(谷『意識の自然』、前掲書、三八三―三八四頁参照)

第一一章 「みずから」と「おのずから」／ビオスとゾーエー(木村敏)

(1) 木村によれば、盤石な過去をもてないために、未来のいっさいが未知のものとして現れ、そうした未知に対して恐怖と憧憬をいだくのが統合失調症者(精神分裂病者)の意識である。この意識にとっては、過去も単にかつての未知が未知のまま沈殿しただけなので、患者はしばしば自分の過去を根本からやり直したいという願望をいだく。それに対して、秩序と安定を好み、つつがなく完了し、済んだものとして過去をとらえ、未来もまた、このつつがない過去の延長としてのみ感じているのが鬱病者の意識である。この意識は、秩序立って安定した状態が失われ、とり返しがつかなくなることを極度に恐れ、実際に何かのきっかけでそれが崩壊すると、鬱病の症状を発症させることになる。

なお、木村は、こうした統合失調症者の意識に特徴的な時間構造をアンテ・フェストゥム、鬱病者の意識に特徴的な時間構造をポスト・フェストゥムと呼んでいる。だが、木村がこれらの用語で指し示しているのは、けっして精神病者の意識に固有な時間構造ではない。むしろ、それらは人間一般の自己がもつ時間構造のふたつの類型を意味している。(『木村敏著作集』第二巻、前掲書、一九〇―二一一頁／木村『時間と自己』、前掲書、八六―一一五頁参照)

(2) 竹内整一『「おのずから」と「みずから」――日本思想の基層』、春秋社、二〇〇四年、iii頁。
(3) 同前。
(4) 同前、iii―iv頁。
(5) 同前、iv頁参照。なお、竹内は、「みずから」のことであるのに、それを「おのずから」のことであるように感じる感受性は、同時に、人生の諸々の出来事というのは、自分で決断し、選択したことではなくて、「おのずから」なることなのだから、自分で責任をとることなどできない、という考え方をも生んでしまう可能性があると指摘している。(同前)
(6) また、木村は、日本語の「自己」とself、Selbst、soiとが根本的に異なっていることも指摘している。木村によれば、selfやSelbstは古いドイツ語のselbに由来し、「同一者」を意味する。また、フランス語のsoiは再帰代名詞seの強勢形だから、「そのもの自身」といった意味になる。いずれも、必ずしも「自分自身」を意味せず、一人称的に使用するとはかぎらない。それに対して、日本語の「自己」は、もっぱら「自分自身」という一人称的な意味で使われる。木村はそうした点に「自己」とself, Selbst, soiとの根本的な相違を見ている。(木村『臨床哲学の知』、前掲書、一三四―一三七頁、『臨床哲学講義』、前掲書、三九頁を参照)
　また、木村は同時に、日本語には、西洋語の一人称代名詞のように、相手が誰であってもいつでも変わらない強い「私」が存在しないことも指摘している。日本語の場合、自称詞は、相手や状況に応じて、「わたし」、「ぼく」、「おれ」などいろいろに言い換えられる。(木村『臨床哲学の知』、前掲書、一三五―一三六頁参照)
(7) ただし、ここで木村が言う西洋の自然観は、近代以降の西洋の自然観を指していると言えよう。例えば、川原栄峰は次のように言っている。「今の人は『自然』と聞くとすぐ山川草木日月星辰を思い浮かべるが、そのような人間を含まないで人間に対立して客観的に立てられた存在者の全体を『自然』と呼ぶということは、古代、中世、東洋のような考え方とは全く無関係だというわけではないが、とにかくヨーロッパ近代に特徴的なことであり、むしろそのことによって近代が近代として始まったのだと言った方がよいかもしれないのである。」(川原『哲学入門以前』、前掲書、一一八頁) また、川原は、古代ギリシアの自然観と近代の自然観を比較して、次のようにも言っている。「ギリシアの場合には、人間自身がコスモスに没入して行ってその秩序と調和とを受け入れ、それをたたえ、それに従った。人間自身もその外にはいなかったのである。ところが近代の場合には、『自然』の中に人間はいない。自然の中にいるのは動物である。人間は自然に対しており、自然の外にいる。客観的自然というのは動物的インタレストや宗教的権威から自由になった人間に対して立てられた領域なのである。」(同前、一一九頁)
(8) 『木村敏著作集』第六巻、前掲書、二二三頁(木村『あいだ』、前掲書、一八一頁)。木村『臨床哲学の知』、前掲書、一三九―一四〇頁も参照。
(9) 『木村敏著作集』第六巻、前掲書、二二三頁(木村『あいだ』、前掲書、一八二頁)。

(10)木村によれば、この「つ」の用法は「天つ神」、「国つ神」などといった表現にみられる。(木村『臨床哲学の知』、前掲書、一三七頁参照)

(11)木村『臨床哲学の知』、前掲書、一三七―一三八頁、『臨床哲学講義』、前掲書、三六―三七頁を参照。

(12)木村『臨床哲学の知』、前掲書、一四一頁、『臨床哲学講義』、前掲書、三七頁を参照。

(13)木村『臨床哲学の知』、前掲書、一三八頁。

(14)『木村敏著作集』第六巻、前掲書、二二四頁(木村『あいだ』、前掲書、一八三頁)参照。

(15)木村『臨床哲学講義』、前掲書、三八頁。なお、この文章では、「みずから」「おのずから」の「ず」は、その元来のかたちである「つ」になっている。

(16)『木村敏著作集』第六巻、前掲書、二六四頁(木村『心の病理を考える』、前掲書、三五頁)。

(17)同前、二二四頁(木村『あいだ』、前掲書、一八三頁)参照。

(18)同前、一二五頁(同前、一二頁)。

(19)同前、二六一頁(木村『心の病理を考える』、前掲書、三〇頁)。

(20)木村『あいだと生命』、前掲書、一〇二頁。

(21)ハンガリーの神話学者・宗教史学者であるカール・ケレーニー(Karl Kerényi, 1897–1973)は、『ディオニューソス』のなかで、古代ギリシアに「生命」を意味するふたつの単語「ゾーエー(zoē)」と「ビオス(bios)」があることを指摘しており(カール・ケレーニイ『ディオニューソス』、白水社、一九九三年、一五―二〇頁参照)、木村におけるゾーエーとビオスの区別はこのケレーニーの指摘に倣っている。木村の定義では、ビオスとは「ある特定の個体の有限の生命、もしくは生活」であり、ゾーエーとは「個体の分離を超えて連続する生命、個々のビオスとして実現する可能態としての生命」である。(『木村敏著作集』第六巻、三一九頁/木村『心の病理を考える』、前掲書、一二一頁。また、木村『臨床哲学の知』、前掲書、八九―九一頁、『関係としての自己』、みすず書房、二〇〇九年、一九三頁、『臨床哲学講義』、前掲書、一二一―一二三頁も参照)

(22)『木村敏著作集』第四巻、弘文堂、二〇〇一年、三四九頁(木村敏『生命のかたち/かたちの生命』、青土社、一九九五年、一六二頁)。〔 〕内は筆者の補足。

(23)同前、三五五頁(同前、一七〇頁)。

(24)同前、三四九頁(同前、一六二―一六三頁)。なお、「能産的(産出的)自然」、「所産的自然」とは、西洋中世や近代のスピノザ(Baruch de Spinoza, 1632–1677)などの思想にみられる概念で、「能産的(産出的)自然」が「生み出す自然」、「所産的自然」が「生み出された自然」を意味する。特に「能産的(産出的)自然」は世界を創造する「神」の概念と重ねて理解される。

（25）木村はヴァイツゼッカーの思想を次のように要約している。「生命体がその個体的生存の基盤である『生命の根拠』とのあいだに維持している垂直の根拠関係（＝『主体性』）が、その生命体と環境とのあいだの水平の出会いを可能にし、ひいてはその生命体を『主体』として環境——『世界』と言ってもよい——と対峙させているということなのである。」（木村『あいだと生命』、前掲書、一九七頁）
（26）同前。なお、論文「あいだと生死の問題」は、野間俊一編『いのちと病い——〈臨床哲学〉に寄せて』、創元社、二〇一二年に掲載された論文の転載である。
（27）同前、二〇五頁。
（28）真木『時間の比較社会学』、前掲書、一八、九〇、九一頁。
（29）同前、六二頁。〔　〕内の補足は筆者。

第一二章　自己と絶対的〈生〉（アンリ）

（1）ミシェル・アンリ『実質的現象学』、法政大学出版局、二〇〇〇年、四一頁。なお、翻訳では「自己-印象化」と表記されている。
（2）アンリは、おそらく、本来フッサールが原意識ということで言わんとしていたのは、把持に先立つ印象の自己印象化だったと言いたいのだろう。原印象の自然発生とは原印象の徹底的な受動性を意味し、受動的に与えられた原印象が、把持に先立って原意識されているとは、〈原印象の贈与に内在する感じること〉としての自己印象化にほかならないと考えていたように思われる。
（3）アンリ『受肉』、前掲書、八九頁参照。
（4）アンリ『実質的現象学』、前掲書、六四頁参照。
（5）実質的時間については第一〇章注20を参照。
（6）アンリ『実質的現象学』、前掲書、六三頁、『受肉』、前掲書、一一二頁。
（7）アンリ『実質的現象学』、前掲書、六四頁。
（8）同前。なお、このl'historialという言葉も定訳が定まっておらず、翻訳書によって訳が異なる。『現出の本質』では「歴史性」、『精神分析の系譜』と『実質的現象学』では「来歴」、『野蛮』では「歴程」となっている。ここでは「来歴」の訳を採用する。
（9）以下を参照。アンリ『現出の本質』上巻、前掲書、四〇五頁、Henry, *Phénoménologie de la vie, tome III, op. cit.*, p. 334.
（10）以下を参照。アンリ『実質的現象学』、前掲書、六四—六五頁、『野蛮』、前掲書、二〇一頁、Michel Henry, *Phénoménologie de la vie, tome III, op. cit.*, pp. 295–296, *Phénoménologie de la vie, tome IV, Sur l'éthique et la religion*, PUF, 2004, pp. 21, 34.
（11）アンリ『受肉』、前掲書、一〇九頁参照。

（12）アンリは、こうした生のあり方を「欲求（besoin）」や「欲望（désir）」と呼んでいる。

（13）アンリは、こうした生の拡大化、豊饒化の運動を「生の目的論」、「生に内在的な目的論」などと呼んでいる。例えば、『野蛮』では、「生それ自身が自己の存在を保存し成長し（s'accroître）ようとして絶えず努力する運動〔……〕が生に内在的な目的論を構築している」（アンリ『野蛮』、前掲書、一七五頁）と言われている。

また、このように生の成長をとおして、生の世界の豊饒化をめざす活動が芸術、文化、さらには経済活動などの基底に存すると考えられている。例えば、絵画については次のように言われる。「それぞれの眼ざしは生きいきしていて、拡張し〔成長し〕（s'accroître）ようとする生の意志をおのれのうちで背景としているから、もっと見たいと思っているのだし、それぞれの力はいっそうの力を欲しているのだ。絵画においてこの二重の欲求〔欲望〕（désir）はかなえられている。〔……〕絵画は〔……〕自己の情念〔パトス〕を強化しつつその情念〔パトス〕に基づくことで見る能力を拡張し〔増大し〕（accroître）て行くのである。」（アンリ『見えないものを見る』、前掲書、一八三頁。〔 〕内は筆者の補足）また、文化との関係では次のように言われる。「文化とは、生が自己の不変の本質を、つまりおのれ自身のもとにたゆみなく到達することによって自ら拡張し〔成長し〕（s'accroître）生を構成する各能力を究極までおし進めるという本質を現実化する際の過程なのである。」（同前、一八六頁。〔 〕内は筆者の補足）さらに、アンリの著書『マルクス』は、マルクスの哲学・経済学を、生の世界の豊饒化をめざす生の目的論の具体的展開を描いたものとして解明しようとした企てであると考えられる。

（14）アンリ『受肉』、前掲書、一一一頁。なお、翻訳では「不断の一現在」と表記されている。

（15）同前。なお、『受肉』の訳注にあるように、エックハルトには「過ぎ去った六日ないし七日前の日々も、六千年前の日々も、今日にとっては昨日のように近いものである」（『エックハルト説教集』、岩波文庫、二〇〇二年、六九頁）という言葉がある。

（16）アンリ『受肉』、前掲書、一一二頁参照。

（17）『木村敏著作集』第二巻、前掲書、一八二頁（木村『時間と自己』、前掲書、七五頁）。

（18）épreuveを「感受」と訳したのは、「感じる」と「（苦難を）受ける・被る」というépreuveのふたつの意味を同時に含めたかったからである。

（19）受苦と享受というテーマはアンリの思想の中核をなすものであり、ここで紹介したような記述は彼の著作のあちこちにみられる。よって、ここでは、その最初の記述と言える『現出の本質』第七十節だけを参照箇所としてあげておく。第五章注9も参照。

（20）アンリ『現出の本質』下巻、前掲書、六六七頁参照。なお、翻訳では「無力」ではなく、「無能さ」と訳されている。

（21）のちに論じるように、例えば統合失調症においては、私の「私」と他人の「私」の混同が生じる。第一五章参照。

（22）なお、アンリは『現出の本質』の第二章で、この「自己触発」概念を詳細に分析している。アンリは、ハイデガー（Martin Heidegger, 1889–

1976）のカント解釈における「時間の自己触発」の概念を検証し、そうしたハイデガーの解釈を否定して、独自の自己触発概念を提唱している。（アンリ『現出の本質』上巻、前掲書、第二四、三一節、および、山形頼洋『感情の自然――内面性と外在性についての情感の現象学』、法政大学出版局、一九九三年、第四章第二―三節を参照）

（23）Henry, *C'est moi la vérité, op. cit.*, p. 136.

（24）*Ibid.*

（25）*Cf. Ibid.*, p. 135.

（26）*Ibid.*, p. 138.

（27）能産的自然、所産的自然という概念については、第一一章注24を参照。

（28）*Ibid.*, p. 136.

（29）ただし、アンリが絶対的〈生〉の本質を自己触発、自己性のうちに見いだしているのに対して、木村は、ゾーエー的〈生命〉を能産性・自発性として理解するだけで、必ずしもそこに自己性をみてはいない。こうした相違は、両者が生と自己性の関係をどのように捉えているかということに関係しているように思われる。こうした両者の相違については、本書の最後で触れることにする。

（30）真木『時間の比較社会学』、前掲書、二〇頁参照。

第一三章　他者関係・共同体と同時性（木村敏＆アンリ）

（1）ここでは「共同体」という概念をかなり広い意味で理解している。一般に共同体と呼ばれるものには、家族、自治共同体、都市、国家など様々なレベルがあって、例えば社会学的にはそれぞれを明確に区別する必要があるだろうが、ここではむしろ、そうした様々なレベルの共同体が基本的に前提している「人々の共同的・集合的状態／関係」を「共同体」や「共同性」という概念で表現している。

（2）アンダーソン『想像の共同体』、前掲書、五〇頁。

（3）同前、六〇頁。

（4）同前。ちなみに、アンダーソンはこの「均質で空虚な時間」という言葉をベンヤミンの「歴史の概念について」から借用している。同前、五〇頁参照。なお、ベンヤミンのこの言葉については、『ベンヤミン・コレクション』I、前掲書、六五九、六六二頁を参照。

（5）アンダーソン『想像の共同体』、前掲書、六一―六二頁参照。

（6）アンダーソンの『想像の共同体』は、近代社会に固有の「国民」という共同体をテーマとし、「国民」が、一般に理解されているように、歴史的に不変のもの、伝統的なものでは決してなく、近代化のなかで新たに想像され、構築されたものであることを論じている。

（7）アンダーソン『想像の共同体』、前掲書、五一―五二頁。
（8）ちなみに、キェルケゴールは、『現代の批判』のなかで、新聞が「公衆」を作りだすと言い、また、新聞が作りだした「公衆」がまったくの抽象物にすぎないことを指摘している。こうしたキェルケゴールの議論は、新聞の役割についての言及にしろ、また、（形式的で抽象的な時間観念によって形成された）近代的共同体の抽象性についての言及にしろ、ここでのアンダーソンの思想に通じているように思われる。（キルケゴール『現代の批判』、岩波文庫、二〇一二年、七二―八五頁参照）
（9）ウォーフ『言語・思考・現実』、前掲書、二四頁。〔 〕内は筆者の補足。
（10）第一〇章注20、および、第一二章を参照。
（11）真木『時間の比較社会学』、前掲書、三八―三九頁参照。
（12）レヴィ＝ストロース『野生の思考』、前掲書、二九二頁、および、真木『時間の比較社会学』、前掲書、二四―二六頁を参照。〔 〕内は『野生の思考』訳者の補足。
（13）『木村敏著作集』第六巻、前掲書、一三八―一四二頁（木村『あいだ』、前掲書、三六―四二頁）、二八七―二八八頁（木村『心の病理を考える』、前掲書、七三―七四頁）を参照。
（14）同前、二八八頁（木村『心の病理を考える』、前掲書、七四頁）参照。
（15）同前、三三六―三三八頁（同前、一四六―一四九頁）、『木村敏著作集』第七巻、前掲書、二五三―二五四頁（木村『分裂病の詩と真実』、前掲書、八七頁）。
（16）『木村敏著作集』第六巻、前掲書、三三五、三三七頁（木村『心の病理を考える』、前掲書、一四四―一四五頁、一四七頁）、『木村敏著作集』第七巻、前掲書、二五二―二五三、二五四頁（木村『分裂病の詩と真実』、前掲書、八六、八八頁）を参照。
（17）『木村敏著作集』第六巻、前掲書、三三六頁（木村『心の病理を考える』、前掲書、一四五頁）。
（18）同前（同前）、および、『木村敏著作集』第七巻、前掲書、二五三頁（木村『分裂病の詩と真実』、前掲書、八六頁）を参照。
（19）『木村敏著作集』第七巻、前掲書、二五三頁（木村『分裂病の詩と真実』、前掲書、八六―八七頁）参照。
（20）『木村敏著作集』第六巻、前掲書、三三八頁（木村『心の病理を考える』、前掲書、一四八頁）。〔 〕内は筆者の補足。
（21）同前（同前、一四九頁）参照。
（22）同前、三三〇―三三一頁（同前、一三七―一三八頁）。
（23）木村『あいだと生命』、前掲書、二〇九頁参照。
（24）木村『関係としての自己』、前掲書、二五一頁。この箇所で木村は次のように言っている。「しかしわれわれは、このメタノエシスの場所から自己自身のノエシスが――そしてそれと同時に、現在自己が出会っている他者のノエシスも――『立ち上がってくる』その『発生期の状態』なら、直接に経験することができる〔……〕。このメタノエシス的な『同時性』によって、患者の主観的・ノエシス的な世界が、精神科医にとっても主観的・ノエシス的な世界の直接経験として与えられることになる。そしてこの事実こそ、他者の主観的経験について、これを主観的に直接経験しうるという現象学的精神病理学の成立を根拠づけるものであるといってよい。」（強調は筆者）ここでの「ノエシス」とは「個々の主観のはたらき」のこと、また、「メタノエシス」とは「個々の主観のうちで、そのノエシスを超えてはたらくゾーエー的生命」のこと、と単純化して理解しておこう。すると、引用中の「メタノエシス的『同時性』」とは、それに先立つ文章からしても、個々の主観とゾーエー的生命の同時性を意味していると考えていいだろう。そして、このメタノエシス的「同時性」によって、精神科医が、患者の主観的経験を主観的に直接経験することが可能になると、言い換えれば、ひとつの主観が他の主観の主観性を直接経験することが可能になると言われている。その意味で、メタノエシス的「同時性」とは、個々の主観とゾーエー的生命の同時性であると同時に、個々の主観のあいだの同時性を意味していると言っていいだろう。

(25) アンリ『実質的現象学』、前掲書、一七三頁。

(26) 同前。

(27) 同前、一九〇頁。なお、翻訳では inter-subjectivité を「間主観性」ではなく、「相互‐主観性」と訳している。

(28) 例えば、木村は次のように言っている。「自分が自分として自分自身のもとにあるという一人称体験の根底には、自分が個別的な自分自身の存在（ビオス）のほかに、いわばその母岩として、『私たち』の集合的な同一性（ゾーエー＝タナトス＝エロス）を感じとっているということが、少なくとも意識下にはあるのにちがいない。そして『私』はこの母岩をいわば通底路として、自分が属している同じその集合的同一性に属している『汝』と一人称的に出会い、そこで『汝』にも『私』と同質の一人称性を割り振ることになる。」（木村『関係としての自己』、前掲書、一九九―二〇〇頁）つまり、木村における私的間主観性とは、他者と一人称的に出会うことであり、その意味で、「一人称の間主観性」と呼ぶこともできよう。

(29) アンリ『受肉』、前掲書、四四五頁。訳文を一部変更した。

(30) 同前、四五八頁。

(31) 同前、四五二―四五三頁。〔 〕内は筆者の補足。

(32) アンリ『実質的現象学』、前掲書、二二五頁。

(33) 同前。強調は筆者。なお、「感受する」、「感受」と訳した éprouver, épreuve は翻訳では「体験する」、「体験」と訳されている。

(34) アンリ『受肉』、前掲書、四四七―四四八頁参照。

(35) アンリ『実質的現象学』、前掲書、二二五頁参照。
(36)『キェルケゴール著作全集』第六巻、創言社、一九八九年、七四—九四頁参照。
(37) 同前、一三〇—一四三頁参照。
(38) 以下を参照。アンリ『実質的現象学』、前掲書、一九一—一九二頁、Henry, *Phénoménologie de la vie, tome III, op. cit.*, pp. 293-294. なお、「見たことも、会ったこともない人々との共同体」という意味では、アンリのパトス的な共同体はアンダーソンの想像の共同体に類似していると言える。しかし、こうした類似性は表面的なものにすぎない。アンリのパトス的共同体が起源（絶対的〈生〉）との垂直の関係を基軸にしているのに対して、想像の共同体においては、起源との垂直の関係が忘却され、人々は、もっぱら想像によって、水平的に関係づけられている（これは、キェルケゴールが『現代の批判』で語る「水平化」の概念を思い起こさせる）。ふたつの共同体はこうした点で決定的に異なると言える。
(39) アンリ『実質的現象学』、前掲書、一九二—一九三頁参照。

第一四章　生の危機と救済（アンリ）

(1) ムビティ『アフリカの宗教と哲学』、前掲書、二九頁。真木『時間の比較社会学』、前掲書、九一頁も参照。
(2) ムビティ、同前、二六六頁。真木、同前、九二頁も参照
(3) ムビティ、同前、二六九頁参照。真木、同前、九二—九三頁も参照
(4) したがって、アフリカ人にとって、近代化のうちには、祖先との、つまり、死者たちとの共同体の崩壊という意味が含まれていると言えるが、アンリは、やはり死者たちとの共同体という問題にふれて、次のように述べている。「もし現代世界が、死者たちとの共同体——過去の社会でかくも大きな役割を果したこの共同体——のあらゆる形式を可能なかぎり除去するとしたら、もし現代世界が、死者たちとの共同体の観念までもひどく嫌い、ナジェージダ・マンデリシュタームによれば、その単なる記憶すら消そうとするほどであるとすれば、〔……〕それは、科学と技術とメディアの世界として、現代世界が客観主義を狂気にまで駆り立てたからではないだろうか」（アンリ『実質的現象学』、前掲書、一九三頁）文脈は異なるが、アンリもやはり、現代化のうちに死者たちとの共同体の崩壊という意味を読みとっていると言える。
(5) ムビティ『アフリカの宗教と哲学』、前掲書、二六六頁。
(6) 同前、二六六—二六七頁。
(7) アンリ『精神分析の系譜』、前掲書、三八〇頁。ちなみに、「個人を内部から脅かす危険」という言葉はニーチェからの引用である。ニーチェ『善悪の彼岸』、光文社古典新訳文庫、二〇一四年、二二八頁参照。
(8)『木村敏著作集』第二巻、前掲書、二二六頁（木村『時間と自己』、前掲書、一三六頁）。

（9）例えば、オットーは、宗教という非合理的なものの本質的性格を「ヌミノーゼ」と名づけ、その基本性格のひとつを「戦慄すべきもの」と規定している。（オットー『聖なるもの』、岩波文庫、二〇一五年、三〇頁以下参照）アンリの生の現象学のうちに、こうしたオットーの思想との同型性を見いだすことも不可能ではないだろう。

（10）アンリ『精神分析の系譜』、前掲書、三一八頁。ニーチェ『道徳の系譜学』、光文社古典新訳文庫、二〇一四年、一七五頁参照。

（11）アンリ『野蛮』、前掲書、一一五頁。

（12）同前、一〇七、一一一頁参照。

（13）同前、一二二、一三二頁参照。

（14）同前、一三〇頁。〔 〕内は筆者の補足。

（15）同前、八、一三三頁。Henry, *Phénoménologie de la vie, Tome IV, op. cit.*, pp. 19, 33.

（16）同前、一〇四頁。翻訳では「生‐の‐世界」と表記されている。

（17）以下を参照。アンリ『受肉』、前掲書、一八三―一八五頁、Henry, *Phénoménologie de la vie, Tome IV, op. cit.*, p. 36.

（18）アンリ『野蛮』、前掲書、一一七頁。

（19）こうした問題をモチーフにしたアンリの著作が『野蛮』である。

（20）Henry, *C'est moi la vérité, op. cit.*, p. 172.

（21）*Cf. Ibid.*, p. 173.

（22）*Cf. Ibid.*, pp. 176–177, Henry, *Phénoménologie de la vie, Tome IV, op. cit.*, pp. 57–58.

（23）Henry, *C'est moi la vérité, op. cit.*, p. 180, *Phénoménologie de la vie, Tome VI, op. cit.*, p. 59.

（24）*Cf.* Henry, *C'est moi la vérité, op. cit.*, p. 175, *Phénoménologie de la vie, Tome IV, op. cit.*, p. 58.

（25）アンリにおいて、エゴイズムに関する考察は、基本的にキリスト教解釈の文脈で展開されている。

（26）アンリ『現出の本質』下巻、前掲書、九六六頁参照。なお、キェルケゴール自身の「絶望」概念については『死に至る病』を参照。

（27）アンリ『精神分析の系譜』、前掲書、三八〇頁参照。

（28）以下を参照。アンリ『見えないものを見る』、前掲書、一八六頁、Henry, *Phénoménologie de la vie, Tome IV, op. cit.*, pp. 19–20, 34.

（29）*Cf.* Henry, *Phénoménologie de la vie, Tome IV, op. cit.*, pp. 21–22.

（30）アンリ『野蛮』、前掲書、八七頁。翻訳では「文化の優れた形態」となっている。*Cf.* Henry, *Phénoménologie de la vie, Tome IV, op. cit.*, p. 22, *Michel Henry, Dossier conçu et dirigé par Jean-Marie Brohm et Jean Leclercq, op. cit.*, p. 119.

（31）Henry, *Phénoménologie de la vie, Tome IV, op. cit.*, p. 32.

（32）以下を参照。アンリ『野蛮』、前掲書、一七四頁、Henry, *Phénoménologie de la vie, Tome IV, op. cit.*, p. 33.

（33）アンリ『野蛮』、前掲書、一七五頁。

（34）同前、一七四―一七五頁。ただし、翻訳ではéprouverを「体験する」と訳しているが、ここでは「感受する」と訳した。

（35）*Cf.* Henry, *Phénoménologie de la vie, Tome III, op. cit.*, p. 296.

（36）アンリ『見えないものを見る』、前掲書、一九七頁。

（37）同前、一五三頁参照。

（38）同前、一七八頁参照。

（39）同前、一八五頁。

（40）同前、一八二頁。ただし、翻訳はaccroissementを「拡張」と訳しているが、ここでは「成長」と訳した。

（41）*Cf.* Henry, *Phénoménologie de la vie, Tome IV, op. cit.*, p. 21.

（42）アンリ『見えないものを見る』、前掲書、一八二頁。

（43）Henry, *Phénoménologie de la vie, Tome III, op. cit.*, pp. 293–294.〔 〕内は筆者の補足。

（44）*Ibid.*, p. 294.

（45）先に見たように、倫理とは絶対的〈生〉の能産力にもとづいて行為することだった。そして、ここでは、この絶対的〈生〉の能産力を共有する者どうし、絶対的〈生〉と同時代者である者どうしの間主観性、共同性が語られている。こうした観点のうちに、アンリにおける倫理と他者関係との結びつきを見いだすことができる。先の倫理についての記述では、生ける個人と絶対的〈生〉の関係ばかりが言及され、実際、アンリによる倫理の説明もそのような傾向をもつのだが、アンリは、倫理、芸術、宗教だけでなく、それらと間主観性のあいだにも「本質的結びつき」があるとしており（*Cf.* Henry, *Phénoménologie de la vie, Tome III, op. cit.*, p. 297.）、そこからして、アンリは、他者との倫理的関係を絶対的〈生〉の共有、絶対的〈生〉との同時代性のうちにみていると言える。

（46）*Cf.* Henry, *Phénoménologie de la vie, Tome III, op. cit.*, p. 296, *Phénoménologie de la vie, Tome IV, op. cit.*, p. 54.

（47）エミール・バンヴェニスト『インド＝ヨーロッパ諸制度語彙集Ⅱ　王権、法、宗教』、言叢社、一九八七年、二六三頁参照。

（48）同前。

（49）同前、二五六―二六三頁参照。

（50）*Cf.* Henry, *Phénoménologie de la vie, Tome III, op. cit.*, p. 296.

（51）アンリが好んで引くキェルケゴールは『哲学的断片　或いは　一断片の哲学』において、キリスト教的な「回心」を、「新しい人間」になる「瞬間」として理解し、この移行を「再生」と呼んでいる。（『キェルケゴール著作全集』第六巻、前掲書、二九頁参照）

また、ここでふれたアンリにおける死と再生の思想は、例えば、ファン・ヘネップ（Arnold van Gennep, 1873–1957）による通過儀礼についての解釈、あるいは、桜井徳太郎による日本の祭りについての解釈などと対比することも可能だろう。ファン・ヘネップによれば、人は、人生の行程のなかで俗と聖というふたつの世界を行き来するが、その境界を通過する過程に諸々の儀礼――出生、社会的成熟期、結婚、集団への加入、葬儀などの儀礼――が位置しており、これらの儀礼においては共通して「旧い世界における死と新しい世界での再生」（ファン・ヘネップ『通過儀礼』、岩波文庫、二〇一二年、二五頁）が表現されている。また、ファン・ヘネップは次のようにも言う。「生物や社会の活動は衰えるので、かなり頻繁に更新する必要がある」。「通過儀礼はとどのつまりこの根本的必要性に対応しているのであり、それで時として死と再生の形式をとるのである。」（同前、二三二頁）

また、桜井は、日本の祭りの前後に、祭りを司る祭司に厳しい物忌みの生活が強いられるのは、人が、祭りというハレの期間に先立つケ（日常）の期間を過ごすあいだに、徐々に日常生活をおくるエネルギー（桜井はこのエネルギーをケの意味と理解している）が枯れて、ケガレの状態――ケが枯れる状態――に陥るからで（桜井徳太郎『結衆の原点――共同体の崩壊と再生』、弘文堂、一九八五年、四〇―四六頁参照。また、本書の第一五章を参照）、物忌みとはそうしたケガレた身をきれいにする意味をもつとしている。（同前、一七七頁参照）そして、桜井は次のように続ける。「従って聖なる世界へ入り祭司として生きるためには、いったん俗の世界で死に果てなければならない。厳しい物忌み精進の生活が強く要求されるのは、世俗的な日常世界で死ぬことのためである。しかし完全なる死を要求しているのではなく、死を擬定することにより世俗の世界と訣別して、そこから新しい祭祀空間の世界へ入り、そこで生まれかわる。こうして聖の世界で再生した神人にのみ、祭りを行う資格が与えられる。そういう宗教的な構造をもっているのが、日本の祭りの特色ではないかと考える。世俗なケガレた身でありながら、どうして神聖な祭りに参与することができるかという理由は、生と死の原理、いったん死んで再び聖へと再生してくるという原理で説明がつくし、その構造原理が日本の祭りを組み立てているといってよかろう。」（同前、一七八頁）また、桜井は、祭司だけでなく、庶民にとっても、日々の労働によるケガレは死につながるものなので、そこにエネルギーを補給するハレの空間が要求され、その具体的あり方が祭りだとしている。（同前、一八四頁参照）このように、桜井は、日本の祭祀構造のうちに死と再生の思想を見いだしている。

（52）*Cf.* Henry, *C'est moi la vérité*, *op. cit.*, pp. 192–215.

（53）*Cf.* Henry, *Phénoménologie de la vie, Tome III*, *op. cit.*, p. 296, *Phénoménologie de la vie, Tome IV*, *op. cit.*, p. 54.

（54）*Cf.* Henry, *Phénoménologie de la vie, Tome III*, *op. cit.*, p. 297.

第一五章　精神病という危機――「死」と「絶対の他」の体験（木村敏）

（1）第一四章注9で、アンリの思想とオットーのヌミノーゼ概念とに同型性がみられると言ったが、同じことは木村についても言える。オットーはヌミノーゼに「戦慄すべきもの」という性格だけでなく、「魅了するようなもの」という性格も見てとっている。（オットー『聖なるもの』、前掲書、七五頁以下参照）なお、木村自身も、癲癇発作の意味を探究して、それをヌミノーゼ的な力の襲来と規定している。（『木村敏著作集』第四巻、前掲書、九三頁参照。また、本章注18も参照）

（2）谷川俊太郎『ひとり暮らし』、新潮文庫、二〇一六年、二一一頁。

（3）こうした歓喜と高揚は、時間的な観点からすれば、過去‐現在‐未来という水平的時間のうちに位置づけられた個別的自己が、ゾーエー的〈生命〉の永遠の現在を生きることの喜びだと言えよう。個別化された自己が、苦しみから逃れるために、個別性を放棄して、永遠の現在と一体化し、自然と合一することで得られる歓喜、木村はそれを、ルソー（Jean-Jacques Rousseau, 1712–1778）が『孤独な散歩者の夢想』の「第五の散歩」に記した次のような記述のうちにみている。

「しかし魂が十分に強固な地盤をみいだして、そこにすっかり安住し、そこに自らの全存在を集中して、過去を呼び起す必要もなく未来を思いわずらう必要もないような状態、時間は魂にとってなんの意義ももたないような状態、いつまでも現在がつづき、しかもその持続を感じさせず、継起のあとかたもなく、欠乏や享有の、快楽や苦痛の、願望や恐怖のいかなる感情もなく、ただわたしたちが現存するという感情だけがあって、この感情だけで魂の全体を満すことができる、こういう状態があるとするならば、この状態がつづくかぎり、そこにある人は幸福な人と呼ぶことができよう。それは生の快楽のうちにみいだされるような不完全な、みじめな、相対的な幸福ではなく、充実した完全無欠な幸福なのであって、魂のいっさいの空虚を埋めつくして、もはや満たすべきなにものをも感じさせないのである。〔……〕／そのような境地にある人はいったいなにを楽しむのか？　それは自己の外部にあるなにものでもなく、自分自身と自分の存在以外のなにものでもない。この状態がつづくかぎり、人はあたかも神のように、自ら充足した状態にある。」（ルソー『孤独な散歩者の夢想』、岩波文庫、一九九五年、八七―八八頁。『木村敏著作集』第二巻、前掲書、二四九頁／木村『時間と自己』、前掲書、一六六頁も参照）

（4）桜井徳太郎『結衆の原点』、前掲書、四〇―四六頁参照。

（5）同前、一八四頁参照。

（6）『木村敏著作集』第二巻、前掲書、二四七頁（木村『時間と自己』、前掲書、一六三頁）。

（7）同前、二四七―二四九頁（同前、一六四―一六五頁）参照。

（8）木村は、こうした自己のあり方をイントラ・フェストゥムと呼んでいる。この概念は、アンテ・フェストゥム、ポスト・フェストゥムとともに、木村の思想のキーワードのひとつをなしている。なお、アンテ・フェストゥム、ポスト・フェストゥムについては、第一一章注1を参照。

（9）『木村敏著作集』第二巻、前掲書、二四五頁（木村『時間と自己』、前掲書、一六〇―一六一頁）。

（10）同前（同前、一六一頁）。

（11）H. Gastaut編、WHO国際てんかん用語委員会共編『てんかん事典』、金原出版、一九七四年、二七頁。

（12）『木村敏著作集』第四巻、前掲書、六五、九一頁を参照。

（13）『木村敏著作集』第二巻、前掲書、二二七頁（木村『時間と自己』、前掲書、一三八頁）。

（14）同前（同前、一三七頁）参照。

（15）同前、二三〇―二三一頁（同前、一四二頁）参照。

（16）同前、二三一頁（同前）。

（17）同前（同前、一四三頁）。

（18）こうした癲癇発作の構造は、先に桜井の考察にもとづいて確認した祭りの時間構造に似ていないだろうか。桜井は、日常生活を維持するためのケ（エネルギー）を枯渇させた人が、ハレの行事としての祭りによってエネルギーを補給され、再び、日常生活を継続できるようになると言っていた。実際、木村も、古代ギリシア人が癲癇を「神聖な病」と呼んで畏怖の対象にしていた事実にふれつつ、「癲癇発作は、ケの範疇にではなくハレの範疇に属する事態だったのである」（『木村敏著作集』第四巻、前掲書、九三頁）と言っている。

日常としてのケは、その継続のために、超自然的な力を宿したハレを必要としている。また、エリアーデが言っていたように、俗なる時間に生きる人は、宗教的祝祭をとおして、神々がいた聖なる時間を生きなおすことを必要としている（第一〇章を参照）。それと同様に、癲癇者も、その生の継続のために発作を必要とすると考えられているのだろう。（『木村敏著作集』第二巻、前掲書、二三〇、二四七頁／木村『時間と自己』、前掲書、一四二、一六三頁を参照）その意味では、癲癇者は、際立った形で反復的な時間を生きていると言ってもいいのかもしれない。癲癇における発作とは、「超自然的・ヌミノーゼ的・カミ的な力の襲来」（『木村敏著作集』第四巻、前掲書、九三頁）であり、そこで患者は、非合理、非現実に出会い、たとえ数十秒であっても、永遠の現在を生きるのである。木村が発作について「時間の中に永遠が稲妻のように侵入してくる」と表現したのは、癲癇発作のこうした時間構造を指し示してのことだと言えよう。

（19）『木村敏著作集』第二巻、前掲書、二二七頁（木村『時間と自己』、前掲書、一三八頁）、加賀乙彦『ドストエフスキイ』、中公新書、一九九三年、五〇―五一頁を参照。

（20）加賀乙彦もドストエフスキーの癲癇の記述について次のように言っている。「『白痴』には癲癇発作のすばらしい描写がある。これは古今の癲癇文献中の白眉だといえる。記述が詳しく正確なのもさることながら、発作を癲癇者の内面から記したという点でことにすぐれている。」

(加賀『ドストエフスキイ』、前掲書、四四頁)

(21) 加賀『ドストエフスキイ』、前掲書、六九頁。

(22)『木村敏著作集』第四巻、前掲書、一一六頁。

(23)『木村敏著作集』第二巻、前掲書、二四九頁(木村『時間と自己』、前掲書、一六五頁)。

(24)『木村敏著作集』第六巻、前掲書、二九五頁(木村『心の病理を考える』、前掲書、八四頁)。

(25) こうしたアウラ体験の時間性について木村は次のように言っている。「いまが以前と以後、いままでといまから、ひいては過去と未来という互いに交換不可能な二つの方向に分極し、そのことによって絶えず走り去るものとして意識されるのは、いまを意識しているわれわれの個別的生命の有限性のためである。なんらかの事情によってこの有限性が止揚され、個別的生命が無限の普遍的生命に触れる瞬間には、いまはもはやそのような前後の方向性を失って、なにものも到来せずなにものも過ぎ去ることのない瞬間として、永遠の停止として意識されるに違いない。〔……〕それは過去と未来にはさまれた一時間帯としての現在ではないけれども、日常的時間の上に定位するとすれば現在としか言いようのない状態である。癲癇患者がそのアウラ体験の中で生きている時間は、そのような意味で、過去と未来をもたぬ純粋な現在だといってよい。」(『木村敏著作集』第二巻、前掲書、二三五頁/木村『時間と自己』、前掲書、一四七—一四八頁)

(26) 加賀乙彦もドストエフスキーの作品における死の体験とアウラ体験との類似性を指摘している。加賀『ドストエフスキイ』、前掲書、三八、五七頁を参照。

(27)『木村敏著作集』第四巻、前掲書、一〇六—一〇九頁、『木村敏著作集』第二巻、前掲書、二三二—二三五頁(木村『時間と自己』、前掲書、一四四—一四八頁)を参照。

(28)『木村敏著作集』第二巻、前掲書、二三四頁(木村『時間と自己』、前掲書、一四六—一四七頁)。また、加賀『ドストエフスキイ』、前掲書、二二一—二二四頁、および、ドストエフスキー『白痴』1、光文社古典新訳文庫、二〇一五年、一四五—一四六頁も参照。

(29)『木村敏著作集』第二巻、前掲書、二三四頁(木村『時間と自己』、前掲書、一四七頁)。

(30) 加賀『ドストエフスキイ』、前掲書、五六—五七頁参照。

(31)『木村敏著作集』第二巻、前掲書、二三一—二三二頁(木村『時間と自己』、前掲書、一四三—一四四頁)。

(32) 同前、二四〇頁(同前、一五四頁)。

(33) 木村『臨床哲学講義』、前掲書、一三頁。

(34) 同前、一四頁参照。

(35)『木村敏著作集』第二巻、前掲書、二三七頁(木村『時間と自己』、前掲書、一五一頁)。

(36)木村『臨床哲学講義』、前掲書、三五頁。『あいだと生命』、前掲書、一四〇頁。
(37)『木村敏著作集』第七巻、前掲書、二七四頁(木村『分裂病の詩と真実』、前掲書、一一二頁)。
(38)『木村敏著作集』第二巻、前掲書、一七七頁(木村『時間と自己』、前掲書、六八—六九頁)。
(39)同前、一七七—一七八頁(同前、六九頁)。
(40)同前、一九三頁(同前、九一頁)。
(41)同前、一九三—一九四頁(同前)。
(42)同前、一七六頁(同前、六七頁)。また、『木村敏著作集』第七巻、前掲書、二七四頁(木村『分裂病の詩と真実』、前掲書、一一二頁)も参照。
(43)『木村敏著作集』第二巻、前掲書、一九五頁(木村『時間と自己』、前掲書、九二頁)。
(44)同前(同前、九三頁)。〔 〕内は筆者の補足。
(45)『木村敏著作集』第七巻、前掲書、一三五頁参照。
(46)同前、一三四頁、『木村敏著作集』第六巻、前掲書、三六二頁(木村『心の病理を考える』、前掲書、一八六頁)。
(47)『木村敏著作集』第七巻、前掲書、一三五頁。
(48)『木村敏著作集』第六巻、前掲書、二一五頁(木村『あいだ』、前掲書、一六七頁)。〔 〕内は筆者の補足。
(49)*Cf.* Henry, *Phénoménologie de la vie, Tome III, op. cit.*, p. 296.
(50)*Cf. Ibid.*, p. 308.

あとがき

本書は、「生の現象学」という思想の基本的な輪郭を、哲学・現象学の初学者をも視野に入れて、できるだけ分かりやすく、具体的に解説したものである。

もはや繰り返すまでもないが、「生の現象学」とは、端的に言えば、ミシェル・アンリの現象学であって、それと同型の発想が木村敏の思想のうちにも見いだせるということで、本書では、両者のクロスオーバー（交差・橋渡し・越境）によって「生の現象学」の輪郭を描き出すことを試みた。

だが、生の現象学の基本姿勢を理解するには、まずもって現象学の基本姿勢を把握しておくことが便利だし、分かりやすい。そこで、まずは現象学（プロト現象学）について解説し（第一章、第二章）、それから生の現象学の解説に進むという段取りを採用した。その点、初学者にとっては多少、煩雑な議論に思われたかもしれないが、逆に、ある程度、現象学になじんだ読者にとっては、生の現象学が従来の現象学（プロト現象学）に対してとるスタンスがより明確になったのではないかと思っている。

本書では、この生の現象学の輪郭についても、できるだけ分かりやすいかたちで提示できるように努めた。「水平軸」（第Ⅱ部）と「垂直軸」（第Ⅲ部）という区分の仕方がそれで、分かりやすい分、事態を単純化しすぎているきらいがあるかもしれないが、本書に入門書としての役割を担わせるためにも、とにかく分かりやすさを重視した。

だが、いくら章立てを単純にしても、哲学の議論というのはとかく抽象的で分かりにくいものになりがちである。そこで本書は、可能なかぎり読者に具体的なイメージをもってもらえるように、諸々の比喩を援用したり、木村敏の臨床例を紹介したり、さらには、社会学、人類学、宗教学、政治学、民俗学などの議論を用いて解説したりしてみた。こうした工夫が、少しでも読者の理解の助けになったのならうれしいかぎりだが、はたしてどうだっただろうか……。

この最後の点についてもうひとつ付け加えておくと、いま述べたように、生の現象学の発想を社会学、人類学、宗教学、政治学、民俗学などの議論との関わりで解説したのは、生の現象学が、決して哲学・現象学という専門領域に閉じたものではなく、他の学問領域にも開かれた思想であることを示したかったからでもある。本書が、哲学以外の領域に関心をもつ読者の眼にふれ、そこから生の現象学のポテンシャルが多方面に開花するなら、筆者にとってこれほどうれしいことはない。

さらに、本書でとりあげた文献についてもひとこと添えておこう。本書では、やはり入門書としての機能を重視して、原著が外国語である参考文献については基本的に翻訳を用い、また、その翻訳もできるだけ安価で、入手しやすいもの（文庫など）を選んだ。ただし、ミシェル・アンリのいくつかの文献には翻訳がなく、それらについてはフランス語の文献を使用せざるをえなかった。また、木村敏についても、『木村敏著作集』に収められたものについてはそれを参照しつつも、文庫、新書、単行本等、入手しやすい版がある場合にはそれも併記しておいた。

例によって、本書の執筆にあたっては多くの方にお世話になった。代表して、以下の方にこの場を借りて感謝申し上げたい。まずは、本書の「主人公」の一人でもある木村敏先生。そもそも木村先生の思想について研究を始めたのは、木村先生が主催する河合臨床哲学シンポジウム（河合文化教育研究所）にシンポジストとして招いていただいたことがきっかけだった。木村先生の思想を知ったことは、私の研究にとって大きな転換点だったと思っている。また、立命館大学文学部の谷徹先生。日頃からお世話になっているうえに、特に今回、本書の第Ⅰ部に目を通していただき、貴重なコメントをいただいた。さらに、島根大学教育学部の諸岡了介先生。研究室でコーヒーをご馳走になりながら教えていただいた宗教学、人類学関係の文献は本書の執筆に大いに役立った。

また、拙文を入念にチェックしていただき、編集のプロの視点から諸々のアドバイスをいただいた法政大学出版局編集部の高橋浩貴氏にも、この場を借りて感謝申し上げる。

そして最後に、感謝というわけではないが、いつも反抗して、憎まれ口ばかりたたいている娘二人が、今回、父親のために一肌脱いでくれた。本書の装丁のために「生」の字を筆で書いてくれたのだ。……アリガトヨ。なかなかよいデザインに仕上がったのではないだろうか。

著　者

二〇一九年一月　松江にて

川瀬雅也（かわせ・まさや）
1968年生まれ。立命館大学大学院博士課程後期課程修了、博士（文学）。パリ第十大学D.E.A.取得。現在、島根大学教育学部教授。著書に『経験のアルケオロジー――現象学と生命の哲学』（勁草書房、2010年）、共著書に『自己と他者――臨床哲学の諸相』（河合文化教育研究所、2012年）、『21世紀の哲学をひらく――現代思想の最前線への招待』（ミネルヴァ書房、2016年）、『続・ハイデガー読本』（法政大学出版局、2016年）、『メルロ＝ポンティ読本』（法政大学出版局、2018年）、訳書にリシール『身体――内面性についての試論』（共訳、ナカニシヤ出版、2001年）、オーディ『ミシェル・アンリ――生の現象学入門』（勁草書房、2012年）などがある。

生の現象学とは何か
ミシェル・アンリと木村敏のクロスオーバー

2019年2月25日　初版第1刷発行
著　者　川瀬雅也
発行所　一般財団法人　法政大学出版局
〒102-0071 東京都千代田区富士見2-17-1
電話03（5214）5540　振替00160-6-95814
組版：HUP　印刷・製本：日経印刷

Printed in Japan
ISBN 978-4-588-15100-2

❖ミシェル・アンリの著作

野蛮——科学主義の独裁と文化の危機　山形頼洋・望月太郎訳　二六〇〇円
マルクス——人間的現実の哲学　杉山吉弘・水野浩二訳　六〇〇〇円
精神分析の系譜——失われた始源　山形頼洋・上野修・宮崎隆・中敬夫ほか訳　五二〇〇円
見えないものを見る——カンディンスキー論　青木研二訳　三〇〇〇円
身体の哲学と現象学——ビラン存在論についての試論　中敬夫訳　四八〇〇円
実質的現象学——時間・方法・他者　中敬夫・野村直正・吉永和加訳　三三〇〇円
共産主義から資本主義へ——破局の理論　野村直正訳　二六〇〇円
受肉——〈肉〉の哲学　中敬夫訳　六〇〇〇円
現出の本質（上・下）　北村晋・阿部文彦訳　各六六〇〇円

＊表示価格は税別です。